ESG 레볼루션
지속 가능의 힘

ESG 레볼루션
지속 가능의 힘

초 판 1쇄 발행 | 2024년 5월 28일
지은이 주영섭 이한성 김기진 이경백 이형택 김주엽
　　　　박동국 김지훈 한정민 이가은 전하진
펴낸이 김기진
디자인 가보경 이소윤
펴낸곳 에릭스토리
출판등록 2023. 5. 9(제 2023-000026 호)
주 소 경기도 안양시 만안구 연현로 75. 103-502
전 화 (031)348-9337
팩 스 (031)348-1238
이메일 ericstory1238@naver.com(원고 투고)
홈페이지 www.ericstory.net

ISBN 979-11-983453-4-9(13320)

ⓒ 김기진

ESG 레볼루션

지속 가능의
힘

주영섭 이한성 김기진 이경백 이형택 김주엽 박동국 김지훈 한정민 이가은 전하진

✖ ERiC Story

모든 조직경영의 핵심은 인사라고 해도 과언이 아닐 것이다. 최근 관심이 높아지고 있는 ESG는 기업의 인재 관리와 조직 문화에 큰 영향을 끼치고 있다. 따라서, 기업의 인사나 조직관리도 ESG에 기반하여야 함은 너무나 당연해졌다. 기업이 지속 가능한 발전을 추구하고, 직원들에게 동기를 부여하며 직장 만족도를 높이는 데에도 기여하고 있기 때문이다. 이 책은 인사 관리자와 조직 개발 전문가들에게도 매우 유익한 자료가 될 것이다. 조직의 리더와 HR 전문가들에게 일독을 권한다.

김우호 前 인사혁신처 처장

최근 ESG경영의 중요성은 더욱 증대되고 있으며 중소기업이 ESG를 활용하여 새로운 시장 기회를 발견하고 지속 가능한 성장의 기반을 마련할 수 있다. 이 책은 중소기업의 지속 가능한 성장을 위한 핵심 전략으로, 시장 변화에 능동적으로 대응하고 새로운 비즈니스 기회를 창출하는 데 중점을 둔다. 많은 경영자분들께서 ESG경영과 운영에 큰 도움이 되시기를 기원한다.

이택성 한국자동차산업협동조합 이사장

군 조직도 ESG 목표 달성을 추구하는 것은 기업과 다르지 않다. 최근 AI 기술은 ESG 목표 달성에 필요한 데이터 분석에도 유용한 도구가 되고 있다. 특히 ChatGPT와 같은 고급 AI 도구들은 기업의 ESG에 대한 이행을 혁신적으로 개선할 수 있게한다. 이러한 도구들은 데이터 분석과 의사결정 과정에서의 효율성을 극대화하여 업무 수행 능력을 포함한 다양한 분야에서 변화를 가속화하고 있다. 'ESG 레볼루션'은 이러한 변화의 시점에서 우리가 지속 가능한 미래를 향해 나아가는 데 있어 중요한 지침서가 될 것이다.

이종협 예비역 육군소장/ 국방부 조사본부장

'ESG 레볼루션'은 인류가 직면하고 있는 기후 위기에 대응하고 지속가능한 사회를 만들기 위해 필요한 다방면의 ESG 전략을 제시한 필독서다. 전세계 환경규제 동향에의 능동적 대응과 지속가능 기술 및 전략을 통한 기업의 중장기적 성공을 돕는 방책을 상세히 제시하고 있다. 국내는 물론 해외 사업을 추진하고 있는 우리 기업들이 다양한 산업 분야에 걸쳐 손쉽게 적용할 수 있는 가이드가 될 것이다.

이만의 前 환경부 장관

이 책은 지속 가능한 발전을 향한 중소기업의 여정에 있어 꼭 필요한 길잡이가 될 것입니다. ESG 경영이 단순한 유행이 아닌, 오늘날 비즈니스 세계에서 필수적인 전략으로 자리잡은 지금, 중소기업들도 이 대열에 합류할 시기가 되었다. ESG 경영은 더 이상 선택이 아닌 필수이다. 이 책은 중소기업이 ESG를 내재화하고, 지속 가능한 성장을 도모하는 데 있어서 중요한 역할을 할 것이다. 모든 중소기업 경영자에게 이 책을 추천하며, 이를 통해 기업의 장기적 성공과 사회적 가치 창출에 기여할 수 있기를 바란다.

이태영 전남사회경영연구원장

유엔 차원에서 ESG 이슈가 논의된 이래 지난 20년간 ESG는 빠르게 진화되어 왔다. 이 책은 ESG 진화 과정에서 현주소와 미래 트렌드를 함께 알 수 있도록 정리되어, ESG 전문가와 초심자 모두에게 권하고 싶은 책이다.

손기원 대주회계법인 부대표

건설 산업에 ESG의 적용은 단순히 환경을 보호하는 것을 넘어서 직원들의 복지 및 생산성을 높이는 중요한 전략이다. ESG 원칙을 노동 정책에 통합함으로써, 직원들의 건강과 안전을 우선시하고, 일과 생활의 균형을 장려하고자 기업에 일독을 권한다.

노진관 서울고등법원 상임전문심리위원

기업의 미래를 재설계하다

'ESG 레볼루션: 지속 가능의 힘'은 ESG환경, 사회, 지배구조가 현대 기업 전략의 중추가 되는 배경과 중요성을 심도 있게 다루면서, ESG 요소를 통합한 의사 결정 과정이 비즈니스 성과와 사회적 영향력을 어떻게 향상시킬 수 있는지 구체적인 접근 방법과 사례를 담았다. 각 장은 ESG의 다양한 측면을 깊이 있게 탐구하며, 기업의 지속 가능성을 위한 필수 전략적 접근법을 제공한다. 이를 통해 ESG 경영이 경제적 가치뿐만 아니라 사회적 가치를 어떻게 동시에 창출할 수 있는지 이해하고, 실질적인 변화를 주도할 수 있는 능력을 갖추게 될 것이다. ESG를 비즈니스 모델에 통합하여 경쟁력을 강화하고, 장기적인 성공을 위한 지속 가능한 방향을 설정할 수 필수적인 지침서로 활용할 수 있도록 구성했다.

주영섭 교수는 1장 기업 리더십과 ESG 전략에서 기업이 다양한 의사 결정 과정에서 ESG 요소를 통합해 비즈니스 성과를 향상시키고 사회적 영향력을 확대할 수 있는 방법에 대해 구체적 사례를 다루었다.

이한성 대표원장은 2장 ESG 트렌드와 기업의 대응전략에 대해 기업이 ESG 트렌드에 어떻게 적응하고 경쟁력을 강화할 수 있는지에 대한 방법을 상세하게 다루었다. 특히, ESG 보고의 투명성이 기업과 이해관계자 간의 중요한 소통 수단으로 작용하는 방법을 제시했다. 또한, ESG 경영을 기업의 지속 가능성을 위한 필수 요소로 인식하고, 이를 내재화하는 과정의 중요성을 다루었다. 이 장은 ESG를 통한 시장 기회 창출과 함께, ESG 경영의 장기적인 성공을 위한 전략적 접근의 방법이 담겨 있다.

김기진 대표는 3장 ESG 실행력 강화를 위한 ChatGPT 활용법을 상세하게 다루었다. 인공지능, 특히 ChatGPT를 활용해 ESG 목표를 효과적으로 달성할 수 있는 방법과 예시를 담았다. AI 기술을 이용한 데이터 분석과 맞춤형 전략 개발을 통해 ESG 관련 도전 과제를 극복하고, 기업의 지속 가능한 성장을 추진할 수 있는 방법을 제시했다. 또한, ESG 목표의 중요성에 대한 교육 및 인식 제고를 위한 구체적인 실행 계획과 방법을 제시하며, 조직 내 ESG 경영의 실천을 강조했다.

이경백 교수는 4장 중소기업을 위한 ESG 교육에서 중소기업의 ESG 교육의 필요성을 강조하며, 조직의 지속 가능한 성장을 도모할 수 있는 방법을 제시했다. 중소기업 맞춤형 교육 프로그램은 특정 산업 분야에 맞춰 지속 가능한 비즈니스 전략, 자원 이용의 효율성 향상, 사회적 책임 이행 등을 다루며, 이러한 교육은 실질적인 워크숍과 개인 멘토링을 통해 참가자들이 학습 내용을 실제 비즈니스에 적용할 수 있도록 했다.

이형택 변호사는 5장 법적 관점에서의 ESG를 통해 관련 법적 규제의 현황을 상세하게 다루고, 기업이 이를 준수함으로써 지속 가능성과 이해관계자의 신뢰를 어떻게 증진할 수 있는지를 제시했다. 특히, 유럽연합의 ESG 규제를 예로 들어 지속 가능한 금융 공시 규정과 EU 분류 체계 등이 기업들에게 지속 가능한 투자 및 비즈니스 모델 개발을 강조했다.

김주엽 수석은 6장 조직 내 ESG의 중요성에서 조직 내 ESG 전략이 구성원 만족도와 기업 전반의 성과에 긍정적인 영향을 미치는 방법과 사례를 구체적으로 다루었다. ESG의 핵심 요소에 대한 교육과 실질적인 경험을 제공함으로써 구성원들이 기업의 가치와 목표를 이해하고 개인의 역할과 책임을 인식할 수 있도록 했다.

박동국 박사는 7장 지속 가능한 미래를 위한 디지털 혁신에서 디지털 기술이 환경, 사회, 지배구조ESG 목표 달성에 어떻게 기여할 수 있는지를 깊이 있게 분석했다. 에너지 사용 최적화, 탄소 발자국 감소, 재생 가능 에너지 활용 증대 등 환경 목표를 실현하기 위해 데이터 분석, 인공지능AI, 사물인터넷IoT 등 다양한 디지털 기술을 활용법을 설명했다. 또한, 이러한 기술들이 사회적 측면에서 기업과 직원, 고객, 지역 사회 간의 관계를 강화하고 다양성 및 포용성에 대해 깊이있게 설명했다. 특히, 블록체인 기술을 통해 거래의 투명성을 보장하고 공급망 관리에서 윤리적 기준의 준수를 증명하는 방법을 제시하며 거버넌스의 투명성과 책임성을 강화하는 방법을 제시 했다.

김지훈 대표이사는 8장 중소기업의 ESG 도전과 기회에서 중소기업이 ESG를 어떻게 도입하고 시장에서 기회를 창출할 수 있는지를 심도 있게 다루었다. ESG를 비즈니스 모델 혁신의 일환으로 채택하여 경쟁력을 강화하는 전략을 제시하며, 중소기업들이 ESG를 통해 투자자의 관심을 끌고, 시장에서 새로운 기회를 발견하는 구체적인 방법을 설명했다. ESG 실천이 기업 평판과 브랜드 이미지를 향상시키는 것을 강조했다.

한정민 노무사는 9장 노동분야에서 ESG가 직면한 주요 도전과 기회를 분석한다. 기업이 인사 및 노무 이슈를 ESG 원칙에 맞게 관리하는 구체적인 방법을 실제 사례와 함께 다루었다. 숙련된 인력 확보, 직원 참여와 생산성 향상, 기업 이미지 개선을 통해 장기적인 기업 성장과 사회적 책임을 동시에 달성하는 방안을 제시했다. 또한, ESG 경영이 직원들의 권리 보호와 공정한 근로 조건을 보장하는 데 어떻게 기여하는지에 대한 방법을 제시했다.

이가은 기자는 10장 지역사회와 ESG에서 기업과 지역사회의 상호작용을 통한 ESG 실천이 양자 간에 지속 가능한 성장과 발전의 촉진을 강조했다. 지역사회의 환경적, 사회적, 거버넌스 요소를 고려하여 기업이 어떻게 사회적 책임을 이행하고 상호 이익을 창출할 수 있는지에 대해 상세하게 설명했다. 기업이 지역사회와 협력하여 에너지 효율성 개선, 공정한 고용 기회 제공, 지역 문화 지원 등을 통해 긍정적인 사회 변화를 이끌 수 있음을 강조했다.

전하진 이사장은 11장 기후 위기와 ESG에서 기후 위기 대응을 위한 ESG 전략의 중요성을 다루었다. 특히, 기후 변화에 대한 과학적 이해를 바탕으로 지속 가능한 행동을 촉진하고, 디지털 기술을 활용한 혁신적 접근을 통해 환경 문제를 해결할 수 있는 방법을 제시했다. 기업이 어떻게 환경적 목표를 설정하고 이행할 수 있는지, 그리고 이 과정에서 사회적, 거버넌스적 측면이 어떻게 개선될 수 있는지 상세하게 설명했다.

김기진 대표는 12장 지속 가능성을 위한 ESG 레볼루션에서 ESG 전략이 기업의 장기적 성공과 지속 가능성에 핵심적인 역할을 할 수 있음을 다루었다. 이 장에서는 모든 경영자와 결정권자가 ESG를 기업 운영의 핵심으로 통합하고, 지속 가능한 미래를 위한 변화를 주도해야 함을 강조했다. 특히, ESG 전략을 통해 기업이 사회적, 환경적, 거버넌스 측면에서 어떻게 긍정적인 영향을 미칠 수 있는지에 대한 실질적인 방안을 제시했다.

이 책은 ESG 전략을 기업 운영의 핵심으로 삼고 지속 가능한 발전을 지향하는 모든 경영자와 이해관계자에게 유용하게 활용될 수 있는 ESG

실천 가이드북이다. 'ESG 레볼루션^{지속 가능의 힘}'을 통해 ESG가 현대 비즈니스 환경에서 중추적인 역할을 수행하는 방법을 이해하게 되며, 이를 통합한 의사결정 과정이 기업의 경제적 및 사회적 성과를 어떻게 향상시킬 수 있는지 구체적인 방법과 사례를 배우게 된다. 빠르게 변화하는 시장 환경에서 지속 가능한 경쟁력을 강화하고 직접적인 해결책을 찾는 데 도움을 주어 기업의 장기적 성공을 지원하는 데 큰 도움이 될 것이다.

주영섭 서울대학교 특임교수

14대 중소기업청장을 거쳐 현재 서울대 특임교수, 한국디지털혁신협회 회장, 국가과학기술연구회 융합연구위원장, 한국공학한림원 회원, 산업디지털 전환위원회 위원, 태재미래전략연구원 미래산업위원장으로 활동하고 있다. 지식경제부 R&D전략기획단 주력산업총괄 MD(차관급), 현대차그룹의 현대오토넷 및 본텍 대표이사 사장, GE 써모메트릭스 코리아 대표이사 및 아태담당 사장을 역임했다. 공저: 〈산업디지털전환〉, 〈CES 2023 딥리뷰〉, 〈CES 2022 딥리뷰〉, 〈인공지능 메타버스 시대 미래전략〉 등이 있다.

이한성 한국ESG경영개발원 대표원장

사단법인 한국ESG경영개발원 대표원장, E-순환거버넌스, 충남정보문화산업진흥원 ESG 위원회 위원, 한국열린사이버대학교 ESG 과목 특임교수, 前 한국능률협회 ESG경영센터 센터장(이사), 기업 및 공공기관, 대학등 비영리기관을 대상으로 ESG 보고서 및 컨설팅, ESG 교육을 통해 ESG 확산활동에 기여하고 있다. HR Insight 〈HR담당자에게서 찾는 ESG경영솔루션〉, 한국무역보험공사 사보〈ESG경영 외치는 공공기관〉, 폴리뉴스〈ESG평가, 어떻게 변화해야 하는가〉 등 다수의 칼럼니스트로 활동 중이다.

김기진 KHR Group, 한국HR포럼 대표

KHR Group 대표, 한국HR협회와 피플스그룹 이사장, ERiC Story 출판 대표. 16년간 제178회 KHR포럼 개최회원 3,700명와 매년 'KHR FTP 인사&인재개발 실태조사 보고서'를 발간하고 있다. 저서는 《아하 나도 줌Zoom 마스터》와 공저는 《HR 레볼루션: 생성형 AI, HR 생태계 어떻게 구축할 것인가》, 《ChatGPT*HR: 생성형

AI, HR에 어떻게 적용할 것인가》, 《MX익스피리언스》, 《책쓰기 AI가 묻고 인간이 답하다》, 《왜 지금 한국인가》, 《하루하루 시작(詩作)》 등 출간, KBS 시사기획 창_{MZ회사를 떠나다}, MBN 등에 출연했다.

이경백 한영대학교 교수

한영대학교 석유화학공정과 교수, 기획처장, 혁신지원 사업단장, 한국 고등직업 교육학회 ESG 에 참여하여 교육 기관의 ESG 경영진단 및 자율 성과지표를 연구하고 있으며 ESG 지도자 자격과정을 강의하고 있다.

이형택 법무법인통 대표변호사

전주대학교 법학과 객원교수, 국기원_{태권도}이사, 밝은사회국제본부 이사, 법무부 남북법령연구 특별분과위원, 행정안전부 고문변호사, 前 인천지검 부천지청장, 전주지검 차장검사, 성남지청 차장검사, 중앙지검 부장검사 등 역임했다.

김주엽 넥센타이어 인사팀 수석

현재 넥센타이어에서 ESG 인권담당자로 ESG 경영 로드맵 수립을 통한 인권경영원칙을 기반으로 인권경영 프로세스를 구축하고 있다. 또한, 조직에서 HRM과 HRD 및 OD영역을 모두 경험하고 있으며, 한국교육컨설팅코칭학회 상임이사를 맡고 있다. UNGC 아카데미 프로그램을 통해 ESG활동을 지속적이고 발전적으로 수행해 나가고 있다. 前 서울시 인재개발원 자문위원과 한국생산성본부 및 동덕여대 외부심사위원을 역임하며, 한국직업방송의 〈청산유수〉와 〈취업비사〉 등에 출연했다.

박동국 SK네트웍스서비스/부장, 공학박사, 경영지도사

두루넷과 SK네트웍스에서 IT기술Network, IoT, Blockchain, Cloud, 5G 전문가를 거쳐, SK네트웍스서비스 경영지원실에서 경영관리업무HR, 경영기획, 조직문화, 윤리경영를 담당했다. 현재 IT분야 전문 경영컨설턴트로 활동하고 있음. 중소벤처기업부 창업진흥원 평가위원, 산업통상자원부 ESG심사위원, ISO 9001/14001/45001, 경기도 경제과학진흥원 전문평가위원으로 활동하고 있다.

김지훈 선일다이파스, 대표이사

자동차부품사인 선일다이파스의 부회장. 대학에서 기계공학 전공 후 금성전선 중공업CU현, LS엠트론의 구매자재 부문을 거쳐 미국 펜실베이니아주립대 Quality & Manufacturing Management 석사와 동대학원 MBA 재무관리를 거쳐 1999년 5월부터 선일다이파스에 입사하여 2007년부터 각자 대표를 맡고 있다. 현재 한국 내 두개의 법인과 중국 천진 및 남통의 현지법인의 대표를 맡고 있는 제조업 경영자이다. 시스템과 효율 극대화에 관심이 많고 이타적인 행복경영을 추진하고 있다. 《하루하루 시작詩作》 공동 저자이다.

한정민 노무법인 광화문, 대표노무사

한국경영자총협회 노사대책본부와 삼성전자 경영지원실 인사팀, 법무법인에서 기업의 인사/노사 실무를 14년여간 담당하면서 인사노무 분야의 전문성을 길러 왔다. 현재는 노무법인 광화문의 대표노무사로서 노동자문, 사건대리, 노사 단체교섭 대응은 물론 기업체, 대학생, 청소년 대상 교육, 기업 노사 조직문화 컨설팅까지 업무의 영역을 다채롭게 확대하고 차별화된 인사/노사 서비스를 제공하는데 주력하고 있다.

이가은 ESG 경제, 기자

ESG 전문 미디어 'ESG 경제' 기자, 강연 매니지먼트 '임팩트리' 대표. 국내 기업 경영자 인터뷰와 ESG 경영 사례를 취재하고, 《기업 사례를 통한ESG트렌드》, 《관광 ESG》 주제로 중소기업, 스타트업, 기관, 학교에서 강의하고 있다.

전하진 SDX재단 이사장

중부일보 객원논설위원, 컬럼리스트, 부동산학 박사. 외환위기 때 어려워진 한글과 컴퓨터1998-2001를 위기에서 구한 CEO로 유명하다. 제 19대 국회의원으로 전력의 수요관리제도를 입법했다. 기업인과 정치인을 지내면서 많은성공과 실패의 경험을 바탕으로 지난 30년간 끊임없이 미래에 대한 대안을 제시하고 있다. 블록체인 기반의 거버넌스 확대와 지속가능성과 거주자들의 행복이 극대화 될 수 있는 새로운 도시개념을 만들어내기도 했다. 현재는 디지털기반의 지속가능발전을 추구하는 SDX 재단 이사장으로 기후산업 및 ESG경영 등을 통한 지구공동체의 지속가능한 발전을 위해 노력하고 있다. 저서는 《비즈엘리트의 시대가 온다》, 《세라형 인재가 미래를 지배한다》, 《즐기다보니 내 세상》, 《ESGG 지구와 공감할 때》를 공저했다.

목차 ───

1장

기업 리더십과 ESG 전략

주영섭

서울대학교 특임교수

1
ESG의 과거와 현재 그리고 미래

ESG는 환경Environment, 사회Social, 지배구조Governance를 의미하는 용어로서, 기업 경영과 투자는 물론 국가 경영에 있어서도 새로운 규범으로 인식되어, 이제 일반인들도 반드시 이해해야 할 중요한 시대정신으로 자리 잡게 되었다. 특히 최근에는 지구 환경의 지속 가능성에 대한 우려가 더욱 커지고 있으며, 기후 변화가 기후 위기로 인식되면서 지구 온난화라는 용어가 지구 열대화로 바뀌는 등, 이에 대한 경각심이 높아지고 있다. 이와 더불어 사회적으로는 경제 불안, 양극화의 심화, 공동체의 붕괴, 다양한 사회 문제들이 지속가능성에 대한 의문을 제기하고 있어, 환경과 사회의 지속가능성에 대한 불안감이 그 어느 때보다 큰 상황에서 ESG가 새로운 시대정신으로 대두되고 있다는 것이다.

ESG의 발전 방향을 살펴보기 위해서는 그 태동부터 현재에 이르기까지의 과정을 이해하고 미래를 예측할 필요가 있다. 처음 ESG는 환경적, 사회적, 지배구조적 측면을 기업 경영의 핵심으로 삼아 경영하는 기업들이 그렇지 않은 기업들에 비해 중장기적인 경영 성과와 지속가능성에서 우위를 보일 것이라는 가설에서 출발하였다. 이에 따라 투자자들 역시 기업의 재무적 정보뿐만 아니라 환경, 사회, 지배구조의 요소를 고려하여 투자해야 한다는 관점이 강조되고 있다.

ESG 열풍의 배경과 주요 요인

ESG 개념이 최초로 소개된 시점은 2004년으로, 유엔 글로벌 콤팩트 UN Global Compact, IFCInternational Finance Corporation, 스위스 정부가 함께 추진한 'Who Cares Wins배려하는 자가 이긴다' 구상을 통해서였다. 이후 2006년 뉴욕증권거래소에서 열린 행사에서 당시 UN 사무총장 코피 아난과 세계 주요 연기금 대표가 함께 ESG를 책임 있는 투자의 핵심 원칙으로 선언하며 ESG의 중요성이 크게 부각되었다.

초기에는 큰 주목을 받지 못했으나, 세계 최대의 자산운용사 블랙록의 CEO 래리 핑크가 2020년 초 세계 주요 대기업 CEO들에게 보낸 연례 서한에서 ESG를 투자 결정의 핵심 요소로 반영하겠다고 강조하면서 전 세계적으로 ESG에 대한 관심이 급증하게 되었다. 또한, 2021년 1월 미국 바이든 정부가 출범하고 기후변화 대응을 위한 파리협정 복귀를 발표하면서, 전 세계적으로 탄소중립과 친환경 정책이 강조되는 것도 ESG 열풍의 주요 요인으로 작용하게 되었다. 미국 라스베가스의 CES소비자전자쇼와 독일 하노버의 산업박람회와 같은 세계 양대 기술 전시회에서도 ESG를 주제로 한 발표와 전시가 지속적으로 이루어지고 있다.

미국, 유럽 등 선진국을 중심으로 환경 규제가 강화되고, 글로벌 기업들이 제품 구매 시 ESG 측면을 고려하기 시작하면서, ESG는 기업뿐만 아니라 국가적 차원에서도 반드시 추구해야 할 새로운 규범으로 인식되고 있다.

　세계적인 ESG 열풍의 배경과 주요 요인을 분석해보면 기후 위기에 대응하기 위한 환경 규제의 강화, 자본주의 4.0의 등장, MZ 세대의 부상 등 세 가지 주요 요인에 주목할 수 있다. 우선, 각국 정부가 기후 위기에 대응하기 위해 탄소의 순배출을 제로화하는 넷제로Net Zero라 불리는 목표를 세우고 탄소중립 정책을 시행하면서 ESG의 환경적 측면이 강조되고 있다. 이러한 정책은 2050년 넷제로 달성을 목표로 하는 주요국들에게 해가 갈수록 중요성을 더해가며, 환경 측면이 ESG의 핵심으로 자리잡을 것으로 예상된다.

　둘째, 자본주의 4.0의 부상은 ESG의 사회적 측면에 큰 영향을 미칠 것으로 보인다. 아나톨 칼레츠키가 주창한 포용적 자본주의는 정부와 시장의 소통과 협력을 통한 포용 성장을 추구하며, 이는 환경, 사회, 지배구조의 중시로 이어지고 있다. 2000년 다보스 포럼에서의 주주 중심 자본주의에서 이해관계자 중심 자본주의로의 전환 주장 역시 이러한 변화의 일환으로 볼 수 있다. 이는 국가의 지속가능성을 위협하는 승자독식과 사회 양극화 문제에 대한 대응으로, 환경 및 사회문제에 대한 인식이 높아지는 현상으로 이어졌다.

　셋째, MZ 세대의 부상은 ESG 열풍에 있어서 또 다른 중요한 요인이다. 밀레니얼 세대와 Z세대를 아우르는 MZ세대가 소비자와 기업 구성원의 주류로 자리잡으면서, 이들이 중요시하는 환경과 사회, 공정성 이슈에 대한 주목이 ESG 열풍을 더욱 가속화하고 있다. 이러한 요인들이 복합적으로 작용하며, ESG는 단순한 유행을 넘어서 세계적인 변화의 중심에 서게 되었다.

2020년 1월, 블랙록의 래리 핑크 회장이 발표한 연례 서한은 타 투자 기관 및 금융기관, 정부의 공감을 일으키며 세계적인 ESG 열풍으로 발전하는 중요한 계기가 되었다. 이러한 열풍에 더욱 불을 지핀 것은 주요 국 정부들의 ESG 정보 공시 의무화 움직임이다. EU와 미국은 국제 지속가능성 기준위원회ISSB의 ESG 공시 권고안을 바탕으로 자체 지침을 마련하였으며, EU는 올해부터, 미국은 2026년부터 순차적으로 ESG 공시를 의무화할 예정이다. 영국, 일본, 중국, 호주, 싱가포르 등도 곧 ESG 공시를 의무화할 것으로 알려져 있다. 우리나라 역시 2026년 이후로 ESG 공시 의무화를 연기하였으나, 이는 시간 문제일 뿐이며, 우리 기업들의 적극적인 준비와 대응이 요구된다.

ESG 열풍의 배경과 원인을 살펴보았을 때, 이해관계자 간의 문제, 법과 제도, 정부 정책 등이 중요하지만, 궁극적으로 ESG 경영의 핵심은 기업이 고객의 마음을 얻는 것, 국가 입장에서는 국민의 마음을 얻는 것이라 할 수 있다. 기업은 환경, 사회, 지배구조를 경영의 핵심에 두고, 고객의 감동을 이끌어내는 ESG 경영을 통해 경제적 가치와 사회적 가치를 동시에 추구함으로써, 기업과 국민, 국가가 공동 발전하는 포용 성장과 지속가능한 발전을 이룩할 수 있게 된다.

따라서 ESG 경영은 환경 보호, 사회적 책임, 투명 경영을 넘어서는 것으로, 기업이 포용적 자본주의의 주체로서 이해관계자를 배려하고, MZ 세대 등 고객이 원하는 친환경적이고 사회적 가치를 추구함으로써 고객의 마음을 얻고, 이를 통해 사회적 가치와 경제적 가치를 동시에 획득하는 능동적 기회 창출로 이해되어야 한다. ESG를 기반으로 한 비즈니스 모델의 레볼루션이 필요한 이유다.

ESG의 최근 동향 및 시사점

세계적으로 ESG가 기업 경영과 투자의 새로운 규범으로 자리 잡는 가운데, ESG에 대한 논란이 활발하게 전개되고 있다. 2022년 2월 발발한 러시아의 우크라이나 침공으로 인한 우크라이나 전쟁이 화석연료 기업의 이익을 급증시키는 등 ESG 투자에 반하는 시장 상황이 나타나며, 이로 인해 일부 투자자들 사이에서 ESG 투자에 대한 의구심과 논란이 제기되었다. 특히 미국 내에서는 화석연료 생산이 많은 텍사스주, 웨스트버지니아주를 중심으로 주 연기금 투자에서 환경 관련 펀드의 제외와 같이 일부 ESG 펀드에서 자금 이탈 현상이 관측되었다.

미국의 정치적 맥락에서 민주당과 공화당은 ESG에 대한 태도에서 큰 차이를 보이고 있다. 민주당은 기후 위기 대응에 적극적이고 ESG 친화적인 기조를 유지하는 반면, 친 기업적인 공화당은 ESG에 대해 비교적 미온적인 태도를 보이고 있다. 이런 상황은 트럼프 전 대통령의 파리기후변화협약 탈퇴와 바이든 현 대통령의 취임 후 즉각적인 복귀 결정에서도 명확하게 드러난다.

ESG 열풍을 주도했던 블랙록의 CEO 래리 핑크 또한 최근에는 과도한 기후변화 대책이 고객사의 이익에 부합하지 않는다는 입장을 취하며, 보수와 진보 양쪽으로부터 비난과 압력을 받고 있다. 이러한 상황은 오는 11월 미국 대통령 선거에서 바이든 대통령과 트럼프 전 대통령 중 누가 승리하느냐에 따라 미국뿐만 아니라 세계의 친환경 정책 및 ESG 방향성에 많은 변화가 있을 것으로 예측되며, 이는 ESG의 미래 방향성에 중요한 시사점을 제공하게 될 것이다.

ESG에 대한 논란이 기업인들에게 큰 혼란을 주고 있는 것은 사실이다. ESG가 단순한 대세인지, 아니면 필수적인 경영 전략인지에 대한 확신이 서지 않는다는 의견이 많다. 대외 의존도가 높은 우리나라의 경우, 글로벌 ESG 흐름을 단순히 따르기보다는 그 배경과 본질을 정확히 이해하고 선제적으로 대응하는 지혜가 필요하다. 이를 위해 ESG를 주도하는 주요 동인을 정확히 이해하는 것이 중요하다.

첫째, 투자자가 ESG의 주요 동인으로 작용하고 있다. 래리 핑크 블랙록 CEO의 선언과 글로벌 투자 펀드들의 가세로 확산된 ESG 열풍은 투자자로부터의 투자 받기 위해 ESG 경영이 필수적으로 요구되는 상황을 만들었다. 둘째, ESG 경영·투자·정보공개의 기준이 되는 ESG 지표의 중요성이 강조되고 있다. 미국과 유럽연합EU을 중심으로 추진되고 있는 ESG 정보공시 의무화는 투자자 보호 목적으로, 우리나라도 이러한 글로벌 추세에 따라야 한다는 것이다. 셋째, 소비자 성향과 선택이 중요한 동인으로 부상하고 있다. 특히 환경, 사회, 공정성 문제에 민감한 MZ세대가 소비자 중심으로 자리잡으면서, 제품 및 서비스 구매 시 ESG 기준을 중요하게 고려하고 있다.

결론적으로, 투자자와 ESG 지표는 단기적으로 중요한 동인이 될 수 있지만, 궁극적으로 소비자 성향과 행동 변화가 ESG의 가장 중요한 동인으로 작용할 것이라는 관점이 중요하다. 투자자나 지표의 변화는 외부 상황에 따라 유동적일 수 있으나, 소비자 성향과 행동 변화는 기업이 반드시 따라야 할 대세라는 것이다. 기업들은 ESG 경영을 단순히 추세에 따르는 것이 아니라, 장기적인 소비자 변화와 시장의 요구를 충족시키는 핵심 전략으로 인식하고 적극적으로 대응해 나가야 할 것이다.

미래 ESG 트렌드 및 대응 전략

ESG 경영이 모두가 인정하는 확실한 규범으로 자리잡기 위해서는 올바른 이해의 확산과 공감대 형성, 검증의 시간이 추가로 필요하다는 것이 중론이다. 우크라이나 전쟁으로 인한 글로벌 공급망 교란 및 에너지 위기 상황은 화석연료 의존도를 증가시키며 ESG 경영 및 투자에 대한 이상 징후를 나타내고 있어, ESG에 대한 일시적이며 국부적인 조정 기간이 필요하다는 시각과 함께, 한때의 유행으로 소멸될 것이라는 부정적 관점도 존재한다. 또한, 전 세계적으로 ESG 지표의 적정성 및 효용성에 대한 논란이 지속되고 있으며, 다양한 ESG 지표가 기업들에 혼란을 주고 있는 상황이다. 이에 대응하여 우리 정부가 K-ESG 가이드라인을 제시하고 있으나, 실행 과정에서의 논란 우려도 배제할 수 없다.

ESG 열풍의 배경, 원인, 그리고 ESG 경영의 궁극적 목표에 대한 정확한 이해가 필수적이다. ESG 경영을 단순히 '착한 기업' 지향적 시각에서 바라보는 것이 아니라, 기업의 비즈니스 모델과의 직접적 연관성을 인식해야 한다. ESG 경영은 비즈니스 모델의 핵심인 고객, 제품 및 서비스, 운영 모델, 수익 모델과 밀접하게 연결되어 있으며, 이를 통해 기업이 사회적 가치와 경제적 가치를 동시에 창출할 수 있는 핵심 전략으로 인식되어야 한다.

ESG 트렌드에 대응하기 위한 전략으로는 첫째, ESG에 대한 깊이 있는 이해와 공감대 형성을 위한 내부 교육과 커뮤니케이션 강화가 필요하다. 둘째, 급변하는 외부 환경 속에서도 유연하게 대응할 수 있는 ESG 관련 프로세스와 기준을 마련하고, 이를 비즈니스 전략에 통합해야 한다. 셋째, 소비자 성향과 시장의 변화를 선제적으로 파악하여 ESG 기반의 혁신적인 제품과 서비스를 개발하고, 이를 통해 시장에서의 경쟁력을 강화해야 한다. 넷째, ESG 성과의 측정, 보고 및 공개를 통해 이해관계자들과의 신뢰를 구축하고, 지속 가능한 성장을 위한 기반을 마련해야 한다. 이러한 전략적 접근을 통해 기업은 ESG 트렌드를 기회로 전환하고, 장기적인 성공을 도모할 수 있게 된다.

　ESG 경영은 '착한 기업'을 넘어서 '똑똑하고 현명한 기업'이 되기 위한 전략이어야 한다. 이는 소비자와 고객의 마음을 얻어 경제적 가치와 사회적 가치를 동시에 추구하는 것이 목표이다. ESG 열풍의 근본적인 이유는 MZ세대의 소비자 주류로의 부상, 포용적 자본주의의 부상, 기

[ESG의 기본 개념 및 철학]

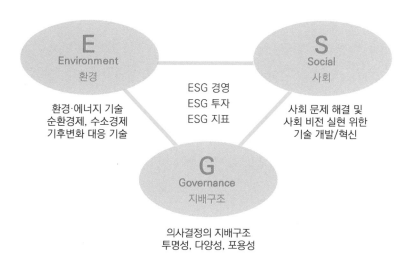

후 위기 대응을 위한 탄소중립 정책 등에 있다. 특히, 정보화에 능숙한 MZ세대는 지구 환경 문제와 사회 공정성에 대해 민감하게 반응하며, 환경과 사회에 이로운 기업의 제품과 서비스를 선호하는 경향이 있다.

ESG 경영은 환경 보호나 사회 공헌 활동에 그치지 않고, 기업이 고객의 마음을 잡아 성장 및 수익성과 지속가능성을 동시에 추구하는 비즈니스 모델과 직결된 본원적 경영 활동이다. 이는 단기적 유행이 아니라 기업의 생존 및 성공 요건으로, 경영의 기본이 될 시대정신으로 인식되어야 한다.

환경E 측면에서는 환경 보호를 넘어 친환경 및 에너지 기술을 통한 환경·에너지 문제 해결과 신성장동력 창출을 동시에 추구하는 적극적 경영이 필요하다. 사회S 측면에서는 사회적 책임이나 사회공헌에 그치지 않고 사회문제 해결과 사회적 가치 창출을 통해 수익성과 사회적 기여를 동시에 추구하는 비즈니스 모델 혁명이 요구된다. 지배구조G 측면에서는 투명경영과 윤리경영을 넘어 인종, 성 등의 다양성 및 포용성을 포함하는 광의의 개념으로의 이해가 필요하다.

이러한 ESG 경영 전략은 기술 혁신과 밀접하게 연결되어 있으며, 다양성 및 포용성이 높은 기업이 더 우수한 성과를 낼 수 있다는 것이 입증되고 있다. 따라서, 우리 기업들은 ESG 경영의 진정한 방향에 대한 오해를 해소하고, 환경 보호, 사회적 책임, 투명 경영을 넘어선 근본적인 경영 전략으로서 ESG를 채택해야 한다. ESG는 기업이 직면한 도전을 기회로 전환하고, 지속 가능한 성장을 달성하기 위한 핵심 요소이다.

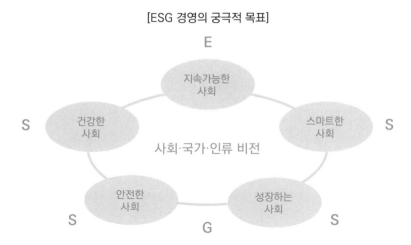

[ESG 경영의 궁극적 목표]

ESG 경영의 핵심은 홍보성 캠페인을 넘어서 기술혁신을 통한 비즈니스 모델의 근본적인 변화에 있다. 이러한 변화는 기업의 모든 핵심 기능, 즉 마케팅, 연구, 생산, 영업 등에서 주도적으로 이루어져야 한다. ESG 경영을 단지 일부 팀이나 위원회의 활동으로 한정하지 않고, 비즈니스 모델 자체에 ESG 가치를 내재화하여 모든 직원이 ESG 기준에 따라 활동하는 것이 필수적이다. 이는 단순히 기업 이미지를 개선하거나 일시적인 사회적 관심사에 반응하는 것이 아니라, 기업의 지속 가능한 성장과 사회적 책임을 동시에 충족시키는 근본적인 경영 전략으로서의 ESG의 중요성을 강조한다.

환경 측면에서의 접근은 특히 중요하다. 환경 및 에너지 기술, 에너지 절감 기술, 기후위기 저감 기술, 순환경제, 수소경제 등의 친환경 기술 개발과 경영 전략을 통해 환경 보호와 동시에 환경의 지속가능성을 확보하며 새로운 성장동력 및 사업 기회를 창출해야 한다. 이러한 접근은 기업과 경제의 성장을 지속가능한 방향으로 이끄는 데 필수적이며, 기술혁신을 통한 비즈니스 모델 혁명의 핵심 요소로 작용한다.

사회 측면에서는 사회 문제의 해결과 함께 건강한 사회, 안전한 사회, 편리하고 스마트한 사회, 지속가능한 사회, 그리고 일자리가 늘어나는 성장하는 사회 등을 추구하는 비전과 가치를 만족시킬 수 있는 기술 개발에 중점을 두는 경영을 통해 기업의 사회적 책임과 성장을 동시에 추구하는 것이 중요하다는 관점을 제시하고 있다. 이러한 접근은 기업이 사회적 책임을 다하면서 동시에 성장할 수 있는 방안을 모색하게 된다.

지배구조 측면에서는 기업의 의사결정 구조, 즉 이사회, 경영 조직체계, 감사 기능 등을 포함하는 소유의 지배구조를 투명하게 관리하는 노력과 함께, 성별, 나이, 인종 등과 같은 다양성을 포함하는 구조적 요소를 포용적이고 공정하게 관리함으로써 지배구조를 개선하고 기업 성장을 동시에 추구해야 한다는 것을 강조하고 있다. 이 과정에서 데이터, 인공지능, 블록체인 등의 기술 혁신이 중요한 역할을 하게 된다.

'착한 기업'을 넘어 '현명한 기업'으로 거듭나야 한다는 주장은, 기업과 정부가 환경, 사회, 지배구조인 ESG에 대한 깊이 있는 이해를 기반으로 하여, ESG 경영 및 정책을 통해 지속 가능성, 수익성, 경제 성장을 동시에 추구해야 함을 강조한다. 이 과정에서 경제적 가치와 사회적 가치를 동시에 추구하는 비즈니스 모델을 개발하고 내재화하여, 기업과 사회의 동반 성장을 목표로 삼아야 한다는 점을 명확히 한다. 이렇게 ESG를 비즈니스 모델에 내재화하여 추구하는 것은, 동시에 수익성과 사회적 책임을 이행하는 것으로, ESG를 단순한 위기가 아닌 중대한 기회로 활용하게 된다.

2

지속가능성 기반의
새로운 ESG 혁신 사례

현재 세계는 초변화 대전환 시대에 직면해 있다. AI, 로봇 등 디지털 혁명, 코로나 팬데믹, 신냉전 시대 등으로 대표되는 이 시대는 기술, 세계 경제환경, 사람·세대의 변화, 기후 위기, 자본주의, 정부 정책, 경영 철학 등 모든 분야에서 빠른 속도로 변화하고 있다. 이러한 변화 속에서 디지털 대전환, 그린 대전환, 문명 대전환 등 3대 대전환이 기술 혁신을 중심으로 전개되고 있으며, 이 대전환들의 성공은 기술 혁신의 진전에 크게 의존하고 있다. 따라서 기술 트렌드를 이해하는 것이 이 시대를 살아가는 데 매우 중요하게 된다.

세계 최대의 기술 전시회인 미국 라스베가스의 CES는 매년 연초에 미래 기술 트렌드를 제시하며, 기술이 국가의 운명을 결정짓는 현 시점에서 그 중요성이 점점 커지고 있다. 특히 2020년대에 들어서면서 CES는 디지털 전환과 더불어 환경 및 사회의 지속 가능성을 촉진하는 ESG를 핵심 트렌드로 내세우고 있다. 이는 환경과 사회, 인류의 지속 가능성을

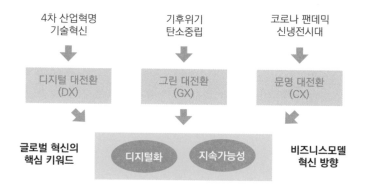

[3대 대전환과 지속가능성]

중심으로 하는 ESG가 현대 사회의 시대정신으로 자리 잡고 있음을 의미한다. CES가 제시하는 ESG의 방향성을 통해 새로운 시대정신을 읽고 세계 ESG 경영의 미래 방향을 예측할 수 있게 된다.

기술과 함께 우리가 반드시 주목해야 할 트렌드는 시대정신의 변화다. 1967년 첫 개최 이후 지속적으로 새로운 기술을 선보여 온 CES에서는 최근 중대한 변화가 감지되었다. 이 변화는 기술 혁신 자체보다는 기술 혁신이 추구하는 목적에 더 많은 주목을 시작한 것이다. 이러한 변화의 대표적 사례로는 존 디어와 BMW의 사례가 있다. 존 디어는 자율주행 트랙터를, BMW는 자율주행과 색상 변경이 가능한 카멜레온 자율주행차를 선보였다. 이 둘 중에서 세계인의 관심과 반응은 존 디어의 제품에 집중되었다. 이는 비록 BMW의 기술이 기술적으로 우수할지라도, 존 디어가 제시한 기술 혁신의 목적이 더욱 중요하고 인상적이었기 때문이다. 존 디어는 세계 인구가 증가하는 가운데 기후 위기와 농지 및 물 부족으로 인해 식량 위기에 직면할 수 있다는 점을 지적하며, 자율 주행 트랙터 등을 통한 농업 기술 혁명으로 이 문제를 해결하겠다는 목표를 세웠다. 이러한 명확한 목적과 사회적 가치는 많은 사람들에게 감동을 주었다. 기술 혁신이 중요하지만, 그 기술이 추구하는 목적이 사회적 문제 해결에 기여한다는 점에서 그 가치가 더욱 빛을 발하게 된다.

기술 중심에서 기술의 목적 중심으로의 전환은 올해 더욱 두드러지게 나타났다. 세계는 이제 '기술을 위한 기술'이 아닌 '인류를 위한 기술'이어야 한다는 근본적인 인식에 주목하기 시작했다. 이러한 변화의 일환으로, CES는 최근 '인류를 위한 기술'이라는 명확한 목적 아래 'Human Security for All' 개념을 제시했다. 이 용어는 1994년 UN에 의해 처음 제안되었으며, CES의 주관 기관인 미국소비자기술협회CTA가 유엔과 함께 이 캠페인을 재개한 것이다. '모두를 위한 인류 안보'라는 이 개념은 국가 안보가 국가에게 중요하듯이, 인류 안보가 인류에게 중요하다는 점을 강조한다. 인류 안보는 인류의 생명과 지속 가능성을 위협하는 다양한 위험으로부터 인류를 보호해야 한다는 개념을 포함하며, 이는 환경, 식량, 보건·의료, 경제, 개인의 안전 및 이동, 공동체 안전, 정치적 자유 등 7가지 주요 분야에서의 위험에 최근 추가된 기술 분야를 포함한 8가지 위험을 말한다.

이 개념은 세계 각국과 세계인이 함께 협력하여 기술 혁신을 통해 인류가 직면한 거대 위험에서 인류를 보호하고, 모든 사람을 위한 인류 안보를 실현하자는 목적을 담고 있다. 이는 인류의 지속 가능성을 핵심으로 하는 시대정신으로 자리 잡으며, 기술 혁신뿐만 아니라 ESG 경영에 있어서도 핵심 정신이 되었다. '모두를 위한 인류 안보'는 ESG의 새로운 혁신 방향을 제시함으로써, 기술과 경영 모두에 있어서 인류를 위한 새로운 방향성을 제공하게 되는 것이다.

새로운 시대정신: 모두를 위한 인류 안보 Human Security for All

CES 2024의 슬로건, 'All Together, All On'은 인류가 직면한 다양한 난제들을 기술 혁신을 통해 함께 해결하자는 강력한 메시지를 전달한다. 이 슬로건을 올바르게 이해하기 위해서는 작년 CES 2023에서 핵심 슬로건으로 제시된 '모두를 위한 인류 안보'의 개념을 정확히 파악하는 것이 필수적이다.

'모두를 위한 인류 안보'는 모든 인류를 대상으로 하며, 기득권층이나 엘리트 계층에 국한되지 않는 기술 혁신을 통한 '인류 안보' 달성을 강조한다. 이는 기술 혁신을 활용하여 인류 사회가 직면한 문제를 해결하고, 인류가 지향하는 비전을 실현하려는 목적을 담고 있다. CTA의 게리 샤피로 회장은 이러한 점을 강조하며, CES에서 제시하는 혁신 기술이 인류의 삶을 풍요롭게 하고 다음 세대에게 더 나은 미래를 제공할 것이라고 역설했다.

신냉전 시대의 전개와 기후 위기의 악화 등 글로벌 이슈가 중첩되는 가운데, 세계인은 불안감 속에서도 세계 평화, 인류 공영, 지속 가능한 미래를 희망하고 있다. 이런 상황에서 '모두를 위한 인류 안보'라는 개념이 새로운 시대정신으로 부각되고 있다. 이는 기술 혁신뿐만 아니라, 글로벌 협력과 인류의 지속 가능한 발전을 지향하는 현재의 시대정신을

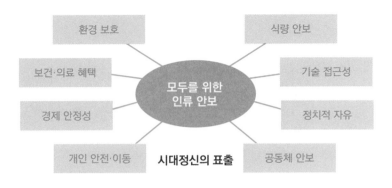

[CES 2024 핵심 키워드: "모두를 위한 인류 안보"]

출처: CTA, 주영섭

반영하며, CES의 슬로건을 통해 더욱 명확하게 전달되고 있다.

세계인의 불안과 위협을 해소하여 '인류 안보'를 지키자는 주제 아래, 8가지 분야가 강조 되었다. 첫째, '환경 보호Environment Protection'가 중요하게 부각되고 있다. 파리기후협약이 설정한 2100년까지의 지구 온난화 제한 목표는 이미 어려움에 직면하며, 이는 해수면 상승, 이상기후, 해양 생태계 파괴와 같은 다양한 위협을 야기하고 있다. 이에 대응하기 위해 세계 각국은 탄소중립 정책을 강화하며, CES에서는 매년 재생에너지, 에너지 절감, 순환경제, 플라스틱 대체 소재 등을 포함한 다양한 기술을 선보이고 있다. 이 분야에서는 삼성전자, LG전자, 현대기아차, SK 등 우리 기업을 포함한 대부분의 글로벌 기업이 지속가능성을 주요 키워드로 삼아 탄소중립을 위한 혁신적인 기술을 전시하고 있다.

둘째, 강조되는 분야는 '식량 안보Food Security'이다. 세계 인구가 2050

년까지 100억 명에 이를 것으로 예상되는 가운데, 기후 위기로 인한 농작물 생산의 부족은 기아 문제의 심화를 불가피하게 한다. 이 문제에 대응하여, 존 디어와 같은 세계적인 농기계 회사는 농업 기술 혁신을 통해 식량 안보 문제를 해결하겠다는 비전을 선언하며 CES 2023에서 큰 주목을 받았다.

셋째, 중요시되는 것은 '헬스케어에의 접근Access to Healthcare'이다. 코로나 팬데믹 상황에서 선진국마저 공공 의료 시스템의 붕괴로 막대한 불안을 경험했으며, 이러한 상황은 세계인의 건강과 의료 서비스에 대한 관심을 크게 증가시켰다. CES에서 디지털 헬스케어, 원격 건강관리 및 의료 등이 헬스케어 분야에서 중요한 주제로 부상한 것도 이와 같은 배경에서 비롯되었다.

넷째, '경제 안보Economic Security'에 대한 논의가 이루어진다. CES에서는 기술 혁신을 통해 경제를 활성화시키고 양질의 일자리를 창출하기 위한 노력의 일환으로, 특히 기술 스타트업의 참여를 확대하고 있다. 이를 통해 스타트업 전용 전시관인 유레카관은 올해 전 세계 1,200여 개의 스타트업 기업들이 참여하는 글로벌 경연장으로 발전해 왔다.

다섯째, '개인 안전 및 모빌리티Personal Safety & Mobility'가 강조된다. 최근에는 데이터, 정보, 프라이버시, 금융 등 많은 분야에서 개인의 안전과 자유로운 이동에 대한 관심이 커지고 있으며, 이와 관련된 다양한 혁신 기술들이 CES에 소개되고 있다. 특히 모빌리티는 CES의 핵심 분야 중 하나로, 자동차, 비행체, 선박 등을 포함한 육해공 모빌리티와 관련된 혁신 기술이 주목받고 있다.

여섯째, '공동체 안보Community Security'에 대한 관심이 커지고 있다. 물리적 공간뿐만 아니라 사이버 공간에서도 공동체를 다양한 위험으로부터 보호하기 위한 기술 혁신이 중요하게 다루어지고 있다. 예를 들어, CES 2024에서는 독일의 보쉬가 학교 캠퍼스 내 총기 난사 사건을 예방하기 위해 개발한 총기 감지 시스템이 좋은 예로 제시된다.

일곱째, '정치적 자유Political Freedom'가 논의된다. 정부와 시민 간의 자유롭고 공정한 소통 및 정보 공유를 가능하게 하는 디지털 기술의 혁신이 최근 CES에서 소개되고 있다. 우리나라의 지크립토가 개발한 블록체인 기반 온라인 투표 시스템은 이 분야에서 주목받는 사례이다.

마지막으로, '기술에의 접근Access to Technology'은 CES 2024에 새로 추가된 분야이다. 기술 혁신이 가속화됨에 따라 AI 등의 신기술이 일부 엘리트에게만 집중되어 일반 대중, 특히 장애인이나 노년층이 소외되는 현상에 대한 우려가 제기되고 있다. 이에 따라, 기술 혁신을 통해 모든 사람이 혁신 기술에 접근할 수 있도록 하는 것이 중요하다는 인식이 확산되고 있다.

CES 2024에서 생성형 AI를 포함한 다양한 AI 기술에 대한 관심이 높아지고 있으나, 이러한 혁신 기술들을 단순히 이해하는 것을 넘어서 그들의 '흐름'과 '방향성'을 파악하는 것이 더욱 중요하다고 볼 수 있다. 기술의 표면적인 측면만을 바라보는 것은 깊은 바다의 해류를 간과하는 것과 같아서, 기술 혁신 자체에서 그 목적으로의 전환에 주목해야 한다는 점이 강조된다. 즉, 단순히 '기술을 위한 기술 혁신'이 아니라, 인류가 직면한 난제를 해결하고 비전을 실현하는 '인류를 위한 기술 혁신'이 되어야 한다는 점이 CES 2024의 핵심 메시지이자 시대정신으로 부각되고 있다. 이러한 시대정신은 ESG 경영의 기반으로 자리 잡아야 한다.

CES를 통해 본 ESG 트렌드 및 사례

세계 최대 기술 전시회인 CES를 통해 본 ESG 트렌드와 사례는 다양한 시사점을 제공한다. 2021년 CES는 팬데믹으로 인해 사상 처음으로 전면 온라인으로 개최되었으며, 이 자리에서 GM, AMD, 버라이즌 등의 CEO를 포함한 9개 기업의 최고경영자들이 기조연설을 통해 ESG의 중요성을 강조했다. 대표적으로, GM의 CEO인 메리 바라는 2025년까지 30개 차종의 전기차를 출시하여 이산화탄소 배출 제로화에 기여하겠다는 "All Electric" 전략을 발표함으로써 친환경 의지를 밝혔다. 또한 사고 및 교통체증 제로화를 통한 사회적 기여와 인종 및 성 차별 문제를 다루기 위한 포용성 자문위원회의 운영을 통해 세계 최고의 포용 기업이 되겠다는 포부도 제시했다. 이는 ESG의 세 가지 측면인 환경, 사회, 지배구조를 아우르는 경영 전략을 발표한 것이다.

CES 2022에서는 삼성전자와 파타고니아의 협력이 대표적인 ESG 사례로 주목받았다. 두 회사는 함께 전 세계적인 환경 문제인 미세 플라스틱 배출을 줄이기 위해 특별한 세탁기 개발에 나섰다. 미세 플라스틱 문제는 세탁기에서 발생하는 것이 큰 원인 중 하나로, 이를 원천 차단하기 위한 기술 개발에 주력함으로써, 결국 사람의 건강에 큰 악영향을 미치는 미세 플라스틱 문제에 대응하겠다는 계획을 발표했다. 이 사례는 대표적 ESG 사례로 큰 반향을 일으켰다. 이외에도 GM, 현대차, SK, 퀄컴 등 다양한 분야의 주요기업들도 ESG에 대한 개념이나 비전 제시를 넘어 제품 및 서비스에 ESG를 직접 반영한 구체적 로드맵을 제시하였다.

CES에서 직접적으로 제품을 전시하지 않음에도 불구하고, 일론 머스크가 이끄는 테슬라, 스페이스X, 스타링크 등의 기업들은 단순한 경제적 가치의 추구를 넘어서 인류 사회가 당면한 문제를 해결하고 궁극적인 비전을 실현하겠다는 목표를 통해 전 세계적인 감동과 지지를 얻고 있다. 테슬라는 전기차를 통해 에너지 및 환경 문제에 대응하고자 하며, 스페이스X는 화성 탐사 및 이주를 통해 인류의 새로운 가능성을 모색하는 등, 이들 기업은 ESG 경영의 중요성을 몸소 실천하고 있는 대표 사례로 자리매김하고 있다.

CES 2023과 CES 2024에서도 ESG가 핵심 키워드로 다루어졌다. CTA미국소비자기술협회는 '모두를 위한 인류 안보'를 슬로건으로 제시하며, 지속가능한 사회, 건강한 사회, 스마트한 사회, 안전한 사회, 성장하는 사회 등 ESG가 지향하는 비전과 일맥상통하는 메시지를 제시했다. 이는 코로나 팬데믹, 미중 갈등, 우크라이나 전쟁 등 전 세계적인 위기 속에서 세계 평화와 인류 공영, 미래의 지속가능성을 향한 열망을 반영하는 것이다. 이와 같은 흐름은 기술 전시회를 넘어서 세계적인 사회적, 환경적, 경제적 문제에 대한 근본적인 해결책을 모색하고, 더 나은 미래를 향한 글로벌 커뮤니티의 노력을 상징한다.

CES 2023과 CES 2024에서 '모두를 위한 인류 안보'라는 핵심 슬로건과 맥락을 같이하여, 대부분의 기조 연설과 프레스 컨퍼런스에서 ESG와 지속가능성이 중심 주제로 다뤄졌다. 이는 기술의 발전뿐만 아니라, 그 기술이 사회적, 환경적 문제 해결에 기여하는 방식에 대한 깊은 성찰을 반영한다.

작년 CES 개막식에서 첫 번째 기조연설자로 나선 존 디어의 존 메이 CEO는 기술 혁신을 통한 식량 위기 해결 및 농업의 미래 재구성의 중요성을 강조했다. 이러한 발언은 농업 분야에서의 지속가능한 발전을 향한 글로벌 커뮤니티의 관심을 촉발시키는 데 중요한 역할을 했다.

CES 2024에서는 로레알의 니콜라스 히에로니무스 CEO가 개막식 이후 첫 기조연설을 진행하며, 생성형 AI 기반 뷰티 비서 서비스인 '뷰티 지니어스'와 함께 환경 및 사회의 지속가능성을 높이는 제품과 서비스를 다수 발표했다. 그는 지속가능성을 제품 및 서비스의 중심에 두고, 아름다움을 통해 전 세계인에게 행복과 자신감을 주겠다는 비전을 천명했다. 뷰티 산업이 어떻게 기술 혁신을 통해 사회적 책임을 이행하며 긍정적인 영향을 줄 수 있는지를 보여주는 사례로, 참석자들로부터 큰 갈채를 받았다.

이러한 사례들은 CES가 단순히 최신 기술을 선보이는 장이 아니라, 기술이 인류와 지구의 미래에 긍정적인 영향을 미칠 수 있는 방법을 모색하는 중요한 플랫폼으로 자리매김하고 있음을 보여준다. ESG와 지속가능성을 핵심 주제로 채택한 이들 연설은 기술과 산업 리더들이 어떻게 인류의 세계적 당면 과제를 인식하고 해결책을 제시하고 있는지를 잘 보여주며, 이는 기술 발전의 미래 방향성에 중대한 영향을 미친다.

탄소중립을 통한 그린 대전환

ESG 경영에서 환경 측면은 그린 대전환과 깊은 연관이 있으며, 이 과정에서 정부의 역할이 필수적이다. 탄소중립을 향한 그린 대전환은 국가 에너지 및 환경 정책에 근거를 두고 있어, 기업만의 노력으로는 한계가 있기 때문에 정부가 주도적으로 나서야 한다. 탄소중립 정책은 지구 온난화의 주요 원인인 이산화탄소 배출을 없애거나 배출한 만큼 흡수하여 순배출을 제로화하는 것을 목표로 하며, 이는 국가적 과제이자 인류 공동의 최우선 과제로 여겨진다.

각국은 탄소중립 실현을 선언하고, 이는 2015년 파리 기후협약의 목표인 지구 평균온도 상승을 산업화 이전 수준보다 2도 이하, 가능하면 1.5도로 제한하려는 글로벌 노력에 기반하고 있다. 미국, EU, 일본, 한국, 중국 등 대다수 국가가 탄소중립 목표 연도를 선언하였으며, 유엔 산하의 IPCC는 글로벌 온실가스 순배출량을 2030년까지 2019년 대비 43% 감축해야 한다고 밝히고 있다. 이를 달성하기 위해 에너지 및 환경 기술 투자 확대, ESG 경영 및 투자 확산, 탄소세 및 탄소국경세 도입, 기업의 자발적 탄소 저감 전략 등 다양한 방안이 모색되고 있다.

이러한 노력은 지구 온난화의 위험을 최소화하고 지속 가능한 미래를 위한 국제적 협력의 중요성을 강조한다. 탄소중립을 향한 글로벌 이니셔티브는 인류가 당면한 기후 위기를 해결하기 위한 핵심적인 단계이며, 이 과정에서 정부, 기업, 개인이 함께 협력하는 것이 중요하다.

우리나라가 탄소중립 정책을 효과적으로 실행하여 소기의 목표를 달성하기 위한 노력이 시도 되었어야 한다. 첫째, 정부, 기업, 국민 모두가 탄소중립을 새로운 규범으로 인식하는 국가적 공감대의 형성이 중요하다. 이러한 인식은 탄소중립이 선택이 아닌 필수적 규범으로 여겨지게 만들어 줄 것이다. 국민이 이해관계자이자 감시자로서 올바른 인식과 평가를 할 때, 지속 가능한 탄소중립 정책 추진이 가능해진다.

둘째, 필요한 것은 탄소중립만을 목표로 삼지 않고, 경제성장과 탄소중립을 동시에 추구하는 투트랙 전략의 수립이다. 환경보호와 경제성장 사이의 균형을 찾는 것이 중요하며, 이를 위해 탄소중립 정책을 다루는 기관의 인적 구성을 다양화하고 여러 부처의 균형적 참여와 협력을 통한 조직적 가버넌스 혁신이 필요하다고 할 수 있다.

셋째, 탄소중립 실현은 과학기술 혁신을 통해서만 가능하다는 사실을 인식하고, 관련 연구개발R&D에 대한 정부와 민간의 투자를 대폭 확대해야 한다는 점이다. 기술 혁신을 통해 탄소중립을 실현하고, 이를 수출을 통한 신성장동력으로 만들어 투트랙 전략에 기여할 수 있게 된다.

넷째, 탄소중립 정책의 수립과 실행은 정치적 영향력에서 벗어나 과학적 근거에 기반해 이루어져야 한다는 점이 강조된다. 2050년이라는 장기 목표를 설정함에 따라, 정부와 기업 모두 이를 당면 과제로 여기지 않고 책임을 미루는 경향이 발생하기 쉬운데, 이를 극복하기 위해서는 과학 기술 및 데이터에 기반한 세밀한 단기 및 중장기 계획의 마련이 필수적이다. 이러한 계획은 연구개발 투자의 확대와 데이터 기반의 디지털 대전환 정책과 결합하여 탄소중립을 향해 나아가야 한다.

다섯째, 탄소중립 정책을 수립할 때는 한국의 높은 제조업 비중과 같은 국내 상황을 충분히 고려해 실용적인 접근 방법을 찾아야 한다는 주장이 제기된다. 제조업과 발전 분야에서의 온실가스 배출 비중이 세계 평균을 크게 웃도는 우리나라의 상황에서 탄소중립 정책이 제조업에 미칠 영향을 최소화하는 방향으로 추진되어야 한다는 것이다. 이를 위해 RE100 정책을 원전을 포함한 CF100으로 전환하는 것이 좋은 예이다. 유럽과 미국의 일부 기업에서도 이러한 방향의 수정을 지지하고 있으며, 제조업 비중이 높은 중국의 2060년 탄소중립 목표 설정 역시 현실적인 접근의 예로 들 수 있다. 이러한 국제적인 움직임은 우리의 탄소중립 정책 고도화 과정에서 참고할 수 있을 것이다.

마지막으로, 우리의 강점과 약점, 기회와 위협을 면밀히 분석한 실사구시적인 탄소중립 정책이 대한민국의 미래를 결정하게 될 것이다. 탄소중립 및 지속가능성을 중심으로 한 환경 측면뿐만 아니라, 사회와 지배구조의 궁극적 목표인 건강한, 스마트한, 안전한, 성장하는 사회를 구현하는 방향으로 ESG 경영이 이루어져야 한다.

3

ESG 평가의 미래 방향과 리더의 대응

올바른 ESG 경영을 널리 퍼트리기 위해선, 정확한 ESG 평가의 중요성이 강조된다. 이를 위해서는 정확하고 적절한 ESG 지표의 설정이 필수적인데, 기업에 있어 이러한 지표들은 경영, 투자, 정보 공개의 기준점으로 작용하기 때문이다. 잘못된 지표 설정은 기업의 방향성을 잘못 이끌어 갈 수 있으므로, 경제적 가치와 사회적 가치를 함께 추구할 수 있는 방향으로 지표를 개선하는 것이 중요하다. 현재 미국의 다우존스 지속가능경영지수DJSI, 모건스탠리캐피털MSCI 지수, 지속가능성 회계기준위원회SASB 지수 등은 글로벌 ESG 평가 지표로서 선도적 역할을 하고 있으며, 국내에서도 법무법인, 회계법인, 컨설팅 회사 등이 다양한 ESG 지표를 제공하고 있다. 그러나 국내외에서 제공되는 수백 개의 ESG 지표에는 개선의 여지가 많으며, 우리 정부가 발표한 K-ESG 가이드라인도 아직 초기 단계에 머물러 있어 지속적인 개선이 요구된다.

올바른 ESG 지표를 설정하기 위해서는 투명성, 객관성, 예측성 등의 기본 요건을 충족시키는 것과 동시에, 기업의 경제적·사회적 가치를 동시에 증진시키는 것을 목표로 해야 한다. 현재 국내외 ESG 지표들을 면밀히 검토하면, 많은 문제점을 발견할 수 있게 된다. 따라서, 글로벌 지표를 단순히 따르기보다는 우리가 먼저 ESG 지표의 지속적인 개선에 나서고, 그 성과를 국제적으로 소개함으로써 글로벌 지표의 발전에도 기여해야 할 필요성이 제기된다.

ESG 지표 중 환경 부문은 다른 항목에 비해 상대적으로 양호한 상태에 있으나, 에너지 및 원부자재 사용, 용수 사용, 그리고 온실가스, 오염물질, 폐기물 배출 등의 기본적인 항목에 국한되어 있어 여전히 개선의 여지가 있다. 특히, 자사는 물론 기업 생태계 전반의 에너지 및 환경 문제 해결에 기여하는 기업에 대한 높은 평가가 이루어질 수 있는 지표가 부재하여, 이러한 분야에서의 기술 개발을 촉진하고 인센티브를 부여함으로써 경제적 가치와 사회적 가치를 동시에 추구할 수 있도록 하는 개선이 시급하다. 재생에너지, 신에너지, 에너지 절감, 물과 대기 오염 방지, 폐기물 처리, 순환경제 기술, 수소경제 기술, 기후변화 대응 기술 등 다양한 분야에서 기술 및 비즈니스 모델 혁신으로 환경에 기여한 기업과 기관이 ESG 평가에서 우수한 평가를 받을 수 있도록 지표의 개선과 발전이 필요하다.

사회 항목 역시 인권, 노동, 다양성, 협력사 관계, 지역사회 공헌 등 사회적 책임의 영역에 지나치게 치중되어 있어, 보다 폭넓은 개선이 요구된다. 특히, 사회가 추구하는 비전 실현과 문제 해결에 기여하는 기업의 중요성이 점점 더 커지고 있으나, 이에 대한 평가 지표가 부족하여 개선이 시급하다. 환경 분야와 마찬가지로, 사회의 비전 실현과 문제 해결을 위한 혁신적 기술 및 비즈니스 모델 개발에 기업이 주도적으로 나설 수 있도록 인센티브를 제공해야 한다. 건강, 안전, 편의, 성장, 지속 가능성 등 사회가 지향하는 비전과 가치에 기여하는 것이 소비자의 선택과 구매로 이어질 수 있도록 해당 요소들을 사회s 부문의 핵심 지표로 삼아야 한다. 예를 들어, 혁신적인 신약이나 의료기기로 국민의 건강한 삶에 기여하는 기업, 스마트 제품 개발로 국민의 편리한 삶에 기여하는 기업, 재난 예방으로 국민의 안전한 삶에 기여하는 기업 등이 높은 평가를 받을 수 있도록 지표가 개선되어야 한다. 이렇게 국민의 삶에 직접적으로 기여하는 기업들은 우수한 평가를 받으며, 특히 사회 문제에 민감한 MZ세대를 중심으로 한 강력한 소비자 기반을 확보하게 될 것이다.

지배구조 항목에서의 개선 필요성은 지배구조의 정확한 의미에 대한 이해에서 출발한다. 지배구조가 단순히 소유 구조의 지배에만 초점을 맞추는 것이 아니라, 기업 의사 결정 구조를 포괄하는 넓은 범위를 의미함을 인식하는 것이 중요하다. 현재는 이사회, 감사기구, 주주 관계 등에 주로 초점을 맞춘 지표가 주를 이루고 있지만, 사내 의사 소통, 노사 협의 기구, 젠더, 연령, 인종 등 기업 의사 결정에 영향을 미치는 다양한 요소를 포함하는 방향으로 지표의 개선이 필요하다. 이는 단순히 소유 구조뿐만 아니라 의사 결정의 구조 및 프로세스, 다양성이 기업의 의사 결정에 반영되어야 함을 의미한다. 예를 들어, 고객층이 주로 여성인 경우에 남성 중심의 경영진으로 구성된 화장품 기업은 여성 고객의 취향과 요구를 제대로 반영하기 어렵고, 이러한 사실이 알려질 경우 여성 고객으로부터 외면받아 기업의 발전이 어려워질 수 있다. 이는 양성 평등뿐만 아니라 나이와 인종 등 다양한 사회적 지표가 기업의 의사 결정과 매출 신장에 직접적인 영향을 미친다는 것을 보여준다.

이에 따라, ESG 경영의 추진은 기업의 사회적 가치와 경제적 가치를 동시에 증진시키는 방향으로 나아가야 하며, 기업의 자발적인 참여를 유도해야 한다. 이를 통해 우리나라가 ESG 선도 기업 및 국가로 자리 매김할 수 있다. 기업 및 기관의 경영 리더들뿐만 아니라 산학연관의 리더들 모두가 ESG 경영에 대한 올바른 이해를 바탕으로 올바른 ESG 평가 시스템 및 지표 개발에 힘쓰고, 이를 통해 올바른 ESG 경영이 널리 확산되길 기대한다.

2장

ESG 트렌드와 기업의 대응전략

이한성

한국ESG경영개발원 대표원장

1

ESG 역풍과 기업의 지속 가능성

2023년 6월, 블랙록의 래리 핑크 회장은 "더 이상 ESG란 용어 자체를 사용하지 않겠다"고 선언하였다. ESG란 용어는 2004년 UN글로벌 콤팩트를 통해 처음 소개되었지만, 실제로 이 개념이 대중화 된 것은 블랙록의 래리 핑크 회장이 2020년 1월에 투자 대상 기업들에게 보낸 'CEO에게 보내는 연례 서한' 때문이었다. 그 서한에서 래리 핑크 회장은 "ESG 성과가 나쁜 기업에는 투자하지 않겠다"고 선언하여 많은 기업들을 놀라게 했다. 대략 1경원의 투자 자산을 운용하는 이 회장이 투자 기업의 성과를 평가할 때 재무적 이익만을 보는 것이 아니라 ESG 지표를 중요하게 고려하겠다는 메시지를 전하였고, 이는 전 세계적으로 큰 반향을 일으켜 ESG 경영 열풍을 불러일으켰다.

그러나 ESG 전도사로 알려진 래리 핑크 회장이 ESG 경영이라는 용어를 쓰지 않겠다고 선언한 것은 그동안 어떤 변화가 있었는지를 반영하는 것일까.

코로나로 인한 환경 변화와 블랙록 등의 글로벌 투자사들의 이해관계가 겹쳐있던 ESG 경영이 이전에 사라진 많은 기업 전략들처럼 이제 그 수명을 다 했다는 의구심을 표현하는 기업들과 투자자들이 점차 늘고 있다.

실제로 '환경', '사회', '거버넌스' 등 사회적 가치를 추구하는 'ESG 경영'이 각 분야에서 비판을 받고 있다.

2020년에는 미국 최대 석유 기업 엑손모빌이 다우존스의 주요 30개 기업 종목에서 제외되었다. 1928년부터 다우존스에 포함되어 있던 엑손모빌의 이런 하락은 월스트리트에서도 큰 충격으로 받아들여졌다. 이 때 엑손모빌의 제외는 석유 시대의 종말을 상징하는 사건으로 여겨졌다.

그러나 코로나 시기가 지나고 경제 활동이 재개되면서 석유 산업은 급속도로 성장했다. 엑손모빌은 2021년에는 순이익이 230억 달러로, 2022년에는 순이익이 557억 달러로 한 해 사이에 배 이상 성장했다. 2023년에는 전 세계 석유 소비량이 39억 1800만 톤으로, 2010년 대비 10% 증가하며 꾸준히 증가하고 있다. 기후 변화를 막아야 한다는 목표에도 불구하고, 석유는 여전히 강한 위치를 유지하고 있다.

ESG 경영과 정치적 이슈

하이탐 알가이스 OPEC 사무총장은 석유 수요가 2030년 전에 정점을 찍고 줄어들 것이라는 국제 에너지 기구IEA 사무총장의 주장에 대해 '사실에 근거하지 않은 정치 이데올로기가 석유 종말론을 주도하고 있다'고 비판하고 있다.

우크라이나 전쟁으로 인한 에너지 위기에도 불구하고 비싼 재생 에너지 설비의 조기 도입을 요구하는 환경 이데올로기에 '녹색파시즘'이라는 비판적인 목소리도 유럽에서 계속해서 나오고 있다. 미국에서는 올해 대선을 앞두고 ESG를 지지하는 진보 환경 운동 진영이 탈화석을 정치적 무기로 사용하자, 그에 대한 반발로 안티 ESG 기조도 나타나고 있다. 특히 화석 연료 산업 비율이 높은 지역의 유권자들을 겨냥하여 공화당은 그린워싱, 저조한 투자 수익률 등을 들어 ESG 회의론을 부추기고 있다. 래리핑크 회장이 'ESG'라는 용어를 사용하지 않겠다고 선언한 배경에는 미국 내에서 ESG가 이미 정치적으로 이슈화되고 있어 투자사들에게 부담이 되었을 것이다.

사실, S사회적 책임의 핵심 개념인 DEIDiversity·Equity·Inclusion, 다양성·형평성·포용성는 지나치게 정치적인 구호로 인식되어 여러 면에서 반대를 받고 있다. 예를 들어, 미국의 흑인 우대 정책은 가난한 백인 학생들의 형평성 문제를 들어 다양성 목표에 대한 비판을 받고 있다.

2023년 6월, 미국 연방 대법원은 입학과 고용에서 흑인 및 소수 인종을 우대하는 규정에 위헌 판결을 내리고 조정 절차에 들어갔다. 우리나라에서도 성별, 세대별 다양성에 대한 해석과 이해가 달라지면서, DEI에 대한 정치적 이슈가 점점 심화되고 있다. 이는 ESG에 대한 불만과 피로감으로 이어지고 있다.

또한, 투자자들은 수익률 면에서 ESG 경영이 수익을 보장하는지에 대한 의구심을 가질 수밖에 없다. 블랙록의 ESG 펀드인 '아이셰어스 미국 에너지 ETF'는 미국 뉴욕증시 대표 주가지수인 S&P 지수의 상승률인 24.8%에도 미치지 못하는 -1.5%를 기록했다.

'인베스코 ESG 나스닥 100ETF'는 같은 기간 47.5%의 수익률을 올

렸지만, ESG 펀드와 일반 펀드 간의 구성 종목에서 큰 차이가 없어 2020년 초에 비해 차별성을 가지기 어려워진 것은 사실이다.

ESG에 대한 무조건적인 숭배가 사라지면서, 투자 전망도 하락하고 있다. 글로벌 지속가능 투자 연합의 집계에 따르면, 2020년 35조 3000억 달러에 달했던 ESG 투자 규모는 2022년 30조 3000억 달러로 줄어들었다. 이로 인해 ESG 경영이 벌써 끝을 맞이하는 것이 아닌가 하는 예상을 하는 사람들이 많아지고 있다. 그러나, ESG에 대한 종말을 예상하는 것은 섣부른 판단일 수 있다. 사실, ESG에 대한 근본적 이해를 잘 못하고 있는 것은 아닐까 하는 생각이다.

ESG란 무엇인가? 이는 환경적 위험, 사회적 문제, 투명한 의사결정 시스템을 잘 관리해야 지속 가능한 성장과 발전을 할 수 있다는 핵심 철학을 포함하고 있다. 여기서 중요한 것은 지속가능성이다. 기업이 지속가능하게 성장하기 위한 노력은 이전에는 재무지표를 중심으로 한 기업의 이익과 효율성에만 집중되었다. 하지만 복잡하고 다변화된 사회에서는 다양한 사회적 리스크를 잘 관리해야 장기적인 성장이 가능하다는 보다 진화된 접근 방식이 필요하다.

얼마 전 교육기관의 대표에게 ESG에 대해 물어보았을 때, 그는 ESG를 잘 알고 있다고 했고, RE100이 아니냐고 오히려 반문하는 대답을 했다. 이를통해 대부분의 사람들이 ESG를 친환경적인 요소로만 이해하고 있다는 생각이 들었다. ESG경영은 지속가능하기 위해 그간 무시하고 있던, 숨겨져 있던 기업의 리스크를 관리하는 합리적인 접근법이다. 이를 정치적 요소를 가미하여 쟁점화하고, 이미 글로벌 규제와 약속이 진행 중인 상황에서 미비한 요소만을 공격하는 것은 잘못된 것이라 생각한다.

옥스포드대 교수인 이언 골딘은 '앞으로 100년'이라는 책에서 "세계의 어떠한 복잡한 통합 시스템도 그 시스템의 가장 약한 연결 고리만큼만 강하다는 것을 코로나19를 통해 확인할 수 있었다"고 말했다.

ESG 경영의 실제 효과와 미래 전망

이제 기업이나 공공기관, 비영리 기관 등에서도 그 조직의 약한 연결 고리를 잘 관리하고 있는지, 또한 눈에 보이는 위험 요소만을 관리하는 것이 아닌지를 검토해야 한다. ESG 경영은 점차 심화되는 기후 변화와 사회 불균형 문제가 기업이나 사회에 어떤 위험을 주고 있는지, 어떻게 관리되고 있는지를 질문하고 있다.

이러한 역풍에 대해 네 가지 측면에서 반박하고자 한다.

첫째, 극심한 기후변화로 인한 글로벌 규제 강화이다. 2024년 1월 미국 몬태나주와 소스·사우스 다코타주에서 체감온도가 영하 56도까지 내려가며 미국내 1억 4000만명이 한파경보와 주의보를 받았고, 실제 사망자도 발생했다. 앞으로도 폭염, 태풍, 폭설 등의 기후변화로 북미의 피해가 증가하게 되면, ESG를 정치적 이데올로기로 규정하는 일은 줄어들 것이라 생각한다.

기후재앙의 시대가 다가오며 이미 글로벌 규제도 강화되고 있다. 미국의 증권거래위원회SEC는 2024년 3월, 상장기업에 기후관련 공시를 의무화하는 방안을 발표했고, EU의 지속가능성 공시기준인 ESRS는 2024년 11월 적용될 예정이다.

EU의 탄소국경세인 CBAM은 2024년 1월부터 벌써 시행되고 있으며, 이는 EU 대상 수출 기업들에게 중요한 이슈로 제기되고 있다. 지난 2월에는 국내에서 관세청이 주최한 CBAM 세미나에 철강, 알루미늄, 시멘트 등 관련 기업의 많은 담당자들이 참석하여 큰 관심을 보였다.

또한 EU는 공급망 안전을 강화하기 위해 '핵심 원자재법'을 도입하였고, '환경 발자국', '배터리 규정', '에코디자인 규정' 등의 지속가능성 요건을 계속 강화하고 있다.

미국 역시 세계적인 친환경 산업 확대 정책에 따라 인플레이션 감축법IRA 등을 통해 원자재 조달에 주력하고 있다. EU와의 협상을 통해 'GSSA지속가능한 글로벌 철강·알루미늄 협정'를 추진하고 있으며, 이에 따라 친환경 경영 없이는 기업의 글로벌 경쟁력이 유지되기 어려운 시대가 도래하고 있다.

둘째, ESG가 기업의 새로운 성장 분야로 떠오르고 있다는 사실이다. EU와 미국의 기후 변화 대응, 인권 경영, 공급망 실사 등의 규제가 기업의 차별화된 경쟁 요소로 작용하고 있다. 이에 따른 정부의 재정 투입과 기업의 투자는 큰 성장 동력이 되고 있다.

블랙록은 2023년 1분기에 미국 내 ESG 펀드에서 3억 달러를 유출했음에도 불구하고, 재생에너지 부문에 총 84억 달러를 투자할 계획이라고 밝혔다. 이는 ESG 원칙을 투자 전략의 핵심으로 설정하고, 청정에너지 및 인프라 투자에 중점을 두었다는 것을 의미한다.

국내에서는 삼성전자가 2022년 9월에 2030년까지 7조원의 친환경 투자 계획을 발표했다. 전경련 'K기업 ESG백서'에 따르면, 국내 30대 그룹의 ESG 관련 투자 계획은 총 153조원으로 발표되었다. 이는 중견·중소기업, 스타트업 등에게 커다란 시장 기회가 될 것이다.

셋째, ESG 경영이 기업의 조직문화 규범에 중요한 역할을 하는 것이다. 2023년 6월에 KPMG가 북미에 있는 기업 리더 200명을 대상으로 한 조사 결과, ESG 전략이 재무적 이익에 긍정적 영향을 미쳤다는 답변이 43%로 제일 많았고, 인재 채용 및 유지 등과 관련한 조직문화 분야에서도 특히 효과적이었다는 답변이 37%나 있었다. 실제로, MG세대를 중심으로 한 ESG를 통한 지속가능성 전략은 기업의 업무 확장, 사회적 가치 실현, 그리고 조직문화 향상에 도움이 되고있다.

넷째, ESG 경영이 민간기업에서 공공기관, 비영리 조직, 그리고 개인까지 확대되고 있다는 점이다. ESG 경영 전문기관인 한국ESG경영개발원에서는 작년 상반기 부터 병원, 대학, 고등학교, 기부금을 모집하는 비영리 기관 등으로부터 강연 요청이 증가하고 있으며, 특히 공시 전략이나 ESG 브랜딩에 대한 문의가 급증하고 있다. 이를 통해 사회 전반에서 ESG 경영의 중요성이 더욱 확대되고 있다는 것을 알 수 있다.

영국의 대학평가기관 QS Quacquarelli Symonds는 세계대학순위 참여 대학의 지속가능성, 즉 Environmental, Social and Governance에 대한 성과를 평가했다. 2022년 발표에서 서울대는 국내 대학 중 1위였지만, 전세계 대학 중에서는 144위를 기록했다.

UC 버클리는 1위에 올랐고, 도쿄대는 7위를 차지했지만, 국내 대학의 지속가능성에 대한 인식 부족으로 저조한 결과가 나왔다. 결국 2023년 5월, 서울대는 첫 '지속가능경영성 보고서'를 발간하게 되었다.

앞서 언급했듯, ESG 경영의 생태계는 점차 확대되고 있으며, 이를 통해 성과를 내는 기업이나 기관은 계속 늘어나고 있다.

ESG 역풍이 이슈화 되는 것은 오히려 ESG 경영의 지속성을 위해 긍정적인 측면이라고 생각한다. 이는 ESG 경영이 짧은 기간에 도입되다 보니, 지속가능성에 대한 깊은 이해나 준비기간 없이 기업 이미지 제고를 위해 과대하게 ESG 경영을 홍보하면서 ESG워싱이 그간 많이 비판받았기 때문이다.

2021년 12월에는 한국형 녹색분류체계인 'K-텍소노미'와 'K-ESG 가이드라인'이 발표되었고, 한국형 'ESG 공시초안'도 2024년 4월중에 공시될 예정이다. 이로써 더욱 투명하고 공정한 공시와 커뮤니케이션 방식으로 변화가 예상된다.

최근 MSCI연구소는 '2024 지속가능성과 기후Sustainability & Climate, formerly known as ESG 보고서'를 통해 "논란은 ESG의 궁극적인 목표를 분명히 하는 계기"라는 의견을 제시했다. ESG 경영체계는 다양한 논란에도 불구하고 오히려 강화될 것이며, 2024년을 계기로 ESG 경영은 산업별로 세분화되고 기준이 더욱 고도화 될 것으로 전망된다.

기업의 ESG에 대한 태도는 사업 성장과 관련된 요소에 집중될 것이다. 효과적인 ESG 공시와 평가를 통해 ESG 커뮤니케이션 방식도 강화될 것이다. 무엇보다, ESG 경영을 시장 기회와 성장을 위해 효과적으로 활용하는 기업들은 누구인지, 그리고 강화되고 있는 ESG 공시와 평가의 최신 추세는 무엇인지 살펴보려 한다.

2

ESG를 통한 시장기회와 성장

ESG 역풍에 대한 배경은 지속가능성에 대한 정의와 발전에 대한 모호한 이해에 있다. 지속가능성이란 무엇일까? 지속가능성은 1972년 로마클럽의 '성장의 한계'에서 처음 언급되어, 생태계가 미래에도 유지할 수 있는 환경을 의미하며, 간단히 '미래의 유지 가능성'으로 정의될 수 있다. 그러나 그 시작점은 취약한 리스크에 대한 준비가 선행되어야 한다.

이언 골딘이 지적한 그 약한 연결고리는 환경을 통해, 사회적 불평등과 혼돈이 기업과 사회에 미치는 영향이다. ESG 경영은 사실상 기업의 지속 가능성에 대한 다른 표현이다.

실제로 EU나 미국 등 서방 국가에서는 ESG를 투자나 금융적인 용어로 사용하고 있고, 지속 가능성Sustainability이라는 용어를 주로 쓰고 있다.

그러나 국내에서 굳이 이를 바꾸어야 한다고 생각하지는 않는다. 지속 가능성이 ESG라는 용어로 더 확대되었고 정착되어 가고 있는 단계이며, 기업 외로 더욱 확대되어 가고 있기 때문이다.

지속 가능한 경영과 투자 변화

지속 가능한 경영의 측면에서 최근 다양한 움직임이 증가하고 있다. '2050대한민국 탄소중립' 이행을 위해 우리나라는 2030년까지 중간목표달성을 위해 CCUS기술을 통해 1120만톤의 온실가스를 감축해야 한다. CCUS는 연료연소 및 산업공정에서 배출된 이산화탄소를 포집하여, 저장 및 전환하여 활용하는 기술로 세계 각국도 온실가스 감축을 위한 핵심기술로 다양한 아이디어를 내놓고 육성하고 있다.

석유공사는 1998년 울산 남동쪽 58KM 해상에서 가스전을 발견하였고, 2004년부터 개발해 2조 6000억원 어치의 천연가스와 원유초경질유를 생산했다. 이를 통해 우리나라도 세계에서 95번째 산유국이 되었다. 이제는 이런 기술을 활용하여 기존의 사업 외에도 이산화탄소 저장소를 확보하기 위한 탐사도 병행하고 있다. 석유공사는 이산화탄소 저장소를 확보해 2030년 연간 400만 톤, 2050년 3000만 톤을 주입하겠다는 계획을 이미 세워 놓고 있다. 미국은 인플레이션 감축법IRA을 통해 CCUS 설비 설치 등 다양한 프로젝트에 세액공제를 하고 있는데 CCS의 경우 1톤당 85달러씩 인센티브를 제공하고 있다. 국내에서는 환경부가 친환경 기술력 확보를 위해 CCUS 등의 온실가스 감축기술 연구개발에 2조원을 투입하는 계획을 발표하였다.

투자금액이 증가하고 친환경 사업의 브랜드 가치가 상승함에 따라 국내 기업들도 점차 빠르게 움직이고 있다. 포스코 인터내셔널은 말레이시아 현지 기업과 탄소저장을 위한 기술 개발 및 저장소를 물색하고 있고, SK E&S는 호주와 동티모르에서 2030년을 목표로 300t 규모의 CCUS 사업을 추진하고 있다.

국제에너지기구IEA와 국제금융공사IFC의 공동보고서에 따르면 2030년대 초에는 신흥국들의 에너지 전환에 연간 약 2조 8000억 달러의 공공 및 민간 투자가 필요하다고 전망하고 있다. 이는 기업들에게 큰 사업 기회가 되고 있다.

DL그룹은 2022년부터 소형모듈원전 사업 진출을 선언하고 인수한 미국의 SMR소형모듈원전 개발사인 엑스에너지를 통해 대규모 자금 지원12억 달러을 받고 상장 준비를 하고 있다. 상장 후에는 기업 가치가 20억 달러약 2.5조 원를 상회할 것으로 예상된다.

현재 국내 시가총액 3위 회사인 LG에너지솔루션은 지속가능성을 사업의 중심으로 위치하고 있으며, 비즈니스 포트폴리오를 친환경 사업 중심으로 확대하고 있다. 또한 지속가능한 배터리 생태계와 지속가능한 거버넌스 구축 활동에 대한 적극적인 공시 활동을 통해 ESG 선도기업으로의 브랜딩을 강화하고 있다. 반면에, 최근 SK피유코어가 사모펀드사에 매각되며 SK그룹에서 완전히 분리되었다. 이는 폴리우레탄 전문 회사로서, ESG경영을 추구하는 SK그룹의 최근 트렌드와 무관하지 않을 것이다.

세계적인 글로벌 패션업체 유니클로는 2023년 12월에 일본 도쿄 하라주쿠에 중고 의류 전문 매장을 열어 화제가 되고 있다. 일본에서는 중고 의류를 '누군가 입었던 비위생적인 상품'이라는 부정적인 인식이 강했지만, 이례적으로 중고 전문 매장을 열었고, 전 세계 17개 매장에서 중고 의류 수선 및 판매 서비스를 제공하며 점차 확대하고 있다.

미국의 최대규모 중고 의류 업체인 스레드업thredUp에 따르면, 2022년 전 세계 중고 의류 시장 규모는 약 1770억 달러230조 원였지만, 2027

년에는 두 배인 3500억 달러로 커질 것으로 예상된다.

2023년 8월에 국내 판매가 시작된 삼성 스마트폰 갤럭시 Z플립 5와 폴드 5에는 여러 부품에 재활용 소재가 사용되었다. 액정에는 유리 부스러기를 재활용한 소재가 평균 22% 포함되었고, 스피커 모듈 부품에는 페트병과 생수통을 재활용한 플라스틱이 20% 적용되었다. 지구의 자원은 한정되어 있으며, 무한정으로 파헤쳤던 화석연료 기반의 시장은 이제 거절Refuse, 줄임Reduce, 재사용Reuse, 재활용Recycle인 '4R' 운동에 중심을 두고 기업의 마케팅 전략을 변경하고 있다. 특히 이런 움직임은 젊은 소비자들을 대상으로 '가치소비'라는 명분과 연계되어 더욱 확산될 것으로 예상된다.

ESG의 활용 범위 확대와 강화

공공기관과 지자체도 ESG 경영을 통한 업業의 확대에 주목하고 있다.

세계에서 가장 모범적인 에코폴리스로 알려진 독일의 프라이부르크는 '환경 도시의 교과서'라는 별명을 갖고 있다. 도시는 녹지 비율을 50% 이상 높이고, 야생동물이 도심에서도 살 수 있도록 이동로를 만들었으며, 자동차보다 자전거나 노면 전차 이용이 훨씬 편하도록 교통 체계를 구축하였다. 대부분의 건물에는 태양광을 모으는 집열판을 설치하여 친환경 전기를 직접 만들어 사용하고 있다. 이러한 노력 덕분에 프라이부르크는 녹색 도시를 넘어, 독일에서 가장 살기 좋은 도시로 불리며, 연간 300만 명이 찾아오는 관광도시로 자리매김하였다. 이런 변화는 시민들의 참여와 협력을 통해 이루어진 것이 중요하다.

프라이부르크는 2차 대전 패망 후 프라이부르크 대학교를 중심으로 성장하면서 주택난이 심화되었다. 이에 무조건적인 신규 주택단지 개발 대신, 주민과 빌딩 소유주 등 시민들이 적극 참여하는 공동체 중심의 이행 지원을 통해 지속 가능한 도시를 위한 개발 방침을 정하고 발전시켜 나갔다. 이는 지자체의 투명한 거버넌스 구축에서 중요한 측면이라고 볼 수 있다.

이제 ESG는 투자 기관이나 기업의 신사업 통로뿐만 아니라, 많은 공공기관과 비영리기관의 지속 가능한 경영과 개인의 지속 가능한 삶을 위한 강력한 도구로의 역할이 확대되고 있다.

도쿄외국어대 국제사회학부 2학년에 재학 중인 이다연 씨는 2021년 3월 "죽은 지구에 K팝은 없다"라는 슬로건을 내세우며 친환경 운동을 펼치는 기후위기대응단체 '케이팝포 플래닛'을 결성했다. 이를 통해 SM, JYP, YG 등 국내 대형 음반 기획사들에게 친환경 소재 앨범 발매, RE100 이행 요구 등을 제기하였고, 이는 BBC가 선정하는 '올해의 여성 100인'에도 선정되는 계기가 되었다.

ESG가 본격화된 지 3년밖에 되지 않았지만, 이제 ESG는 지속 가능한 사회를 위해 기업과 공공기관, 비영리기관은 물론 개인들도 공존과 상생을 위해 피할 수 없는 명제가 되고 있다.

3

ESG 평가와 효과적 공시전략

2022년 5월 19일, 테슬라 CEO 일론 머스크는 트윗을 통해 'ESG는 사기다'라며 분노를 표출했다. 이는 S&P500 ESG 지수에서 친환경차의 개척자인 테슬라가 제외되고 오일기업인 엑손모빌이 포함되었기 때문이다.

많은 기업들이 우수한 ESG 기업이 되어 브랜드 가치를 유지하고 싶어한다. ESG 평가를 통해 다른 경쟁기업보다 우수하다는 것을 어필하고 싶어하는데, 평가는 출자자의 의도와 방식이 중요하다.

S&P500 ESG 지수는 산업별로 그룹을 나눠 그룹의 하위 기업들을 제외하고 있다. 친환경 요소외에도 인적자본관리, 즉 노동환경, 인종차별, 안전성 등에 대한 평가도 같이 보고 있다. 테슬라는 인적자본관리에서 낮은 점수를 받았다. ESG를 친환경 경영이라고만 생각하면 이해하기 어렵지만, 지속가능성을 위한 다른 요소들까지 감안하면 점수가 낮게 나올 수 있다.

ESG 경영의 확산과 중점 분야

2020년 국내에 ESG 경영이 확산되면서 국내기업 대부분은 특정 분야에 우선적으로 집중하였다. 첫번째는 ESG 경영성과를 홍보하는 '지속가능경영 보고서'이고, 두번째는 ESG 경영을 잘 수행하고 있다는 증거로서 ESG평가 지표를 받는 것이다.

ESG경영이 결국 기업의 재무적 이익 추구에서 사회적 책임에 대해 더 확장된 개념으로 볼 때, 2010년 ISO국제표준화기구에서 발표한 기업의 사회적 책임에 대한 가이드라인인 ISO26000을 참고해야 한다. 실제로 많은 글로벌 기업이 ESG 경영 도입의 기본개념으로 ISO26000의 핵심 내용과 프로세스를 준용하고 있다.

ISO26000에서 요구하는 프로세스의 첫번째는 사회적 책임에 대한 인식이다. 그러나 ESG경영을 급하게 확산하고 싶어하는 기업 입장에서는 ESG경영에 대한 내부 인식이나 이해는 시간이 걸리는 일이고, 우선은 빠르고 쉽게 얻어서 표현하고 싶은 것이 'ESG 평가'나 'ESG 공시'이다.

이런 이유로 ESG평가기관이 급증하면서 전세계적으로 600여 개나 되는 ESG평가가 난립하였고, 기업이 어디에 집중해야 할지 고민하는 경우가 많아졌다. 또한 국내의 ESG경영의 뿌리가 옅다 보니, 투자사 대상으로 기업지배구조 평가를 해 오던 기관들이 ESG 경영 평가 전문기관으로 전환하는 경우도 증가하였다.

ESG경영의 평가 지표는 기후 변화에 따른 친환경 전략, 온실가스 배출량, 용수 및 원재료 관리, 폐기물 및 친환경 경영 기회, 인권 및 다양성, 안전 및 이해관계자 관리, 투명한 기업 거버넌스 구축을 위한 소유 및 통제 관리, 윤리 및 재무 투명성 등 대부분의 항목에서 중복되는 부분이 많다. 그러나 평가에서 더 중요한 것은 각 항목의 가중치와 분류 방법이다. 국내 평가 기관들은 주로 기업 거버넌스를 평가해 왔기 때문에 이사회 및 각종 위원회를 통한 소유권 및 통제 분야에 많은 가중치를 두고 있다.

국내 기업이 많이 받는 CDP 평가는, 2022년 기준으로 전 세계 18,700개 이상의 기업으로부터 기후 변화, 수자원 관리 등 환경 문제에 관한 데이터를 제공받는 글로벌 이니셔티브인 CDP Carbon Disclosure Project 에서 발행하는 것이다. 따라서 기후 변화에 대한 대응을 중심으로 평가를 진행하고 있다.

반면에 국내 많은 상장기업이 평가받고 있는 한국ESG기준원의 KCGS평가는 기업지배구조 개선을 목적으로 설립된 배경으로 인해서 당연히 지배구조에 대한 지표가 강조될 수 밖에 없다. 이처럼 ESG 평가 항목이 비슷하더라도 평가 기관의 기원이나 철학에 따라 점수가 달라지기 때문에 각 기관의 점수가 서로 다르고, 기업 입장에서는 불편함이 계속 커질 수밖에 없다. 이해관계가 첨예하게 다르기 때문에 공시 분야와는 달리 공인된 평가 기관의 수렴은 아직 보이지 않고 있다.

글로벌 시장을 대상으로 하는 대기업은 MSCI 모건스탠리인터내셔널, Refinitive 구 Thomson Reuters, DJSI Dow Jones 같은 글로벌 평가 기관의 평가를 중복해서 받고 있다. 국내 기업 중에서는 한국거래소 출자 기관인 '한국ESG 기준원'이나 민간기업인 '서스틴 베스트'의 평가를 받고 있다.

최근 중소기업의 ESG 평가 요구가 증가하고 있다. 이는 상위 대기업의 협력사 ESG 관리 요구에 대응하거나, 글로벌 수출, 조달 및 금융기관에 활용하기 위한 목적이 많은데, 중소기업의 ESG 평가는 현재 'NICE', '이크레더블' 같은 신용평가사와 '한국ESG경영개발원' 같은 ESG 전문 기관에서 평가서를 받고 있다.

ESG 전략체계의 구축과 리뉴얼

기업이 ESG 평가를 잘 받기 위해서는 왜 필요한지를 명확히 할 필요가 있다. 경쟁기업과의 ESG 평가 경쟁, EU나 미국 수출, 금융기관 대출금리 감액 등이 이유가 될 수 있다. EU 수출을 위해서는 세계 최대의 평가기관인 에코바디스의 온라인 기반 평가시스템이 유용하며, 미국 글로벌 제조기업 대상 수출을 위해서는 'RBA'나 '에코바디스' 활용이 좋다. 중소기업의 경우 주로 상장사를 대상으로 하는 '한국ESG기준원' 등의 평가는 받기 어려우므로, 앞서 언급한 기관들을 통해 기업 규모에 맞게 평가를 받아야 한다.

ESG 경영 수준이 높아지면서 산업별로 중요한 ESG 평가 항목에 집중하는 이니셔티브가 증가하고 있다. 전기전자 산업에서는 RBA, 자동차 산업에서는 Drive Sustainability, 철강 산업에서는 Responsible Steel, 면화·의류 산업에서는 BCI, 바이오·제약 산업에서는 Pharmaceutical Supply Chain Initiative 등이 대표적이다.

중소기업들은 대기업처럼 다양한 평가기관에 대응하는 것이 어려우므로, 당장 요구되는 필요조건을 충족시키기 위한 준비가 필요하다. 거래관계를 위한 준비를 하는 경우, 산업통상자원부에서 발간한 '공급망 K-ESG 가이드라인'의 평가 항목을 중심으로 하거나, 해당 산업 분야에 맞는 이니셔티브의 핵심 ESG 평가 항목을 중심으로 관리하는 것이 좋다.

ESG 공시는 ESG 평가와는 다르게 주요 공시 프레임으로 정리되고 있다. 기업들은 ESG 성과를 이해관계자와 공유하고 발전시키기 위해 '지속가능경영보고서'를 발표하는데, 대부분의 기업은 지속가능 보고서에 대한 가이드라인을 제시하는 국제기구인 GRI Global Reporting Initiative 의 기준에 따라 작성한다.

GRI는 1989년 미국의 대형 유조선 엑슨 발데스호가 알래스카 해안에서 좌초되면서 수만 톤의 원유가 극심한 환경오염을 유발한 후, 미국의 환경단체인 세리즈가 UN과 협약을 맺고 1997년 설립된 이니셔티브이다. 이 기구는 각 나라의 기업에게 보고서 작성을 권하면서 시작되었고, 이제는 대부분의 글로벌 기업들이 '지속가능경영 보고서'를 의무적으로 공시하고 있다.

최근에 발표된 GRI2021은 지속가능경영보고서의 핵심 항목인 중대이슈 발췌에서 '이중중대성' 이슈를 도출해 작성하도록 요구하고 있다. 기업이 환경이나 사회에 미치는 영향과 환경이나 사회적 문제가 기업에게 재무적으로 미치는 영향을 고려해 작성하도록 하는 것이다. 이는 2023년 7월 확정된 EU의 독자적인 ESG공시 기준인 '유럽지속가능성공시기준 European Sustainability Reporting Standards, ESRS'의 중대성 평가방식과 동일하다.

반면에, IFRS 국제회계기준 재단이 설립한 ISSB 국제지속가능성기준위원회는 2023년 6월에 2개의 공개초안 IFRS S1, S2을 확정했다. 이는 지속가능성 주제에 대한 공시의 일반원칙과 기후관련 공시사항을 TCFD 권고안의 4대

영역을 토대로 제정하면서, 재무적 관점을 기준으로 한 '단일중대성'을 채택한 것이다. 미국 SEC증권거래위원회의 입장과 일치하며, 투자자 관점에서 중대한 정보만 공시하도록 하는 방식으로, 기업의 사회, 환경적 영향을 함께 고려하는 '이중중대성'과는 차이가 있다. 그러나 대부분의 기업은 재무적 가치에 더 많은 비중을 둘 것이며, ISSB가 요구하는 공시방법을 기존의 재무재표의 부속자료로 게재하면서 주요 프레임으로 확대될 것으로 예상된다.

ISSB는 현재 확정된 IFRS S2기후정보공시 외에도 2024년 중에 인적자본공시나 생물다양성 이슈를 중심으로 S3, S4 등을 계속 확정 공시할 예정이므로, 이에 대한 기업들의 사전 준비가 필요하다. ESG 평가시에는 기업의 '지속가능경영보고서' 공시내용을 주로 참고하게 되고, 지속가능경영보고서 작성은 'ESG평가'를 잘 받기 위해 필요한 데이터 중심으로 공시하는 측면에서 ESG평가와 ESG 공시는 동전의 양면과 같다.

향후 ESG 공시는 홈페이지 게재나 기타 ESG데이터 공시 등의 방법으로 변화될 가능성이 크긴 하지만, 방식의 변화와 상관없이 ESG 평가와 공시는 앞으로도 이해관계자들을 대상으로 한 기업들의 중요한 커뮤니케이션 수단이 될 것이다. 그러나 앞서 언급했던 것처럼, ESG경영을 기업의 지속가능성을 위한 중요한 수단으로 인식하고 기업 내재화하는 노력이 병행되지 않는다면 새롭게 부각되는 신사업 창출 기회를 놓치거나 트렌드를 따라가지 못해 공급망 리스크를 맞게 될 수 있다.

최근에는 기업의 ESG 방향을 제대로 잡기 위해 ESG 전략체계를 구축하려는 기업이 늘고 있다. 직원들과 이해관계자들을 적극적으로 참여시켜 새롭게 리뉴얼하려는 기업이 많아지는 것은 고무적이다.

3장

ESG 실행력 강화를 위한 ChatGPT 활용법

김기진

KHR Group, 한국HR포럼 대표

ChatGPT의 활용은 기업이 환경, 사회, 지배구조 즉, ESG 목표를 효과적으로 달성하고 실행하는 데 있어서 다양한 방법을 제공한다. 데이터 분석, 자동화, 커뮤니케이션 강화와 같은 여러 영역에서 그 가능성을 발견할 수 있다.

환경Environmental 분야의 지속 가능한 자원 관리는 ChatGPT를 이용하여 기업의 자원 사용 패턴을 깊이 있게 분석하고 최적화하는 방안을 모색하는 것이 가능하다. 예를 들어, 에너지 소비 데이터를 체계적으로 분석하여 비효율적인 영역을 식별하고 이를 개선할 수 있는 방안을 도출할 수 있다. 더 나아가, AI는 온실가스 배출량을 정확히 추적하고, 이를 효과적으로 줄이기 위한 구체적인 방법을 제안하는 데 큰 역할을 한다. 재생 가능 에너지 사용의 최적화를 위한 전략 수립에도 중요한 기여를 할 수 있다.

사회Social 분야의 직원 복지와 안전은 ChatGPT를 활용해 직원들의 피드백을 수집 및 분석함으로써, 직원 복지와 안전을 개선하기 위한 귀중한 인사이트를 얻을 수 있다. AI는 직원들의 건강과 안전에 관한 데이터를 분석하여 위험 요소를 찾아내고, 이에 대한 예방 조치를 권장함으로써 직장 내 안전을 강화한다. 또한, AI는 채용 과정에서의 편향을 발견하고 수정하며, 조직 내 다양성과 포용성을 증진시키는 전략을 개발하는 데 크게 기여할 수 있다.

지배구조Governance 분야의 투명성과 책임성 강화는 ChatGPT는 정책, 규정 준수, 그리고 윤리적 기준에 관한 정보를 효율적으로 관리하고, 이를 이해관계자들에게 쉽게 전달하는 데 유용하다. AI는 이해관계자의 피드백을 수집하고 분석하여, 기업의 지배구조 관련 결정 과정을 투명하고 책임감 있게 개선하는데 도움을 줄 수 있다. 더욱이, 기업 활동과 관련된 다양한 위험재무적, 법적, 명성 등을 식별하고 평가하는데 중요한 역할을 하며, 위험 완화 전략을 개발하고, 실시간으로 위험 상황을 모니터링하는데 활용할 수 있다.

전략적 실행을 위한 AI 활용에 있어서 기업의 특정 상황과 목표에 맞춰 개인화된 ESG 전략을 개발하는 것은 매우 중요하다. ChatGPT는 기업이 직면한 고유한 도전과제와 기회를 분석하고, 이에 따른 전략적 조언을 제공할 수 있다. 또한, 직원들에게 ESG 관련 교육 자료를 제공하고, ESG 목표의 중요성에 대한 인식을 높이는 데에도 활용될 수 있다. AI 기술, 특히 ChatGPT는 기업이 ESG 목표를 달성하는 데 있어 매우 유용한 도구로 자리매김할 수 있다. 이 기술을 통해 데이터 기반의 의사 결정을 촉진하고, 효율성을 높이며, 지속 가능한 발전을 위한 혁신적인 솔루션을 개발하는 것이 가능해진다.

1
환경Environmental - ChatGPT의 활용

환경 지속가능성은 현대 기업들이 직면한 가장 중요한 도전 중 하나로 자리잡고 있다. 기업의 환경적 영향을 최소화하는 것은 단순한 윤리적 책임을 넘어서, 장기적인 사업 성공의 핵심적인 요소로 인식되고 있다. 이러한 맥락에서, ChatGPT와 같은 AI 기술의 활용은 환경적 측면에서의 지속 가능성을 향상시키기 위한 두 가지 핵심 영역, 즉 지속 가능한 자원 관리와 온실가스 배출 감소에 중요한 역할을 할 수 있다.

지속 가능한 자원 관리에 있어서, 기업은 물, 에너지, 원자재와 같은 다양한 자원을 사용하며, 이러한 자원의 사용을 최적화하는 것은 환경적으로나 경제적으로나 매우 중요하다. ChatGPT는 다음과 같은 방법으로 지속 가능한 자원 관리에 기여할 수 있다.

• **데이터 분석과 패턴 인식**: ChatGPT는 대규모 데이터를 분석하여 사용 패턴을 인식할 수 있다. 예를 들어, 에너지 소비 데이터를 분석하여 특정 시간대나 공정에서 비효율이 발생하는 지점을 식별할 수 있다.

- **개선 방안 제안:** 비효율적인 영역을 식별한 후, ChatGPT는 해당 문제를 해결하기 위한 개선 방안을 제시할 수 있다. 이는 에너지 사용을 최적화하거나 물 사용을 줄이는 기술적 변화를 포함할 수 있다.
- **예측 모델링:** ChatGPT는 미래의 자원 사용 패턴을 예측하는 데 도움을 줄 수 있으며, 이를 통해 기업은 더 효율적인 자원 계획을 수립할 수 있다.

온실가스 배출 감소는 지구 온난화와 기후 변화에 대응하기 위한 글로벌 노력의 중심에 있다. ChatGPT는 온실가스 배출을 감소시키기 위해 다음과 같은 방법으로 활용될 수 있다.

- **배출 추적과 모니터링:** ChatGPT를 이용하여 기업의 온실가스 배출량을 실시간으로 추적하고 모니터링할 수 있다. 이를 통해 배출량을 정확하게 측정하고 관리할 수 있다.
- **감소 전략 개발:** AI는 배출 감소 목표를 달성하기 위한 전략을 수립하는 데 도움을 줄 수 있다. 이는 에너지 효율을 높이는 기술 도입, 재생 가능 에너지 소스로의 전환, 탄소 포집 및 저장 기술의 적용 등을 포함할 수 있다.
- **재생 가능 에너지 최적화:** 재생 가능 에너지 사용의 경우, ChatGPT는 언제, 어디서, 어떻게 이러한 에너지를 가장 효과적으로 사용할 수 있는지에 대한 전략을 개발하는 데 도움을 줄 수 있다. 예를 들어, 태양광 패널의 에너지 생산 데이터를 분석하여 에너지 수요에 맞게 최적의 배치와 운용 계획을 세울 수 있다.

ChatGPT와 같은 AI 기술을 활용함으로써, 기업은 자원 사용을 더 지속 가능하게 관리하고, 온실가스 배출을 효과적으로 감소시키는 구체적인 방안을 개발할 수 있다. 이는 기업이 환경적 책임을 이행하는 동시에 장기적인 경제적 이익을 실현할 수 있도록 돕는다. AI 기술의 적극적인 활용은 기업의 ESG 전략에 있어 핵심 요소로 작용할 수 있게 된다.

환경: ChatGPT 질문 예시

지속 가능한 자원 관리와 온실가스 배출 감소를 위한 AI 기술, 특히 ChatGPT의 적용 가능성을 구체적으로 보여준다. 각각의 질문은 ChatGPT가 어떻게 기업의 환경 지속가능성 목표 달성에 기여할 수 있는지에 대한 실제적인 사례를 제공한다.

지속 가능한 자원 관리에 관한 질문 예시

Q. ChatGPT를 이용해서, 언제 우리 공장이 가장 많은 전기를 쓰는지 알아볼 수 있니?

ChatGPT는 시간별 또는 공정별 전기 사용 데이터를 분석하여, 전기 소비가 가장 높은 시간대나 공정을 식별할 수 있다. 이 정보를 바탕으로, 비효율적인 사용 패턴을 개선하거나 피크 타임을 피해 에너지를 사용하는 전략을 수립할 수 있다.

Q. 물을 덜 쓰기 위해 우리 회사에서 해볼 수 있는 간단한 방법이 있을까, ChatGPT?

ChatGPT는 물 사용 데이터를 분석하여 불필요한 소비가 발생하는 영역을 찾아낼 수 있다. 또한, 물 재사용, 저효율 설비의 교체, 누수 감지 시스템의 설치 등 다양한 절약 방안을 제시할 수 있다.

> Q. 앞으로 우리가 어떻게 물과 전기를 쓸지 예측하려면, 어떤 정보가 필요하고 ChatGPT는 어떻게 도와줄 수 있니?

예측 모델링을 위해서는 과거 및 현재의 사용량 데이터, 계절별 변동성, 생산량 예측 등 다양한 정보가 필요하다. ChatGPT는 이러한 데이터를 바탕으로 미래의 자원 사용 패턴을 예측하고, 효율적인 자원 관리 계획을 수립하는 데 도움을 줄 수 있다.

온실가스 배출 감소에 관한 질문 예시

> Q. 어떻게 하면 ChatGPT를 사용해서 우리 회사의 탄소 배출을 실시간으로 체크할 수 있을까?

ChatGPT는 배출량 모니터링 시스템과 통합하여 실시간 데이터를 분석하고, 이를 통해 탄소 배출량을 추적할 수 있다. 또한, 배출량 변화의 원인을 분석하고 개선 방안을 제안할 수 있다.

> Q. ChatGPT로 찾아낸 탄소 배출 줄이기 방법 중에서, 돈을 가장 적게 들이고 효과적인 건 방법에 대해 설명해줘?

ChatGPT는 비용-효과 분석을 통해 에너지 효율 개선, 재생 가능 에너지 사용 증대, 프로세스 최적화 등 다양한 방안 중에서 가장 경제적인 방법을 제시할 수 있다.

재생 에너지의 최적 활용을 위해 ChatGPT는 에너지 생산과 소비 패턴
을 분석하여, 에너지가 가장 많이 필요한 시간과 재생 에너지의 생산 피
크가 일치하도록 조정하는 전략을 개발할 수 있다. 이는 에너지 저장 기
술의 효율적 사용과 재생 에너지 자원의 최적 배치에도 기여할 수 있다.

이러한 질문 예시들을 통해 ChatGPT의 다양한 활용 가능성을 구체
적으로 이해할 수 있으며, 이는 기업들이 지속 가능한 자원 관리와 온실
가스 배출 감소를 위해 AI 기술을 적극적으로 활용하는 데 도움이 될 것
이다.

🎯 ChatGPT 응답 예시

Q. 앞으로 우리가 어떻게 물과 전기를 쓸지 예측하려면, 어떤 정보가 필요
하고 ChatGPT는 어떻게 도와줄 수 있니?

A. 물과 전기 사용량을 예측하기 위해 필요한 정보를 수집하고 분석하는
과정은 기업이 자원을 더 지속 가능하게 관리하고 효율적으로 사용하는
데 있어 중요한 단계이다. 이러한 과정에서 필요한 정보와 ChatGPT가
어떻게 도움을 줄 수 있는지에 대해 구체적으로 알아보면 다음과 같다.

필요한 정보

• 과거 및 현재 사용량 데이터: 물과 전기 사용의 과거 및 현재 데이터는
미래 사용량을 예측하는 데 필수적이다. 이 데이터를 통해 일, 주, 월, 계

절별 패턴을 식별할 수 있으며, 이러한 패턴은 미래 사용량 예측의 기반이 된다.

- 기후 및 날씨 데이터: 전기 사용량 예측에 있어 기온, 습도, 일조량과 같은 기후 조건은 중요한 변수로 작용한다. 특히, 고온기에는 에어컨 사용량 증가와 같은 패턴을 예측할 수 있다.

- 사업 활동 데이터: 기업의 생산량, 운영 시간, 사업 확장 계획 등은 물과 전기 사용량에 영향을 미칠 수 있는 중요한 요소이다. 사업 활동의 변화는 자원 사용량에 직접적인 영향을 줄 수 있다.

- 인구 통계 및 행사 계획: 특히 사무실 빌딩이나 공공 시설의 경우, 이용 인구 및 특별 행사 계획 등은 물과 전기 사용량의 변화를 예측하는 데 유용한 정보가 될 수 있다.

ChatGPT의 도움

- 패턴 분석: ChatGPT는 과거 및 현재의 사용량 데이터를 분석하여 소비 패턴을 식별할 수 있다. 주중과 주말, 계절별 사용량 차이 등을 파악하여 미래 사용량의 예측이 가능하다.

- 예측 모델링: 수집된 데이터를 바탕으로, ChatGPT는 물과 전기 사용량을 예측하는 모델을 개발할 수 있다. 이러한 예측 모델은 기업이 자원 관리 계획과 예산을 수립하는 데 중요한 정보를 제공한다.

- 권장 사항 제공: 예측 결과를 바탕으로, ChatGPT는 효율적인 자원 사용을 위한 권장 사항을 제공할 수 있다. 에너지 효율이 높은 기기 사용 권장, 물 사용량 절약 방안 등을 포함한다.

• 자원 절약 전략 개발: ChatGPT는 비효율적인 기기 교체, 재생 가능 에너지 소스의 활용 증대, 직원들의 에너지 절약 인식 제고 등을 포함한 물과 전기 사용 최적화 전략을 개발하는 데 도움을 줄 수 있다.

ChatGPT와 같은 AI 기술을 통한 데이터 분석, 패턴 식별, 예측 모델링, 전략 개발은 기업이 자원 사용의 지속 가능성을 향상시키고 온실가스 배출을 효과적으로 감소시키는 데 중요한 역할을 한다. 이러한 AI 기술의 적극적인 활용은 기업이 환경적 책임을 이행하고 장기적인 경제적 이익을 실현하는 데 기여할 수 있으며, 기업의 ESG 전략에서 핵심적인 요소가 될 수 있다.

2

사회Social - ChatGPT의 활용

　기업이 사회적 책임을 이행하고 지속 가능한 성장을 추구하는 데 있어 ChatGPT는 중요한 역할을 할 수 있다. 특히, 직원들의 복지와 안전, 다양성 및 포용성을 증진하는 것은 기업의 성공에 직접적으로 연결되는 핵심 요소이다. 이 영역들에서 ChatGPT의 활용은 기업이 이해관계자들과 더 강력하고 의미 있는 연결을 구축하도록 지원한다.

직원 복지와 안전

- 피드백 수집 및 분석: ChatGPT는 다양한 소스에서 직원의 의견을 수집하고 분석하여, 직원들의 우려사항과 필요사항을 이해하는 데 도움을 줄 수 있다. 이를 통해 기업은 복지와 안전에 대한 개선 방안을 식별하고 실행할 수 있다.
- 위험 요소 식별 및 예방 조치: 작업장의 안전을 강화하기 위해 ChatGPT는 위험 요소를 식별하고 예방 조치를 권장한다. AI의 분석을 통해 안전한 작업 환경 조성을 위한 맞춤형 솔루션을 제안할 수 있다.

다양성과 포용성 강화

- **채용 과정에서의 편향 감지 및 수정**: AI는 채용 과정의 무의식적 편향을 감지하고 이를 수정하기 위한 권장사항을 제공한다. 이를 통해 다양성과 포용성을 고려한 채용 공고, 면접 질문, 평가 기준의 재설계가 가능하다.
- **다양성 및 포용성 전략 개발**: 조직 내 다양성과 포용성을 평가하고 이를 기반으로 한 맞춤형 전략 개발에 ChatGPT가 도움을 줄 수 있다. AI는 다양한 배경을 가진 직원들의 경험과 피드백을 분석하여 포용적인 문화 조성을 위한 조치를 제안한다.

AI 기술의 이러한 활용은 기업이 직면한 도전을 해결하고, 사회적 책임을 더 효과적으로 이행할 수 있는 기회를 제공한다. 직원들의 복지와 안전, 다양성 및 포용성을 강화하는 것은 단순히 윤리적인 차원을 넘어서 기업의 성공과 직결되며, 이를 통해 기업은 지속 가능한 발전을 이룰 수 있다. ChatGPT와 같은 AI 기술의 적극적인 활용은 기업의 사회적 책임 전략과 지속 가능한 성장 전략에서 중요한 역할을 할 것이다.

사회: ChatGPT 질문 예시

직원 복지와 안전에 관한 질문 예시

> Q. 조직 내에서 직원들이 자신의 건강과 안전에 대해 어떻게 느끼고 있는지를 정확하고 신속하게 파악하는 것은 중요한 과제가 되었다. 이러한 정보를 효과적으로 수집하고 분석하기 위하여, ChatGPT를 어떠한 방식으로 활용할 수 있는지에 대한 전략이 필요하다. 구체적으로, ChatGPT를 이용해 직원

들의 건강 및 안전에 대한 인식을 측정하고, 그 결과를 기반으로 개선 방안을 모색하는 프로세스를 어떻게 구축할 수 있을까?

Q. 안전은 모든 직장에서 최우선으로 다뤄져야 할 요소이다. 우리 회사에서 발생 가능한 안전 문제를 보다 효과적으로 식별하고 해결하기 위해, ChatGPT와 같은 인공지능 기술을 어떻게 적용할 수 있을지에 대한 구체적인 방안이 필요하다. ChatGPT를 활용하여 안전 관련 데이터를 수집하고 분석함으로써, 잠재적인 위험 요소를 사전에 예방하고 해결책을 개발하는 방법은 무엇일까?

다양성과 포용성 강화에 관한 질문 예시

Q. 채용 과정에서의 편견은 조직의 다양성과 포용성에 중대한 장애가 될 수 있다. 이러한 편견을 효과적으로 식별하고 제거하기 위한 방법으로, ChatGPT와 같은 인공지능 기술을 어떻게 활용할 수 있을까?

Q. 조직 내에서 다양성과 포용성을 증진시키는 것은 지속 가능한 성장과 혁신을 위해 필수적이다. 이러한 가치들을 실질적으로 실현하기 위해, ChatGPT와 같은 인공지능 기술이 어떻게 기여할 수 있을지에 대한 심도 있는 분석이 요구된다. 특히, ChatGPT를 활용하여 조직 문화의 다양성과 포용성 수준을 평가하고, 이를 바탕으로 보다 효과적인 전략을 개발하는 과정은 어떻게 설계될 수 있을까?

이러한 질문들은 ChatGPT의 활용 가능성을 탐색하면서 동시에 조직 내에서 중요한 이슈들에 대해 깊이 있는 해결책을 탐색할 수 있다. ChatGPT와 같은 인공지능 기술을 통해 직원들의 복지와 안전을 보장할 수 있는 방법을 찾아내고, 다양성과 포용성 강화를 통해 현대 사회에서 기업이 나아가야 할 중요한 방향을 명확하게 설정할 수 있게 된다.

@ ChatGPT 응답 예시

Q. ChatGPT를 활용하여 조직 문화의 다양성과 포용성 수준을 평가하고, 이를 바탕으로 보다 효과적인 전략을 개발하는 과정은 어떻게 설계될 수 있을까?

A. 조직 내에서 다양성과 포용성을 증진시키는 것은 조직의 혁신과 지속 가능한 성장에 매우 중요하다. 인공지능 기술, 특히 ChatGPT와 같은 고급 자연어 처리 시스템을 활용하여 이러한 가치들을 실질적으로 실현하고 평가하는 과정을 설계하는 방법에는 여러 단계가 포함될 수 있다.

1. 현재 조직 문화의 진단

• 설문조사와 인터뷰 진행: ChatGPT를 활용하여 조직 구성원들의 인식과 경험에 대한 자세한 설문조사와 인터뷰를 설계하고 실행할 수 있다. 인공지능은 복잡한 자연어 응답을 분석하여 중요한 통찰력을 추출하는 데 도움을 줄 수 있다.

• 소셜 미디어와 커뮤니케이션 분석: 조직 내부의 소셜 미디어 플랫폼이나 커뮤니케이션 도구에서 발생하는 대화를 분석하여 다양성과 포용성에 대한 현재의 태도와 문제점을 식별할 수 있다. ChatGPT는 이러한 대화의 텍스트를 분석하여 패턴을 식별하고, 특정 문제 영역을 지적할 수 있다.

2. 교육 및 인식 향상 프로그램

- 맞춤형 교육 컨텐츠 제작: ChatGPT를 활용하여 다양성과 포용성에 대한 교육 자료를 개발할 수 있다. 이는 조직의 특정 요구와 문제점에 맞춰진 컨텐츠를 포함할 수 있으며, 이해도를 높이고 행동 변화를 유도할 수 있다.

- 시나리오 기반 학습: 다양한 사회적 상황이나 의사소통 시나리오를 기반으로 한 대화형 학습 환경을 제공함으로써, 구성원들이 다양성과 포용성에 대해 더 깊이 이해하고 실천할 수 있는 방법을 배울 수 있다.

3. 지속적인 모니터링과 평가

- 진행 상황 모니터링: ChatGPT를 활용하여 정기적으로 조직 내 다양성과 포용성 수준을 평가하고 모니터링할 수 있다. 이는 설문조사, 인터뷰, 커뮤니케이션 분석 등을 통해 이루어질 수 있으며, 시간이 지남에 따른 변화와 개선 사항을 추적하는 데 도움이 된다.

- 개선 전략 개발: 분석 결과를 바탕으로, 조직은 다양성과 포용성을 더욱 향상시킬 수 있는 전략과 이니셔티브를 개발할 수 있다. 이 과정에서 ChatGPT는 맞춤형 솔루션을 제안하고, 다양한 시나리오를 시뮬레이션하여 최적의 전략을 선택하는 데 도움을 줄 수 있다.

기술적 고려 사항

- 데이터 보호 및 개인 정보: 이러한 접근 방식을 사용할 때는 구성원들의 개인 정보 보호와 데이터 보호 규정을 엄격히 준수해야 한다.

• 편향성 감지 및 수정: 인공지능 시스템을 사용함에 있어서 알고리즘의 편향성을 주의 깊게 감지하고 수정하는 메커니즘이 필요하다.

ChatGPT와 같은 인공지능 기술을 활용하여 다양성과 포용성을 증진시키기 위한 전략을 설계하고 실행하는 것은 복잡한 과정이다. 하지만, 올바르게 접근하고 실행한다면, 이는 조직 문화를 개선하고 모든 구성원이 참여하고 기여할 수 있는 환경을 조성하는 데 크게 기여할 수 있게 된다.

3

지배구조Governance - ChatGPT의 활용

　지배구조는 기업의 의사 결정 과정과 정책 실행에 있어서 투명성과 책임성을 확보하는 것을 주요 목표로 삼는다. 우수한 지배구조 체계는 신뢰성 있는 기업 운영을 보장하며, 이는 이해관계자들과의 관계를 강화하는 데 중요한 역할을 한다. 이러한 맥락에서, ChatGPT와 같은 인공지능 기술은 지배구조의 핵심적인 두 영역인 투명성과 책임성의 강화, 그리고 위험 관리에 있어서 매우 중추적인 역할을 수행할 수 있다.

　투명성과 책임성의 강화는 기업 운영의 근간을 이루는 요소로서, 이해관계자들의 신뢰를 얻고 유지하는 데에 있어 필수적인 조건이다. ChatGPT를 활용하여 이러한 영역을 지원하는 방식으로는 정책 및 규정 준수 정보 관리와 이해관계자 피드백 수집 및 분석이 있다. 이는 정보의 투명성을 높이고, 기업의 책임성을 강화할 수 있다.

　위험 관리는 기업 활동과 관련된 재무적, 법적, 명성에 대한 위험을 식별, 평가, 관리하는 과정이다. ChatGPT는 위험 식별 및 평가, 위험 완화 전략 개발, 실시간 모니터링 등의 과정을 지원할 수 있다. 이를 통해 기업은 빠르게 대응하고, 위험 상황을 효과적으로 관리할 수 있게 된다.

결국, 지배구조에서 투명성과 책임성의 강화, 효과적인 위험 관리는 기업 운영의 핵심적인 요소가 된다. ChatGPT와 같은 AI 기술을 활용함으로써, 기업은 이해관계자들과의 신뢰를 구축하고 유지할 수 있으며, 잠재적 위험을 사전에 식별하고 관리함으로써 기업 운영의 안정성을 확보할 수 있게 된다. 따라서, ChatGPT의 적극적인 활용은 기업이 지배구조 관련 목표를 달성하는 데 있어 중요한 역할을 할 수 있으며, 이는 지속 가능한 성장과 장기적인 성공으로 이어질 것이다.

지배구조: ChatGPT 질문 예시
투명성과 책임성 강화를 위한 질문 예시

> Q. 우리 회사의 규칙을 ChatGPT를 활용해 어떻게 간편하게 정리하고 공유할 수 있는지 알려줘.

이 질문은 ChatGPT를 사용하여 조직 내 규칙 및 정책을 효율적으로 정리하고, 이를 직원들과 쉽게 공유하는 방법을 찾기 위한 것이다. 규정의 투명성을 높여 조직의 책임성을 강화하는 것이 목표이다.

> Q. ChatGPT를 이용하여 직원들의 의견을 효과적으로 수집하고 소통하는 방법에 대해 설명해줘.

이 질문은 ChatGPT를 활용하여 직원들의 의견과 피드백을 수집하고, 이를 바탕으로 효과적인 소통 채널을 구축하고자 하는 의도에서 비롯된다. 이는 조직 내부의 의사소통을 강화하고, 직원 참여도를 높이는 것이 중요하다.

위험 관리에 관한 질문 예시

> Q. ChatGPT를 통해 우리 회사에서 발생할 수 있는 잠재적 문제를 어떻게 신속하게 파악할 수 있는지에 대한 방법에 대해 설명해줘.

이 질문은 조직 내에서 발생 가능한 위험 요소들을 빠르게 식별하고 대응하기 위해 ChatGPT의 분석 기능을 활용하고자 하는 목적이다. 위험 관리 과정을 효율화하고, 예방적 조치를 취하는 데 중점을 둔다.

> Q. 문제 발생 시, ChatGPT가 제안할 수 있는 대처 방안에는 어떤 것들이 있으며, 구체적인 예시를 제시해줘.

이 질문은 특정 문제 상황이 발생했을 때 ChatGPT가 제공할 수 있는 해결책과 대응 전략을 탐색하고자 하는 것이다. 실질적이고 실행 가능한 솔루션을 통해 문제 해결 과정을 간소화하고자 하는 것이다.

> Q. ChatGPT를 활용해 문제가 발생하기 전에 미리 인지할 수 있는 방법이 있는지 설명해줘.

이 질문은 ChatGPT의 예측 기능을 활용하여 잠재적 문제를 사전에 인지하고, 이에 대비하는 전략을 수립하고자 하는 것이다. 위험 예방에 초점을 맞추어, 조직의 안정성과 효율성을 동시에 추구한다.

이러한 질문들은 ChatGPT의 다양한 기능을 활용하여 조직의 운영 효율성을 높이고, 위험 관리를 강화하며, 투명성과 책임성을 제고하고자 하는 데 중점을 둔 것이다. 회사 규칙의 정리 및 공유, 직원 의견 수집, 잠재적 위험 식별과 예방에 있어서의 접근 방식을 개선하는 것이 목표이다.

ChatGPT와 같은 AI 기술을 활용함으로써, 기업은 지배구조 관련 중요한 영역인 투명성과 책임성 강화, 효과적인 위험 관리를 실현할 수 있게 된다. 이를 통해 기업은 이해관계자들과의 신뢰를 구축하고 유지할 수 있으며, 잠재적 위험을 사전에 식별하고 관리함으로써 기업 운영의 안정성을 확보할 수 있게 된다. 따라서, ChatGPT의 적극적인 활용은 기업이 지배구조 관련 목표를 달성하는 데 중요한 역할을 할 수 있으며, 지속 가능한 성장과 장기적인 성공으로 이어질 수 있다.는 데 중요한 역할을 할 수 있으며, 지속 가능한 성장과 장기적인 성공으로 이어질 수 있습니다.

🌐 ChatGPT 응답 예시

Q. 문제가 생겼을 때 대처 방법을 ChatGPT가 어떻게 제안해줄 수 있니? 예시를 들어서 설명해줘.

A. 문제 해결을 위한 ChatGPT의 제안 방법은 문제의 성격에 따라 다양할 수 있다. 여기, 일반적인 사무실 환경에서 발생할 수 있는 문제와 그에 대한 ChatGPT의 해결 제안 예시를 들어보겠다.

문제 상황: 사무실 내 커뮤니케이션 문제

문제 설명: 팀 내 커뮤니케이션이 원활하지 않아 프로젝트의 진행이 늦어지고 있다. 명확한 업무 분담이 이루어지지 않고, 일부 팀원은 중요한 정보를 놓치고 있다.

ChatGPT의 해결 제안:

커뮤니케이션 채널 재정비

• 제안: 모든 팀원이 접근할 수 있는 중앙화된 커뮤니케이션 플랫폼에: Slack, Microsoft Teams 사용을 제안한다.

• 이유: 중앙화된 플랫폼을 통해 정보가 효율적으로 공유되고, 모든 팀원이 필요한 정보를 쉽게 찾을 수 있게 된다.

주간 미팅 설정

• 제안: 프로젝트 진행 상황을 점검하고, 업무 분담을 명확히 하기 위한 주간 미팅을 설정한다.

• 이유: 정기적인 미팅을 통해 팀원 간의 커뮤니케이션을 강화하고, 업무 진행 상황을 공유함으로써 혼란을 줄일 수 있다.

업무 분담 명확화

• 제안: 각 팀원의 역할과 책임을 명확히 정의하고, 이를 모든 팀원과 공유한다.

- 이유: 역할과 책임이 명확하면 팀원 각자가 무엇을 해야 하는지 알 수 있
  으며, 업무 중복이나 누락을 방지할 수 있다.

피드백 시스템 구축

- 제안: 팀원들이 서로에게 피드백을 제공할 수 있는 시스템을 마련한다.
- 이유: 상호 피드백을 통해 개선점을 발견하고, 커뮤니케이션의 질을 지속
  적으로 향상시킬 수 있다.

이와 같이, ChatGPT는 문제의 원인을 분석하고, 해결을 위한 구체적인 조
치를 제안할 수 있다. 제안된 해결책은 조직의 구체적인 상황과 필요에 따
라 조정되어 적용될 수 있다. ChatGPT의 제안은 문제 해결의 출발점이
될 수 있으며, 실제 적용 시에는 팀원들의 의견을 수렴하고 조정하는 과정
이 필요하다.

4

전략적 실행을 위한 AI 활용 Tip

기업이 ESG 목표를 효과적으로 달성하기 위한 ChatGPT의 활용은 데이터 분석, 맞춤형 전략 개발, 교육 및 인식 제고 등 여러 방면에서 지원할 수 있다. AI의 활용은 기업이 ESG 관련 도전 과제를 극복하고, 지속 가능한 성장을 추구하는 데 있어서 효율적이며 효과성을 충분히 기대할 수 있다.

커스터마이징된 ESG 전략 개발

기업은 각자 고유한 환경에 놓여 있으며, 이에 따라 ESG 전략 역시 기업의 특정 상황과 목표에 맞춰 맞춤화되어야 한다. ChatGPT를 활용하여 이를 실현할 수 있는 방법을 정리해 보면 다음과 같다.

- **도전과제와 기회 분석**: ChatGPT는 기업이 직면한 고유한 도전과제와 기회를 분석하기 위해 대량의 데이터를 처리할 수 있다. 이는 시장 분석, 경쟁사 분석, 소비자 트렌드, 규제 환경 등의 정보를 포함할 수 있다.

- **맞춤형 전략 제안**: 분석 결과를 바탕으로, ChatGPT는 기업의 ESG 목표 달성을 위한 맞춤형 전략을 제시할 수 있다. 이는 재생 가능 에너지 투자, 지속 가능한 공급망 관리, 다양성 및 포용성 프로그램, 윤리적 기업 운영 방안 등을 포함할 수 있다.
- **효과적인 실행 계획 수립**: AI는 실행 계획의 단계별 목표 설정, 자원 배분, 일정 관리 등을 최적화하는 데 도움을 줄 수 있으며, 이를 통해 ESG 전략의 성공적인 실행을 지원한다.

교육 및 인식 제고

ESG 목표의 달성은 기업 내부의 광범위한 이해와 지지를 필요로 한다. ChatGPT를 활용한 교육 및 인식 제고는 이를 위한 효과적인 방법이다.

- **맞춤형 교육 자료 제작**: ChatGPT는 직원들의 다양한 배경과 지식 수준을 고려하여 ESG 관련 맞춤형 교육 자료를 생성할 수 있습니다. 이는 워크샵, 온라인 코스, 인포그래픽, FAQ 등 다양한 형태로 제공될 수 있다.
- **ESG 목표에 대한 인식 증진**: AI를 통해 직원들 사이에 ESG 목표의 중요성과 이에 대한 개인적인 기여 방안에 대한 인식을 높일 수 있다. 이는 직원들의 참여와 헌신을 촉진하며, 조직 전체의 ESG 목표 달성에 기여한다.

커스터마이징된 ESG 전략 개발

커스터마이징된 ESG 전략 개발에 대한 질문 예시와 적용 방안을 통해, AI 기술의 활용이 기업의 ESG 전략 수립 및 실행 과정에서 어떻게 중요한 역할을 할 수 있는지를 살펴보게 된다. 질문에 의도와 가능성에 대해 설명을 참고하기 바란다.

Q. 우리 회사가 직면한 주요 ESG 도전 과제는 무엇이며, ChatGPT를 활용해 이를 어떻게 극복할 수 있니?

ChatGPT를 사용하여 시장 분석, 경쟁사 분석, 소비자 트렌드, 규제 환경 등을 종합적으로 분석할 수 있다. 이를 바탕으로, 기업의 특정 상황에 맞는 ESG 전략을 개발하게 된다. 예를 들어, 지속 가능한 공급망 관리 전략이나 재생 가능 에너지 투자 계획 등을 수립할 수 있다.

Q. 직원들 사이에서 ESG의 중요성을 어떻게 더 잘 전달할 수 있을까?

ChatGPT를 활용하여 직원들의 배경과 지식 수준을 고려한 맞춤형 교육 자료를 제작하게 된다. 이러한 자료는 워크샵, 온라인 코스, 인포그래픽, FAQ 등 다양한 형태로 제공될 수 있으며, ESG 목표에 대한 인식을 증진시키고 직원들의 참여를 촉진하게 된다.

Q. ChatGPT를 이용해 ESG 전략의 실행 계획을 어떻게 세울 수 있니?

AI를 활용해 실행 계획의 단계별 목표 설정, 자원 배분, 일정 관리 등을 최적화할 수 있다. ChatGPT는 구체적인 실행 단계를 계획하고, 필요한 자원을 효율적으로 배분하는 데 도움을 줄 수 있다.

이러한 질문 예시와 적용 방안을 통해, AI 기술의 활용이 ESG 목표 달성을 위한 전 과정에 걸쳐 유용한 도구가 될 수 있다는 것을 볼 수 있다. 데이터 분석부터 전략 개발, 교육 및 실행 계획 수립에 이르기까지, AI는 ESG 전략의 성공적인 수립 및 실행을 지원하는 데 중요한 역할을 할 수 있다.

 ChatGPT 응답 예시

Q. 자동차 부품 제조 중견기업의 ESG 실행 계획서를 임의로 작성해줘.

A. ChatGPT를 이용해 ESG 전략의 실행 계획을 세우는 과정은 다음 단계로 구성될 수 있다.

1. AutoParts의 목표 설정

ESG 목표:

- 환경: 2025년까지 제조 과정에서의 폐기물 50% 감소
- 사회: 공급망 내 노동 조건 개선
- 지배구조: 공급망 투명성 증진

2. 데이터 분석

분석 데이터:

- 환경: 현재 생산 공정에서 발생하는 폐기물 양
- 사회: 공급망 파트너의 노동 조건 및 기준
- 지배구조: 공급망 관리 및 모니터링 시스템

3. 전략 개발

환경 전략: 폐기물 재활용 프로그램 도입, 생산 공정 최적화

사회 전략: 공급망 내 노동 기준 감사 강화, 교육 및 개선 프로그램 지원

지배구조 전략: 공급망 투명성을 위한 디지털 추적 시스템 도입

4. 실행 계획 수립

환경:

• 책임자: 환경 관리 책임자

• 일정: 폐기물 재활용 프로그램 – 2023년 Q2 시작

• 예산: 2억 원

사회:

• 책임자: 공급망 관리 책임자

• 일정: 노동 기준 감사 및 교육 프로그램 – 2023년 Q3 시작

• 예산: 2억 원

지배구조:

• 책임자: 공급망 투명성 프로젝트 매니저

• 일정: 디지털 추적 시스템 개발 및 구현 – 2023년 Q4 시작

• 예산: 3억 원

5. 모니터링 및 조정

성과 모니터링 계획:

• 환경: 폐기물 양 월별 모니터링 및 리포팅

- 사회: 연 2회 공급망 노동 기준 감사 및 개선 사항 추적
- 지배구조: 공급망 투명성 시스템의 효율성 및 정확성 연 1회 검토

AutoParts의 ESG 실행 계획은 환경 보호, 사회적 책임, 그리고 투명한 지배구조를 통해 지속 가능한 성장을 목표로 한다. 각 목표는 구체적인 전략과 실행 계획에 의해 지원되며, 정기적인 모니터링을 통해 계획의 효과를 평가하고 필요에 따라 조정하게 된다.

AI 기술, 특히 ChatGPT의 활용은 기업이 ESG 목표를 효과적으로 이해하고 실행하는 데 있어 매우 유용한 도구이다. 맞춤형 ESG 전략 개발과 교육 및 인식 제고를 통해, 기업은 자신들의 도전 과제를 극복하고 지속 가능한 발전을 위한 혁신적인 솔루션을 개발할 수 있다. 이러한 접근 방식은 데이터 기반의 의사 결정을 촉진하고, 효율성을 높이며, 기업의 사회적 책임 이행을 강화할 수 있다. AI의 전략적 활용으로 기업이 ESG 분야에서 경쟁 우위를 확보하고, 장기적인 성공을 달성해 나가는 기회를 찾아가길 바란다.

4장

중소기업을 위한 ESG 교육

이경백

한영대학교 교수

1

ESG 교육의 중요성

ESG의 중요성은 기업뿐만 아니라 사회 전반에 걸쳐 인식되고 있다. 특히, 지속 가능한 미래를 위해 중요한 역할을 하는 교육 분야에서는 지난해 5월 세계 ESG 포럼에서 ESG 교육의 필요성과 중요성에 대해 논의되었다. 이 포럼에서는 초·중·고등 교육에서 ESG 교육을 어떻게 통합하고 발전시킬 수 있는지에 대한 논의가 이루어졌다. 이러한 행사들은 ESG가 선택이 아니라 필수적인 요소로 인식되기 시작했음을 보여준다.

대기업이든 중소기업이든, 모든 규모의 기업에서는 환경, 사회, 거버넌스 문제가 주요 비즈니스 고려 사항이 되었다. 기업의 ESG 정책과 경영은 투자자, 직원, 고객, 정부 관료 및 기타 이해관계자가 관심을 갖고 있다. 따라서 효과적인 ESG 전략이 강력한 관리 프로세스를 기반으로 하여 장기적인 비즈니스 성공에 점점 더 중요해지고 있다.

ESG는 결코 새로운 현상이 아니다. 투자자들이 ESG 기준을 도입하여 기업을 평가하는 ESG 투자의 역사는 2004년부터 2006년까지 총 3년 동안에 걸쳐 ESG라는 개념이 대중화되었다. 이 기간 동안 ESG 정보를 투자 결정에 반영하기 위한 법적 틀이 마련되었고, 여전히 사용되고 있는 6가지 ESG 투자 원칙이 발표되었다. 이 모든 과정은 UN이 주도하였으며, ESG 투자의 뿌리는 1960년대와 1970년대에 구체화되기 시작하여, 향후 20년 동안 점차 확대된 사회적 책임 투자 경영에 깊숙이 뿌리내리고 있다. 그러나 환경 지속 가능성을 개선하고 사회적으로 책임 있는 방식으로 행동하라는 내부 및 외부 조직의 압력이 증가하면서, 최근 몇 년 동안 기업의 ESG 경영이 주목받고 있다.

미국 대부분의 대기업에는 ESG 프로그램이 도입되어 있으며, 컨설팅 회사인 KPMG는 2022년 10월에 발표한 보고서에 따르면, 매출 기준 전 세계 250대 기업 중 96%가 ESG 또는 지속 가능성 문제에 대해 공개적으로 보고하고 있다. 또한, ESG 컨설팅 회사인 Governance & Accountability Institute Inc.가 2022년 11월에 발표한 보고서에 따르면, S&P 500 기업의 96%와 Russell 1000 지수 기업의 81%가 2021년에 지속 가능성 보고서를 발표하였다.

우리나라에서도 대부분의 대기업이 ESG 또는 지속 가능성 보고서를 발표하고 있다. 현재는 중소기업도 ESG 경영에 참여하여 지속 가능성의 중요성을 인지하는 시기이다. UN이 결의한 기후변화, 빈곤 퇴치 등 지속 가능 발전 목표를 달성하기 위해 기업의 활동을 변화시키고자 하였고, 이에 따라 투자를 받기 위해 대기업을 중심으로 ESG 실천이 시작되었다. 이제는 이러한 ESG 실천이 공공기관, 중소기업, 대학, 전문대학, 초·중등학교로 확산되어 사회 전반에 걸쳐 관심을 가지게 되었다.

최근에는 대학가에서도 ESG가 주목받고 있다. 전 세계적으로 ESG에 대한 인식의 증가에 따라, 다양한 대학들이 운영, 교육, 커뮤니티 참여 등에서 이러한 원칙을 통합하려는 노력을 강화하고 있다. 이러한 변화는 단순히 지속 가능한 실천을 채택하는 것을 넘어서, 미래 세대에 대한 선례를 설정하고, 지속 가능성에 대한 연구를 촉진하며, 사회적 책임 문화를 조성하는 데 중점을 두고 있다.

우리 대학 역시 ESG 실천을 위한 연간 계획을 수립하고, 이를 담당할 전담부서를 설치하여 ESG 경영 실천에 나서고 있다. 대학에서는 종이 사용량이 많은 보고서, 시험지, 회의 자료, 사업 계획서, 결과 보고서, 설문 분석 보고서 등을 디지털화하여 "종이 줄이기"를 실천하고 있다. 이를 위해 구성원들에게 태블릿을 지급하였으며, "일회용 종이컵 없애기"를 위해 텀블러 세척기를 각 건물에 비치하는 등의 조치를 취하고 있다.

뿐만 아니라, 학생들을 대상으로 한 ESG 특강을 통해 ESG의 중요성을 강조하고, 지속 가능한 성장과 발전에 대한 동기를 부여하고 있다. 이러한 노력은 향후 정규 교과목 교양 과목으로의 발전을 검토하고 있음을 통해, ESG 교육이 대학 교육 체계 내에서도 중요한 위치를 차지하게 될 것임을 시사한다.

다음은 ESG 관리에서 모범을 보이는 대학의 몇 가지 사례이다.

• 하버드 대학교: 그린 빌딩

하버드 대학교는 그린 빌딩 기준을 통해 지속 가능성에 대한 강력한 약속을 보여주고 있다. 이 대학은 모든 건설 및 개보수 프로젝트에 적용되는 엄격한 그린 빌딩 기준 정책을 시행하고 있다. 이 정책에는 에너지 효율성 향상, 물 절약 조치 적용, 지속 가능한 재료의 사용 등이 포함된다. 하버드는 이러한 조치를 통해 물리적 캠퍼스 전반에 지속 가능성을 통합하며, 이는 기후 변화 대응과 온실 가스 배출 감소를 위한 그들의 광범위한 약속과 일치하는 전략적 ESG 실천 접근법을 보여주고 있다.

• 스탠퍼드 대학교: 지속 가능한 투자 전략

케임브리지 대학교는 제로 카본 솔루션 연구에서 선두 주자로 자리매김하고 있다. 케임브리지 제로 이니셔티브를 통해, 이 대학은 자신들의 운영을 제로 카본 배출로 이끌고자 하는 목표를 세우고 있으며, 동시에 기후 변화와 지속 가능한 발전에 대한 혁신적인 연구를 주도하고 있다. 이 이니셔티브는 다양한 학문 간의 협력을 포함하며, 학술 기관이 전 세계 지속 가능성 노력에서 중요한 역할을 수행한다는 것을 강조한다.

• 케임브리지 대학교: 제로 카본 연구

케임브리지 대학교는 제로 카본 솔루션 연구에서 선두 주자로 자리매김하고 있다. 케임브리지 제로 이니셔티브를 통해, 이 대학은 자신들의 운영을 제로 카본 배출로 이끌고자 하는 목표를 세우고 있으며, 동시에 기후 변화와 지속 가능한 발전에 대한 혁신적인 연구를 주도하고 있다. 이 이니셔티브는 다양한 학문 간의 협력을 포함하며, 학술 기관이 전 세계 지속 가능성 노력에서 중요한 역할을 수행한다는 것을 강조하게 된다.

- **코펜하겐 대학교: 사회적 책임에 중점**

  덴마크의 코펜하겐 대학교는 사회적 책임에 중점을 두어 ESG에 대한 포괄적인 접근 방식을 취하고 있다. 다양성과 포용성의 증진, 공정한 노동 관행의 보장, 그리고 지역 커뮤니티와의 참여를 통해 사회적 도전과제를 해결하는 것을 포함한다. 이 대학의 정책은 긍정적인 사회적 영향을 창출하기 위한 깊은 약속을 반영하며, 대학이 사회 변화를 위한 촉매제가 될 수 있음을 보여준다.

- **브리티시 컬럼비아 대학교: 원주민 화해에의 초점**

  브리티시 컬럼비아 대학교UBC는 원주민 화해에 대한 약속을 통해 사회적 거버넌스에 초점을 맞춘 ESG 원칙을 통합하고 있다. UBC의 원주민 전략 계획은 원주민 학생들에게 교육 기회를 강화하고 원주민 문화와 관점이 대학 커뮤니티에 존중되고 통합되도록 하는 구체적인 행동을 개요화하고 있다. 이 접근 방식은 사회적 거버넌스의 중요성과 대학이 정의와 평등을 촉진하는 데 있어 역할을 인정한다.

- **연세대학교: 그린 캠퍼스 이니셔티브**

  연세대학교는 환경 지속 가능성의 선도자로서, 그 캠퍼스를 녹색 공간으로 변모시키기 위해 노력하고 있다. 대학의 포괄적인 지속 가능성 계획에는 에너지 효율성 조치, 폐기물 감소 프로그램, 그리고 녹색 공간의 확장이 포함하고 있다. 연세대는 또한 재생 가능 에너지 사용을 촉진하고 여러 건물에 태양광 패널을 설치하였다. 이러한 이니셔티브들은 대학의 탄소 발자국을 줄이고 학생 및 교직원 사이에 환경 인식을 촉진하는 데 기여하고 있다.

• 서울대학교: 지속 가능한 개발 목표SDG 통합

서울대학교SNU는 연구, 교육, 그리고 커뮤니티 서비스에 유엔의 지속 가능한 개발 목표SDGs를 통합하고 있다. 서울대는 자신의 부서와 연구 센터들이 빈곤과 기아부터 기후 행동, 평화, 정의, 그리고 강력한 기관에 이르기까지 SDGs를 해결하는 프로젝트에 초점을 맞추도록 장려하고 있다. 대학은 또한 SDGs에 대해 학생들을 교육하고 그들이 이를 달성하는 데 어떻게 기여할 수 있는지에 대한 과정과 프로그램을 제공하고 있다.

• 고려대학교: 사회적 책임과 커뮤니티 참여

고려대학교는 사회적 책임과 커뮤니티 참여에 대한 그들의 약속으로 잘 알려져 있다. 대학은 학생들과 교수진이 지역 커뮤니티와 참여할 수 있는 다양한 프로그램을 만들었다. 이것은 자원봉사 프로젝트, 사회적 기업가 정신 이니셔티브, 그리고 커뮤니티 기반 연구를 포함하고 있다. 고려대는 또한 소외된 학생들을 위한 장학금과 지원 프로그램을 제공하는 등 포용성과 다양성에 중점을 두고 있다.

- 성균관대학교: 거버넌스와 윤리적 리더십

성균관대학교는 행정과 교육 과정에 윤리적 거버넌스와 리더십을 강조하고 있다. 대학은 운영에서 투명성, 진실성, 그리고 책임감을 보장하기 위한 정책과 프로그램을 실행하고 있다. 또한, 성균관대는 윤리적 리더십, 기업 거버넌스, 그리고 사회적 책임에 관한 과정과 세미나를 제공하여 학생들이 그들의 미래 경력에서 윤리적 리더가 되도록 준비시키고 있다.

- 이화여자대학교: 성 평등과 여성의 권한 부여 촉진

이화여자대학교는 성 평등과 여성의 권한 부여를 촉진하는 데 앞장서고 있다. 대학은 여성학, 성 평등, 그리고 리더십에 초점을 맞춘 연구와 과정을 진행하고 있다. 이화의 이니셔티브는 성 평등을 달성하고 모든 여성과 소녀들의 권한을 부여하는 SDG 5 목표를 지원한다. 대학은 또한 성 이슈에 대한 국제 회의와 포럼을 주최하여 여성의 권리와 권한 부여에 대한 글로벌 토론에 기여하고 있다.

이러한 사례들은 대학들이 ESG 관리에서 어떻게 선도적 역할을 할 수 있는지 다양한 방법을 보여준다. 지속 가능한 캠퍼스 운영, 책임 있는 투자 전략, 최첨단 연구, 사회적 책임 이니셔티브로부터, 대학들은 다른 이들이 따를 수 있는 기준을 설정하고 있다. ESG 원칙을 운영에 통합함으로써, 대학들은 더 지속 가능하고 공정한 세계에 기여할 뿐만 아니라, 미래의 ESG 관리 리더들을 준비시키고 있다.

비즈니스 환경에서 ESG가 중요한 이유

중소기업이 ESG 경영을 통해 지속 가능한 성장을 추구하는 것은 장기적인 성장의 기반을 마련하고 경쟁력을 강화하는 필수적인 조치이다. ESG 경영을 잘하는 기업은 투자자 유치와 고객 확보, 우수 인재의 채용에 있어 유리한 위치를 점하며, 기업 위험을 관리하고 안정적인 경영을 가능하게 하는 동시에 사회적 책임을 다하는 긍정적인 기업 이미지를 구축할 것이다. 또한, 강화되는 ESG 관련 규제에 대응하기 위해서도 이러한 경영 방식을 채택해야 한다.

ESG 경영은 환경 문제를 해결하고, 사회적 가치를 창출하며, 투명하고 책임 있는 거버넌스를 유지하는 기업의 노력을 의미한다. 오늘날, 기후 변화와 자원 고갈 같은 세계적인 문제들이 부각됨에 따라, 기업의 ESG 경영은 이해관계자들에게 점점 더 중요해지고 있다. 이는 기업의 장기적인 성장과 시장에서의 경쟁력을 결정하는 결정적인 요소가 되고 있다.

이해관계자들 중에서도 특히 투자자들은 ESG 경영이 장기적인 가치 창출에 기여한다고 보고, ESG 성과가 뛰어난 기업에 대한 투자를 선호한다. 고객들은 사회적 문제에 대한 인식이 높아지면서 ESG 경영을 잘하는 기업의 제품과 서비스를 찾는 경향이 있으며, 직원들 역시 사회적 책임을 중시하는 기업 문화에서 일하고 싶어 한다. 규제기관들은 지속 가능한 개발을 촉진하기 위해 ESG 관련 규제를 강화하고 있다.

중소기업의 ESG 경영 성공 사례로는 태양광 발전과 장애인 고용을 선도하는 기업들이 있으며, 이들은 환경 문제 해결과 사회적 책임을 실현하며 지속 가능한 성장을 이루고 있다. 중소기업들이 ESG 경영을 도입하고 이행하기 위한 가이드라인을 제공하는 기관들도 있다.

ESG 경영은 단순한 선택이 아닌 필수 조건이 되고 있으며, 중소기업들은 이를 적극적으로 도입하여 지속 가능한 성장을 이루고 경쟁력을 강화해야 할 것이다. 지속 가능한 발전을 추구하는 것은 단기적 이익을 넘어서 기업과 사회 전체의 장기적인 번영을 위한 투자인 것이다.

환경, 사회 및 지배 구조 관리에 대한 강조가 커지고 있는 것은 특히 중소기업의 비즈니스 환경의 중추적인 변화를 가져올 것이다. 중소기업이 오늘날 급변하는 시장에서 복잡한 환경을 헤쳐나가고 ESG 실천을 더 한다면 소비자의 기대에 부합할 뿐만 아니라 지속 가능하고 경쟁력 있는 기업과 혁신적인 비즈니스 모델을 개발할 수 있는 전략적 기업으로 거듭날 것이다. 중소기업의 ESG 경영은 다음과 같은 몇 가지 이유로 점점 더 중요해지고 있다.

- **비즈니스 지속 가능성**: ESG 경영은 중소기업의 장기적인 생존 가능성을 보장하는 데 중요하다. 지속 가능한 관행을 채택함으로써 기업은 자원 고갈 및 환경 악화와 관련된 위험을 완화하고 향후 몇 년 동안 운영이 실행 가능하도록 보장할 수 있다.
- **경쟁 우위**: ESG 이니셔티브를 실행하면 중소기업은 붐비는 시장에서 차별화할 수 있다. 소비자는 점점 더 윤리적 관행과 지속 가능성에 대한 의지를 보여주는 기업을 선호하고, 이는 브랜드 충성도와 시장 점유율 증가로 이어질 수 있다.
- **신성장 동력**: ESG 경영은 성장과 혁신을 위한 새로운 길을 엽니다. 중소기업은 지속 가능한 제품 라인, 녹색 기술 및 윤리적 공급망에 집중함으로써 지속 가능성을 우선시하는 신흥 시장 및 소비자 부문을 활용할 수 있다.

- **위험 및 이미지 관리**: 효과적인 ESG 전략은 중소기업이 환경 규제, 사회적 책임 및 지배 구조 붕괴와 관련된 잠재적 위험을 사전에 해결할 수 있도록 돕는다. 이러한 사전 접근 방식은 잠재적인 부채를 최소화할 뿐만 아니라 이해 관계자 사이에서 회사의 이미지를 향상시킨다.

- **환경적 책임**: ESG 경영진은 중소기업이 효율적인 자원 사용, 폐기물 감소 및 배출 통제를 통해 생태발자국을 줄이도록 약속해야 한다. 이 약속은 기후 변화에 대한 글로벌 노력을 지원할 뿐만 아니라 환경 관리에 대한 증가하는 규제 기대와도 일치한다.

- **사회 공헌**: ESG 관행은 사회에 긍정적으로 기여하는 중소기업의 역할을 강조하고 있다. 공정한 노동 관행을 보장하는 것부터 지역 사회 개발 계획에 참여하는 것까지, ESG는 기업이 봉사하는 지역 사회에 의미 있는 영향을 미칠 수 있도록 해야한다.

- **소비자 기대 충족**: 오늘날의 소비자는 구매의 사회적 및 환경적 영향에 대해 더 많이 알고 의식합니다. ESG를 수용함으로써 중소기업은 이러한 진화하는 소비자 기대를 충족하고 고객 기반과 강력하고 가치 중심적인 관계를 구축할 수 있다.

다시말하면, ESG 원칙을 중소기업의 핵심 전략에 통합하는 것은 단순히 규정 준수 또는 시장 포지셔닝에 관한 것이 아니라 미래의 도전과 기회를 충족할 수 있는 탄력적이고 혁신적이며 윤리적인 기반을 갖춘 비즈니스를 구축하는 것이다.

기업의 새로운 패러다임 ESG 경영의 특징

ESG 요인들은 기업의 장기적인 성장 가능성과 지속 가능성에 영향을 미치며, 이에 따라 투자자들과 고객들의 관심사가 되고 있다. 기업들은 이러한 ESG 요인들을 적극적으로 고려한 경영 전략을 수립하고 실행함으로써, 사회적 가치를 창출하며 동시에 기업의 경쟁력을 강화하려는 노력을 기울이고 있다.

대한상공회의소가 제시한 ESG 경영의 7가지 주요 특징은 지속 가능한 경영을 위한 핵심 요소들로서, 이들을 충실히 이행하는 것이 기업의 성공적인 경영에 결정적인 역할을 강조하고 있다. 첫째, 기업들은 이해관계자 중에서 중점을 둘 대상을 명확히 지정하는 것이 중요하며, 이는 대기업의 경우 기관투자자를, 중소기업은 납품처를 중심으로 ESG 활동을 전개하는 것으로 구체화되어야 한다. 이는 기업이 자신의 비즈니스 모델과 성장 전략에 가장 맞는 이해관계자를 구별하고, 그들의 요구와 기대를 충족시키기 위한 적절한 ESG 활동을 계획하고 실행하는 것이 필요하다는 것을 의미한다.

둘째, 거버넌스와 성과 관리 체계는 투명한 지배를 통해 ESG 평가에 있어 점점 더 중요해지고 있으며, 이는 이사회에서 사외이사 추천과 여러 위원회를 운영하고, CEO 평가에 ESG 성과를 반영하는 것이 필수적이라는 것을 보여준다. 이는 거버넌스 구조와 프로세스가 ESG 전략의 실행과 성과 관리에 중요한 역할을 하는 만큼, 이를 투명하고 효과적으로 관리하는 것이 ESG 경영의 핵심 요소라는 것을 부각한다.

셋째, 공시 및 커뮤니케이션은 글로벌 가이드에 따라 기후변화가 재무상태에 미치는 영향을 공시하며, 공시 기준의 표준화되지 않은 상황에 유의하며 대응해야 한다. 이는 기업의 ESG 활동과 성과를 투명하게 공시하고, 이를 통해 이해관계자와의 효과적인 커뮤니케이션을 유지하는 것이 ESG 경영의 핵심 요소라는 것을 나타낸다.

넷째, 측정과 평가를 통해 성과를 입증하는 것은 다양한 글로벌 평가 체계를 활용하거나 기업 내부에서 측정 체계를 자발적으로 개발하는 등의 노력이 필요하다. 이는 ESG 활동의 성과를 정확하고 효과적으로 측정하고 평가하는 것이 기업의 ESG 경영의 질을 향상시키는 데 중요하다는 것을 보여준다.

다섯째, ESG 요인 중 중요한 요소를 선택하는 조사에서 모든 요소가 고르게 선택되므로, 기후변화뿐만 아니라 사회적 책임과 거버넌스에 대해서도 균형 있는 노력이 필요하다. 이는 모든 ESG 요인이 기업의 성공적인 경영에 중요한 역할을 하는 만큼, 이들을 균형 있게 관리하고 향상시키는 것이 필요하다는 것을 나타낸다.

여섯째, Value Chain 상에서 더 큰 책임은 기업의 전통적인 책임 영역뿐만 아니라 원자재 및 제품 폐기에 이르는 밸류체인 전체에 대한 책임이 강조되고 있다는 점이다. 이는 기업이 자신의 전체 밸류체인을 관리하고, 이를 통해 ESG 성과를 향상시키는 것이 ESG 경영의 핵심 요소라는 것을 강조한다.

마지막으로, 차별화와 경쟁력 포인트는 ESG 요소를 활용하여 새로운 비즈니스로 연결시킬 수 있는 점에서 중요하다. 예를 들어, SAB Miler의 경우 모잠비크의 현지 원료로 맥주를 개발하여 시장 점유율을 확대한 사례는 ESG를 기업 전략에 효과적으로 통합하는 방법을 보여준다. 이는 ESG 요소를 기업의 핵심 전략과 연계하여 차별화와 경쟁력을 확보하는 것이 ESG 경영의 중요한 요소라는 것을 보여주고 있는 것이다.

중소기업이 ESG 경영을 효과적으로 수행하려면, 우선 환경, 사회, 지배구조의 세 가지 핵심 요소에 대한 심층적인 이해부터 시작해야 한다는 것이 중요하다. 이는 기업이 자체적으로 지속 가능한 발전을 추구하고, 사회적 책임을 완수하며, 투명한 거버넌스 체계를 구축하는 데 필수적이다. 이는 중소기업의 생존과 성장, 그리고 장기적인 성공을 위한 결정적인 전략으로 자리매김하고 있다.

환경적 측면에서 ESG는 기업이 환경에 미치는 영향을 최소화하고 기후 변화에 대응하는 방안을 강조한다. 이는 폐기물 관리, 탄소 발자국 감소 및 지속 가능한 자원 사용으로 구체화될 수 있으며, 이러한 활동은 기업이 받게 될 환경 관리 평가에 긍정적으로 기여할 것이다. 사회적 측면은 기업이 그들의 직원, 공급망, 고객 및 지역 사회와의 관계를 어떻게 형성하고 유지하는지에 초점을 맞추며, 노동권, 인권, 지역 사회 참여 등을 포함한다. 사회적 책임은 기업이 얼마나 선량한 시민으로서 행동하고 이해관계자의 이익을 보호하는지를 보여줄 것이다.

거버넌스 측면은 기업이 자체적으로 어떻게 지배구조를 강화하고, 결정을 내리며, 법과 규제를 준수하고, 이해관계자의 요구를 충족시키는지에 대한 내부적인 방식을 다룬다. 이는 이사회의 다양성, 임원 보수, 감사 및 내부 통제, 주주 권리 등에 반영될 것이다. 강력한 거버넌스 체계는 기업이 투자자와 지역 사회에 대한 책임을 갖고 투명하게 운영되도록 할 것이다.

ESG 경영 전략을 구축하는 것은 위험 관리와 기회 포착의 균형을 맞추는 작업이며, 이는 환경적 책임, 사회적 참여, 거버넌스의 강화로 이어진다. 소비자와 투자자가 이러한 요소들을 더욱 중요하게 고려함에 따라, ESG 요소는 기업의 의사 결정과 정책에 점점 더 큰 영향을 미치게 될 것이다. 따라서 중소기업은 ESG 요소들을 전략적으로 관리하고 실행함으로써, 사회적으로 책임있는 기업으로서의 명성을 확보하고, 지속 가능한 성장을 이루며, 경쟁력을 강화할 것이다. ESG는 단순히 좋은 의도를 넘어서 중소기업의 생존과 번영에 필수적인 전략이 되었다고 할 것이다.

중소기업은 ESG 경영을 얼마나 알고 있을까?

중소기업벤처진흥공단의 ESG 관련 중소기업 449개 기업을 대상으로 한 설문 분석을 통해 중소기업의 ESG 현황을 파악한 자료를 보면 이해할 수 있다.

'ESG 경영'이라는 용어를 알고 있는가?라는 질문에, 전체 응답자 중 51.0%229개 사가 "대충 안다", 22.5%101개 사가 "잘 안다"라고 답했다. 반면에 "모른다"는 응답이 26.5%119개 사로, 이는 중소기업의 ESG 경영에 대한 인식이 아직 완전히 준비되어 있지 않음을 보여준다.

"안다"와 "잘 안다"라는 응답을 합쳐 인식하고 있다고 판단했을 때, 수출기업81.8%과 비수출기업70.7% 간에 ESG 경영에 대한 인식 정도에 차이가 있었다. 업종별로는 정보처리업87.0%이 높고 제조업69.7%이 상대적으로 낮았다. 매출액 규모에서는 10억 미만66.9%이 상대적으로 낮았다.

중소기업들은 ESG 경영에 대한 필요성을 인지하고 있는데, 응답자의 70.6%317개 사가 그 필요성을 느끼고 있다고 답했다. 필요성을 느끼지 못하는 경우는 2.7%15개 사로 매우 낮게 나타났다.

중소기업의 ESG 경영 대응을 위한 준비 상태는 다소 부족한 편이었다. 준비가 되어 있다고 답한 곳은 전체의 7.3%33개 사에 불과했다. 계획이 없는 곳이 13.4%60개 사, 계획 중이나 준비 중인 곳이 79.3%356개 사로 대부분의 중소기업이 ESG 경영에 대한 충분한 준비가 되어 있지 않았다.

ESG 경영 도입 시 가장 큰 어려움으로 비용 부담을 꼽았다. 이에 따라 ESG 경영 실천을 위한 정책자금, 보조금 등의 금융 지원 확대가 필요하다는 결과가 나왔다. 비용 부담 외에도 전문 인력 부족, 가이드라인 부재 등에 대한 어려움도 높게 나타났다. 이 결과는 직접적인 금융 지원 외에도 인력 양성, 가이드라인 제공 등의 종합적인 지원이 필요함을 보여준다. 가장 필요한 지원 형태는 컨설팅 및 전문인력 양성 지원으로 나타났다.

글로벌 트렌드와 시장의 변화는 중소기업들이 환경 보호, 사회적 책임, 투명한 운영 구조에 대한 중요성을 인식하고, 이를 비즈니스 전략의 핵심으로 삼을 것을 요구하고 있다. 소비자와 투자자들은 재무 성과뿐만 아니라 기업의 사회적, 환경적 행동에 대해 높은 기대를 가지고 있으며, 이는 중소기업이 ESG 기준을 전략적으로 수용하고 실천해야 하는 이유인 것이다.

패션 업계를 예로 들면, 지속 가능한 소재 사용과 윤리적 제조 방식을 선호하는 소비자들의 기대를 충족시키는 브랜드들이 시장에서 긍정적인 반응을 얻고 있다. 이는 중소기업들에게 ESG 기준을 전략적으로 도입하고 시장에서의 경쟁력을 강화하는 계기를 제공하고 있다.

투자 측면에서도 지속 가능한 투자 원칙을 중요하게 여기는 국제 투자자들은 ESG 성과가 뛰어난 기업에 더 큰 자금을 할당하고 있다. 특히, 신재생 에너지 분야의 중소기업들은 지속 가능한 비즈니스 모델로 인해 투자자의 주목을 받고 있다.

따라서, 이러한 변화에 발맞추기 위해서는 중소기업들이 ESG 목표를 분명하게 설정하고, 그 목표들을 비즈니스 전략에 결합시키는 것이 필수적이다. 지속 가능한 소재의 선택, 공정한 무역 관행의 채택, 투명한 공급망 관리, 직원 복지 증진 등 구체적인 조치를 취함으로써, 중소기업들은 더 넓은 시장 접근성과 브랜드 가치의 상승, 지속 가능한 장기 성장을 달성할 것이다. ESG를 전략적으로 채택하고 실천하는 것은 선택이 아닌 필수가 되었다고 할 수 있다.

ESG 이니셔티브는 중소기업의 시장 위치를 독특하게 만들고, 소비자의 믿음을 얻는 데 필수적인 요소이다. 지속 가능한 실천과 사회적 책임 활동을 통해 기업의 브랜드 가치는 상승하며, 이는 장기적으로 고객의 충성도와 시장 점유율 증가로 이어진다. 예컨대, 친환경 패키징을 적용한 식품 중소기업은 환경 보호 기여라는 긍정적 인상을 소비자에게 전달해, 시장에서 브랜드 가치를 높일 것이다.

또한, 사회적 책임 프로젝트에 참여하는 중소기업은 지역 사회와의 끈끈한 유대를 맺고, 소비자 신뢰를 더욱 공고히 할 것이다. 지역 사회에 기여하는 활동을 통해 긍정적인 브랜드 인지도를 높이고, 입소문을 통한 마케팅 효과도 경험할 것이다.

ESG 활동은 중소기업이 경쟁력을 강화하고 브랜드 가치를 키우는 데 있어서 결정적인 역할을 한다. 지속 가능한 접근 방식을 채택하고, 사회적 책임을 실행하며, 규제를 준수하고 리스크를 관리하는 것은 기업이 현재 비즈니스 환경에서 성공적으로 자리매김하는 데 크게 기여할 것이다. 따라서, 중소기업은 ESG를 사업 전략에 효과적으로 통합하여 장기적 가치 창출과 지속 가능한 성장을 추구해야 한다.

규제 준수와 리스크 관리는 기업이 법적 및 재무적 위험을 최소화하고 장기적인 안정적 성장을 도모하는 데 필수적이다. 국내외 ESG 규제를 준수하면 법적 제재의 위험을 감소시키며 운영 리스크를 효과적으로 관리할 것이다. 환경 보호 규제를 준수하는 기업은 환경적 리스크와 관련된 벌금이나 소송의 위험에서 벗어날 수 있을 것이다. 사회적 책임을 우선시하는 기업은 직원 만족도와 생산성은 물론 인재 유치에도 긍정적 영향을 미칠 것이다.

ESG 규제 준수는 또한 재무적 이익을 가져다준다. 에너지 효율 개선 조치는 에너지 비용을 절감하고 장기적으로 수익성을 증가시킬 것이다. 지속 가능한 공급망 관리는 원자재 비용을 절감하고 공급망 안정성을 높여 운영 리스크를 감소시키며 비즈니스 연속성을 보장할 것이다.

규제 준수와 리스크 관리 전략을 성공적으로 실행하기 위해 기업은 ESG 관련 법적 요구사항을 정확히 파악하고 대응하기 위한 내부 정책과 절차를 마련해야 한다. 직원들의 ESG 인식을 높이고 내부 커뮤니케이션을 강화하는 것도 중요하다.

기업은 규제 준수와 리스크 관리를 통해 지속 가능한 경영을 실천하고, 법적, 재무적 위험을 효과적으로 관리하며, 장기적인 성장과 안정성을 확보해야 한다. 이를 위해서는 ESG 관련 동향을 지속적으로 모니터링하고 적절한 대응 전략을 수립하여 실행하는 것이 필수적이다.

2
ESG 교육의 미래

모든 조직에서 ESG 경영은 교육에서 시작된다. 적어도 ESG가 무슨 의미인지, 그리고 자신들의 업무에 어떻게 적용할지 알아야 ESG 경영을 실천할 수 있다. 한국의 ESG 교육은 글로벌 기후 변화 정책과 지속 가능성 실천의 최전선에 위치하면서 명성을 얻고 있다. 이 변화는 학계와 기업 부문 모두에서 지속 가능한 발전과 기업 책임에 대한 ESG의 중요한 역할에 대한 광범위한 이해를 반영하고 있다.

한국의 ESG 교육은 다양한 부문에서 점점 더 중요해지고 있으며, 이는 지속 가능성과 책임 있는 거버넌스를 향한 국가적 변화를 반영하고 있다. 이 추세는 한국을 포함한 다른 국가들에서 긍정적인 변화를 주도하고 장기적인 지속 가능성을 보장하는 데 있어 ESG 지식과 실천의 중요성을 강조하고 있다.

ESG는 지속 가능성에서 출발했기 때문에, ESG 교육의 뿌리 역시 지속 가능 발전 교육ESD에서 찾을 수 있다. 2017년 유네스코UNESCO는 "지속 가능 발전 목표 달성을 위한 교육-학습 목표"를 발간했다. ESD

는 지속 가능 발전에 기여할 수 있는 지식, 기술, 가치, 태도를 교육하는 것에 초점을 두며, 학생이 현 세대와 미래 세대를 위해 환경적, 경제적, 사회적으로 올바른 결정과 책임 있는 행동을 할 수 있는 역량을 강화하는 교육을 지향한다.

유네스코에서 제시한 핵심 역량은, 사회, 환경, 경제 세 영역의 균형 잡힌 상호작용에 기반한 사회적 변화와 지속 가능 발전을 추구할 수 있게 하는 것이다. 이는 시스템 사고, 예측, 규범, 전략, 협력, 비판적 사고, 자아 인식, 통합적 문제 해결 역량의 총 8가지 핵심 역량을 포함하며, 이러한 역량은 개인이 여러 지속 가능 발전 목표와 2030 지속 가능 발전 의제를 연관 지어 이해하고 통찰할 수 있게 한다.

유엔은 2004년에 ESD를 "모든 사람이 고질적인 교육의 혜택을 받고, 이를 통해 지속 가능한 미래와 사회 변혁을 위해 필요한 가치, 행동, 삶의 방식을 배울 수 있는 사회를 지향하는 교육"이라고 정의하며, ESD를 위한 국제 이행 계획 초안을 발표했다.

우리나라는 유엔에서 제시한 내용을 바탕으로 ESD 10년을 위한 국가 추진 전략 개발 연구를 시행하였고, 이를 통해 갈등 해소, 통일, 사회 혁신, 연대, 매체 소양, 생물 종 다양성, 재해 예방과 축소, 교통, 지속 가능한 생산과 소비, 빈부 격차 완화를 교육 내용으로 제시했다. 또한 2009년에 유네스코 ESD 한국 위원회를 설립하였고, 2020년에 문재인 대통령이 2050년까지 탄소 중립을 실현할 것을 발표하면서 이듬해 교육부에서 "기후 위기 극복 및 탄소 중립 실천을 위한 학교 기후 환경 교육 지원 방안"을 발표하였다.

ESG시대 어떻게 교육할 것인가?

세계 ESG포럼에서는 'ESG시대, 어떻게 교육할 것인가'라는 주제로 초중등, 고등교육, 평생교육 전문가들이 함께 참여했다. 포럼에서는 ESG 교육의 필요성과 중요성을 강조했다. 이는 기업과 경제의 장기적인 성공과 회복력에 있어 지속 가능한 관행이 중요한 역할을 하는 것에 대한 전 세계적인 인식 증가에서 비롯된다. ESG 교육이 필수적인 주요 이유는 다음과 같다.

- **지속 가능한 개발을 위한 글로벌 필수 사항**: 전 세계는 기후 변화와 가속화되는 자연 파괴를 포함하여 긴급한 환경 위기에 직면해 있다. 이런 상황에서 ESG 교육은 기업이 미래 세대를 위해 지구를 보존하는 데 필요한 관행을 채택해야 할 긴급한 필요성을 강조한다.
- **지속 가능성을 위한 기반으로서의 거버넌스**: 효과적인 거버넌스는 환경적이고 사회적 성과를 도모한다. 세계 ESG 포럼은 기업이 윤리적, 투명하며 책임감 있는 방식으로 운영되도록 하는 거버넌스의 중요성을 강조하며, 이를 통해 지속 가능성 목표를 지원하고 있다.
- **위험 인식 및 관리**: 극한 기상 조건과 자연 재해로 입증된 기후 변화의 영향이 증가함에 따라 ESG는 위험 관리의 중요한 영역이 되었다. ESG에 대한 교육은 기업이 이러한 위험을 이해하고 완화하는 데 도움이 된다.
- **경력 관련성과 윤리적 의사 결정**: 전문가들에게, 특히 입문 단계에 있는 사람들에게, ESG 원칙을 이해하는 것은 경력 개발에 매우 중요하다. 그것은 그들이 윤리적인 결정을 내리고 조직의 지속 가능한 노력에 효과적으로 기여하도록 준비시키는 것이다.

- **투자자와 이해관계자 관심**: 기업이 ESG 문제를 해결하는 방법에 대한 투자자와 이해관계자의 관심이 급증하고 있다. 이러한 주제에 대한 교육을 통해 기업은 지속 가능성에 대한 의지를 보여주고, 이를 통해 투자를 유치하고 신뢰를 쌓을 수 있다.

결국, 세계 ESG 포럼과 같은 포럼에서 ESG 교육은 기업과 전문가에게 지속 가능성 문제의 복잡성을 해결하는 데 필요한 지식과 도구를 제공하는 것이 중요하다. 이는 환경 및 사회적 문제에 직면하여 기업의 평판, 운영 효율성 및 복원력을 높이고, 글로벌 지속 가능성 목표에 부합하는 책임 있는 비즈니스 관행 문화를 조성하는 데 가이드 역할을 하게 되는 것이다.

현대적 ESG 교육의 접근 방법

현재 ESG 교육 접근 방식은 교육의 효과성과 범위를 혁신적으로 확장하고 있다. 이 방식은 기존의 교육 방법을 개선하고 새로운 학습 기회를 제공함으로써, 학습자들이 지속 가능한 발전을 위해 필요한 지식과 기술을 습득하는 데 중요한 역할을 한다. 온라인 학습 플랫폼은 학습자들이 자신의 속도로 학습할 수 있는 유연성을 제공하며, 이는 학습 경험을 개인화하는 데 중요하다. 다양한 ESG 관련 과정들은 환경 보호, 사회적 책임, 윤리적 지배구조에 대한 깊은 이해를 제공하며, 실제 사례 연구와 인터랙티브 퀴즈를 포함하여 이론과 실제를 연결하고 학습자들이 지식을 실제 상황에 어떻게 적용하는지 이해하는 데 도움을 준다. 워크숍과 세미나는 학습자들에게 직접 참여하고 피드백을 받을 수 있는 기회를 제공하여 학습 효과를 극대화한다. 이런 활동들은 참가자들에게 실질적인 경험을 제공하며, 예를 들어 지속 가능한 비즈니스 모델에 초점을 맞춘 워크숍은 참가자들이 자신의 비즈니스에 지속 가능성 전략을 개발할 수 있도록 돕는다. 이런 세션에서 ESG 전문가가 강연하고, 참가자들은 그룹 토론과 활동을 통해 학습 내용을 심화한다.

ESG 교육의 또 다른 중요한 요소는 가상 현실VR과 증강 현실AR 기술의 활용이다. 이 기술들은 학습자들이 ESG 관련 시나리오를 직접 체험할 수 있게 하며, 학습의 몰입도를 높인다. 예를 들어, 해양 오염의 영향을 직접 보고 해결책을 모색하는 VR 시뮬레이션은 학습자에게 강한 인상을 남기고 지속 가능한 행동 변화를 유도한다. 이는 이론적 지식을 넘어서는 학습 경험을 제공하며, 학습자는 더 실질적인 이해를 얻는다.

이런 ESG 교육 방식들은 학습자들이 지속 가능한 발전에 필요한 지식과 기술을 습득하는 데 중요한 역할을 하며, 학습자들은 ESG의 중요성을 이해하고 실제 비즈니스 및 일상 생활에서 지속 가능한 실천을 구현할 수 있는 구체적인 방법을 배울 것이다. 이는 향후 지속 가능한 사회를 위한 기반을 마련하는 데 크게 기여할 것이다.

중소기업 맞춤형 교육 프로그램

중소기업을 위한 맞춤형 교육 프로그램은 그들의 특성과 한계를 고려하여 설계되어야 한다. 이 프로그램은 특정 산업 분야에 맞는 지속 가능한 비즈니스 전략, 자원 이용의 효율성 향상, 사회적 책임 이행 등 다양한 주제를 다룬다. 이 교육은 소규모 그룹 세션, 실질적인 워크숍, 개인 멘토링을 통해 참가자들이 학습 내용을 비즈니스에 바로 적용할 수 있도록 지원한다.

중소기업들이 자주 직면하는 환경·사회·지배구조 도전과제 중 하나는 에너지 효율 향상과 운영 비용 절감이다. 이를 지원하기 위한 교육 프로그램은 실제 사례 연구를 통해 에너지 관리 시스템의 도입과 효과를 보여주며, 참가자들이 자신의 사업장에서 유사한 시스템을 실행하는 방법에 대한 조언과 지침을 제공할 것이다.

또한, 중소기업 맞춤형 교육 프로그램은 각 업계의 모범사례를 공유하고, 참가자들이 지속 가능성을 통합하고 향상시키는 방법에 대한 통찰력을 제공할 것이다. 예를 들어, 식품 산업의 중소기업을 대상으로 한 교육 세션은 지속 가능한 공급망 관리, 윤리적인 원자재 소싱 전략, 폐기물 감소 기술 등에 대한 주요 주제에 초점을 맞출 것이다.

이러한 맞춤형 교육 프로그램은 중소기업들이 ESG 목표를 달성하기 위한 전략을 개발하는 데 필요한 지식과 도구를 제공한다. 중소기업들은 이 교육을 통해 얻은 지식을 비즈니스 결정과 프로세스에 통합하여 지속 가능한 발전의 기반을 마련할 것이다. 이런 맞춤형 교육 프로그램은 중소기업들이 지속 가능한 경영을 실천하고 시장 경쟁력을 강화하는 데 결정적인 역할을 할 것이다.

ESG 지식의 활용과 전파

조직 내에서 환경, 사회, 지배구조에 대한 지식의 활용과 전파는 조직의 지속 가능한 변화를 주도하고 직원 참여를 증진하는 데 중요하다. 이를 성공적으로 이루기 위해, 기업은 다양한 내부 커뮤니케이션 채널과 활동을 활용하여 ESG 관련 지식을 공유하고 직원들이 이를 업무와 결정 과정에 적용할 수 있도록 장려해야 해야 한다.

지식 공유와 활용을 위한 한 가지 방법은 정기적으로 발행하는 뉴스레터이다. 이 뉴스레터는 최신 ESG 동향, 기업의 성공 사례, 교육 프로그램 정보 등을 제공하며, 직원들의 지속 가능성에 대한 이해력과 관심이 증진된다. 또한, 인트라넷 포털은 ESG 자료와 리소스를 중앙화하여 제공하며, 직원들이 쉽게 접근하고 활용할 수 있는 플랫폼을 제공하는 것이다.

직원 대상 워크숍이나 트레이닝 세션을 통해 ESG 주제에 대한 깊은 이해와 실천 방안에 대한 지식을 전달하는 것도 유용하다. 이러한 세션을 통해 직원들은 ESG와 관련한 구체적인 도전과 기회에 대해 깊이 이해하고 동료들과 아이디어를 공유하게 된다. 기업은 이러한 아이디어와 제안을 자유롭게 공유할 수 있는 플랫폼을 제공함으로써 전사적인 참여와 협력을 촉진하고 직원들의 창의성과 혁신을 장려할 것이다.

예를 들어, 한 기업이 사무실에서 플라스틱 사용을 줄이는 캠페인을 시작할 경우, 이 캠페인은 직원들의 창의적인 아이디어를 수집하고 이를 실제 사무실 운영에 적용하는 방식으로 진행된다. 이 과정에서 직원들은 인트라넷 포털을 통해 아이디어를 제안하고 워크숍에서 아이디어를 논의하며 뉴스레터를 통해 캠페인의 진행 상황과 성공 사례를 실시간으로 공유받게 된다.

ESG 지식의 효과적인 활용과 전파는 직원들의 ESG 관련 행동 변화를 이끌어내고 조직의 지속 가능한 발전을 지원하는 데 큰 도움이 된다. 이 과정을 통해 기업은 지속 가능한 비즈니스 문화를 구축하고 ESG 목표 달성을 위한 전사적인 노력과 협력을 강화에 하게 된다. 이는 결국 기업의 장기적인 성장과 가치 창출에 기여하며 사회적 책임을 다하는 기업 이미지를 강화할 것이다.

ESG 경영 교육에 비용을 투자하기 부담스럽다면, 대한상공회의소의 ESG 플랫폼 '으쓱'을 활용해 보는 것도 좋다. 중소기업 맞춤형 ESG 온라인 강의, 중소기업의 ESG 경영 우수사례, 포럼 등 다양한 콘텐츠와 인사이트를 제공하고 있어, 기업이 ESG 경영을 보다 효과적으로 수행할 수 있도록 도울 것이다.

3

중소기업의 ESG 보고서

보고서 작성은 중소기업이 지속 가능성, 사회적 책임, 그리고 윤리적 지배구조에 대한 자신들의 약속과 노력을 명확하게 전달하고 공유하는 데 중요한 역할을 한다. 이는 투명성을 증대시키며, 중소기업이 환경 보호, 사회적 책임, 윤리적 지배구조에 관련된 활동과 성과를 공개함으로써 소비자와 투자자의 신뢰를 얻고 기업 이미지와 브랜드 가치를 강화하는 것이다. 보고서에 재생 가능 에너지 사용, 지역 사회에 대한 기여, 투명한 지배 구조 등을 포함시키면 이해관계자들에게 긍정적인 메시지를 전달하게 된다.

신뢰 구축은 ESG 보고서를 통해 중요한 역할을 한다. 기업이 지속 가능하고 책임 있는 비즈니스 모델을 추구하고 있음을 입증함으로써 투자자와 소비자로부터 더 높은 신뢰를 얻게 된다. 예를 들어, 사회적 책임을 중시하는 투자자는 ESG 보고서를 통해 기업의 사회적 영향과 지속 가능성 목표 달성 정도를 평가할 수 있다.

경쟁력 강화는 지속 가능성에 대한 명확한 커뮤니케이션이 소비자와 투자자의 선택에 영향을 미칠 수 있어 중요하다. 이는 중소기업이 시장에서 독특한 위치를 확보하고 경쟁 우위를 갖추는 데 큰 도움이 된다. 지속 가능한 제품과 서비스에 대한 선호도가 높아짐에 따라, 이를 명확히 전달하는 기업은 브랜드 충성도와 시장 점유율을 증가시킬 수 있다.

리스크 관리는 ESG 보고서 작성의 중요한 부분이다. ESG 보고서는 환경적, 사회적, 지배구조적 리스크를 식별하고 관리하는 중요한 도구로 작용한다. 기후 변화에 따른 운영상의 리스크, 공급망에서의 사회적 책임 실패, 부적절한 지배구조로 인한 법적 문제 등은 기업의 재무 성과와 명성에 심각한 영향을 미칠 수 있다. ESG 보고서는 이러한 리스크를 조기에 식별하고 대응 계획을 수립함으로써, 기업이 장기적으로 안정적인 성장을 달성하는 데 도움이 된다.

중소기업이 ESG 보고서를 작성하는 것은 단순히 규제 준수를 넘어선 전략적 선택이 된다. 투명한 보고와 적극적인 커뮤니케이션을 통해, 중소기업은 이해관계자와의 관계를 강화하고 지속 가능한 발전을 향한 자신들의 노력을 명확하게 보여줄 수 있다. 이는 결국 중소기업의 지속 가능한 성장과 브랜드 가치 향상에 기여할 것이다.

ESG 보고서 사례 분석

ESG 보고서 작성에서 성공적인 전략과 방법론을 찾는 데 있어, 중소기업들에게 사례 연구와 벤치마킹이 큰 도움이 된다. 이를 통해, 기업들은 다른 기업들의 성공 사례를 바탕으로 자신들의 전략을 재평가하고, 개선할 수 있다.

에코프로비엠과 같은 기업들은 자원 재활용과 친환경 제품 개발을 통해 ESG 성과를 달성하고, 이를 ESG 보고서에 반영하여 지속 가능성 리더로 인식되고 있다. 이러한 사례들은 중소기업들이 자신들의 ESG 노력을 어떻게 문서화하고 공유할지에 대한 중요한 통찰력을 제공하며, 이는 기업의 전반적인 성과 향상으로 이어질 수 있다.

벤치마킹 과정에서, 중소기업들은 다른 기업들이 어떻게 특정 ESG 이슈를 해결했는지, 어떤 지표를 사용하여 성과를 측정했는지, 그리고 이해관계자와의 소통을 위해 어떤 전략을 채택했는지를 파악할 수 있다. 예를 들어, 특정 중소기업이 에너지 사용 감소를 위한 효율 개선 프로그램을 실시하고 그 결과를 ESG 보고서에 반영한 사례를 분석하면, 유사한 목표를 가진 다른 기업들은 이를 참고하여 자신의 보고서를 작성할 수 있다.

성공적인 ESG 보고서 사례를 분석하고 벤치마킹하는 것은 중소기업이 자신의 ESG 전략과 보고 프로세스를 검토하고 개선할 수 있는 중요한 기회를 제공한다. 이는 기업이 지속 가능한 비즈니스 실천을 통해 시장에서 경쟁력을 확보하고, 장기적인 가치를 창출하는 데 큰 도움이 된다. 따라서, 중소기업들은 이해관계자와의 신뢰를 구축하고, 지속 가능성 목표 달성을 위한 자신의 노력을 효과적으로 전달하기 위해 사례 연구와 벤치마킹을 적극적으로 활용해야 한다.

중소기업의 자원과 전문성은 제한적일 수 있기 때문에, 실제 사례를 통해 보고서 작성 방향을 제공하는 것이 유익할 수 있다. 이는 ESG보고서를 작성하는 중소기업이 참조할 수 있는 몇 가지 모범 사례이다.

- B Lab의 B Impact Report: B Lab은 기업의 사회적 및 환경적 성과를 측정하고 보고하는 데 도움을 주는 비영리 조직이다. 그들의 B Impact Report는 ESG 성과를 어떻게 평가하고 보고하는지에 대한 좋은 사례를 제공한다.

- Global Reporting Initiative GRI Standards: GRI 표준은 ESG보고에서 가장 인정받는 프레임워크 중 하나다. 중소기업은 GRI 표준을 참고하여 자신의 ESG 보고서를 구성할 수 있으며, 이를 위해 GRI 웹사이트에서는 다양한 산업과 규모의 기업이 작성한 보고서 예시를 제공한다.

- Sustainability Accounting Standards Board SASB Standards: SASB는 업종별 대응 가능한 지속가능성 회계 표준을 제공한다. 중소기업은 해당 산업에 맞는 SASB 표준을 참조하여 ESG 요소를 어떻게 측정하고 보고할지에 대한 가이드를 얻을 수 있다.

- CDP Carbon Disclosure Project Reports: CDP는 기후 변화, 물 자원, 산림 자원 관리에 관련된 정보를 제공한다. CDP를 통해 제출된 보고서는 환경적 요소에 초점을 맞추고 있으며, 이를 통해 중소기업은 이러한 주제를 보고서에 어떻게 포함시킬 수 있는지에 대한 아이디어를 얻을 수 있다.

- UN Global Compact Communication on Progress COP Reports: UN Global Compact에 가입한 기업들은 매년 진행 상황 보고서 COP를 제출한다. 이 보고서들은 기업이 유엔의 10가지 원칙을 어떻게 이행하고 있는지에 대한 정보를 제공하며, 중소기업은 이를 참고하여 ESG 노력을 어떻게 구조화하고 보고할 수 있는지에 대한 아이디어를 얻을 수 있다.

- SK하이닉스 ESG 보고서: SK하이닉스는 반도체 산업에서 지속 가능성을 선도하는 기업 중 하나로, 그들의 ESG 보고서는 환경, 사회, 지배 구조에 대한 포괄적인 접근 방식을 보여준다. 중소기업은 SK하이닉스의 ESG 전략과 이행 방

법을 참고하여 자신의 보고서를 개선할 수 있다.

- **삼성전자 지속가능경영보고서**: 삼성전자는 매년 지속가능경영보고서를 발행하여 사회적, 환경적, 경제적 성과를 공개한다. 특히 환경 보호, 사회적 책임, 윤리적 경영에 대한 삼성의 접근 방식은 중소기업이 ESG 보고서를 작성할 때 참고할 수 있는 유용한 사례이다.
- **LG화학 지속가능경영보고서**: LG화학은 화학 산업에서 지속 가능한 경영을 위해 노력을 선도하고 있다. 그들의 지속가능경영보고서는 환경 보호, 사회적 가치 창출, 투명한 지배 구조에 대한 구체적인 사례와 성과를 제공한다.
- **KB금융그룹 ESG 보고서**: KB금융그룹은 금융 산업에서 ESG 경영을 실천하는 대표적인 예이며, 지속 가능한 금융, 사회적 책임, 윤리 경영에 대한 정보와 전략을 보고서를 통해 공유한다.
- **현대자동차 지속가능보고서**: 현대자동차는 자동차 산업에서 지속 가능한 발전을 위한 다양한 노력을 기울이고 있다. 현대의 지속가능보고서는 친환경 차량 개발, 사회적 책임 프로젝트, 윤리적 비즈니스 관행에 대한 실천 사례를 제공한다.

이러한 자료들은 중소기업이 ESG 보고서를 작성할 때 참고할 수 있는 좋은 예시들이다. 각 보고서는 해당 기업의 웹사이트나 지속가능경영 섹션에서 확인할 수 있으며, 이를 참고하여 기업의 특성과 상황에 맞는 ESG 전략과 보고서 구성을 계획할 수 있다.

중소기업의 ESG 보고서 작성법

중소기업이 ESG 보고서를 효과적으로 작성하는 것은 그 기업의 지속 가능한 경영 방향을 제시하는 중요한 과정이다. 이 과정은 명확한 단계와 전략을 요구하는 동시에, 기업의 사회적, 환경적 그리고 거버넌스 측면에서의 성과를 제대로 표현하는 데 중점을 둔다. 다음은 이러한 요소를 고려하여 중소기업이 ESG 보고서를 체계적으로 작성하는 방법을 단계별로 설명한 것이다.

단계	주제	내용
1	ESG 목표 설정	(목적 파악) 중소기업은 자신들이 지향하는 핵심 가치와 지속 가능한 발전 목표를 명확히 해야 한다. 이는 전체 보고서의 방향성과 주요 영역을 결정짓는 기반이 된다.
2	데이터 수집	(성과 측정) 환경, 사회, 지배구조적 성과를 측정하기 위해 필요한 데이터를 체계적으로 수집하고 분석한다. 이 단계는 보고서의 신뢰성과 정확성이 중요하다.
3	내용 구성	(구조 계획) 보고서의 전체 구조와 흐름을 계획한다. 보고서를 명확하고 읽기 쉬운 섹션으로 나누어, 이해관계자가 중요한 정보를 쉽게 찾고 이해할 수 있도록 한다.
4	명확하고 간결한 언어 사용	(접근성 확보) 전문 용어 사용을 최소화하고, 복잡한 개념을 쉽게 설명하여, 비전문가도 ESG 성과와 목표를 이해할 수 있게 해야 한다.
5	사례와 성공 스토리 강조	(생동감 부여) 기업의 ESG 노력이 실제로 어떤 긍정적인 변화를 가져왔는지 보여주는 사례와 성공 스토리를 강조한다. 이는 보고서에 생동감을 불어넣고, 효과를 극대화한다.
6	독립적 검증 고려	(신뢰성 강화) 외부 기관에 의한 보고서의 검증을 고려하여, 보고서의 신뢰성과 객관성을 높인다. 이는 이해관계자의 신뢰를 구축하는 데 중요한 역할을 한다.
7	보고서 발표 및 피드백 수집	(공개 및 소통) 완성된 ESG 보고서를 공개하고, 이해관계자로부터 피드백 받는다. 이를 통해 기업은 지속 가능한 관행을 개선하고, 다음 보고서를 위한 기반을 마련할 수 있다.
8	지속적 개선	(반복적인 검토) ESG 보고서 작성과정과 내용을 지속적으로 검토하고 개선한다. 시간이 지남에 따라 변화하는 ESG 기준과 이해관계자의 기대에 부응하기 위해 노력한다.

중소기업이 제출하는 ESG 보고서는 그 기업이 환경, 사회, 그리고 거버넌스 측면에서 어떤 실천을 하고 있는지, 그리고 이러한 실천이 기업 운영 및 전략에 어떻게 통합되는지를 보여주는 중요한 문서이다. 한국에서도 많은 중소기업들이 지속 가능성과 사회적 책임을 강조하면서 ESG 보고서의 중요성이 점점 더 부각되고 있다. 그러나, 구체적인 중소기업의 ESG 보고서 내용은 해당 기업의 사업 분야, 지역적 특성, 그리고 추구하는 지속 가능한 목표에 따라 다양할 수 있다.

중소기업을 위한 ESG 보고서 최적화 가이드

지속 가능성과 기업 책임이 필수 요소가 된 시대에서 중소기업SMEs은 ESG 운동의 최전선에 자리 잡고 있다. 한때 대기업의 전유물로 여겨졌던 ESG 보고는 이제 중소기업에게 지속 가능성에 대한 그들의 약속을 커뮤니케이션하고, 투자를 유치하며, 고객 충성도를 증진시키는 핵심 도구가 되었다. 그러나 효과적인 ESG 보고서 작성은 때때로 어려움을 겪을 수 있다.

ESG 보고서의 성공은 실현 가능한 목표 설정에서 시작된다. 이러한 목표는 회사의 비전과 전략적 목표와의 조화를 이루어야 하며, 구체적이고, 달성 가능하며, 측정 가능해야 한다. 중소기업은 즉각적인 성과 지표와 장기적인 지속 가능성 목표 사이의 균형을 맞추어야 한다. 이를 통해, 기업은 지속적인 개선과 지속 가능한 미래를 촉진하는 데 있어 자신들의 역할을 더 깊이 이해할 수 있다.

투명성은 효과적인 ESG 보고의 핵심이다. 중소기업은 자신들의 지속 가능성 여정을 문서화할 때 개방적이고 솔직한 접근 방식을 채택해야 한다. 이는 성공 사례와 이정표뿐만 아니라 도전 과제를 인정하고 구체적인 개선 계획을 개요화해야 한다. 투명한 커뮤니케이션은 투자자, 고객, 커뮤니티를 포함한 이해관계자들과의 신뢰를 구축하며, 회사의 정직성과 긍정적 변화에 대한 헌신을 보여준다.

ESG 보고서 작성 과정에서 이해관계자의 참여는 매우 중요하다. 중소기업은 다양한 이해관계자들과 적극적으로 소통하여 통찰력, 기대, 그리고 피드백을 수집해야 한다. 이러한 참여는 보고 과정을 안내하고, 최종 보고서가 모든 이해관계자의 필요와 관심사에 부합하며 포괄적인지를 보장한다. 협업적 접근 방식을 통해, 기업은 더 강력한 관계를 형성하고 사회적 허가를 강화할 수 있다.

ESG 보고서 작성은 정적인 작업이 아니라, 지속 가능한 관행을 핵심 운영에 통합하기 위한 비즈니스의 지속적인 노력을 반영하는 동적인 과정이다. ESG 성과를 정기적으로 평가하고 목표와 전략을 지속적으로 업데이트하는 것은 필수적이다. 이러한 지속적인 개선에 대한 약속은 기업이 지속적인 영향을 미치고자 하는 진지한 의도를 이해관계자에게 전달한다.

ESG 보고의 복잡성을 인식하고, 필요한 경우 외부 지원을 구하는 것을 망설이지 말아야 한다. 전문 컨설턴트와 ESG 전문가의 도움을 받음으로써, 중소기업은 정확하고 포괄적이며, 국제 기준과 최선의 관행에 부합하는 보고서를 작성할 수 있다. 이는 중소기업에게 ESG 보고서가 규제 준수를 넘어서 지속 가능성 리더십을 보여주고, 경쟁 우위를 강화하며, 보다 지속 가능하고 공정한 세계로의 글로벌 노력에 기여할 수 있는 기회임을 의미한다. 실현 가능한 목표를 설정하고, 투명한 커뮤니케이션을 실천하며, 이해관계자의 참여를 확보하고, 지속적인 개선에 힘쓰며, 외부 지원을 구함으로써 중소기업은 ESG 보고에서 우수함을 달성하고 지속 가능한 미래를 형성하는 데 중추적인 역할을 하게 될 것이다.

5장

법적 관점에서의 ESG

이형택

법무법인통 대표변호사

1

ESG 관련 법적 규제의 이해

국내외 ESG 규제 현황

전 세계적으로 ESG에 대한 관심이 높아지자, 국내외 정부와 국제 기구들이 기업들에게 지속 가능한 발전을 촉진하고 사회적 책임을 더욱 강화하도록 하는 새로운 법제도를 도입하고 있다. 이 규제들은 기업들에게 ESG 요소들을 전략적으로 관리하고 이에 대한 정보를 투명하게 공개하며 지속 가능한 투자 및 비즈니스 모델을 개발하도록 유도하고 있다.

유럽연합은 ESG 규제를 선도하고 있는데, 지속 가능한 금융 공시 규정SFDR과 EU 분류 체계Taxonomy를 통해 규제를 강화해오고있다. SFDR은 금융 시장 참여자들과 금융회사들에게 지속 가능성에 대한 위험과 지속 가능한 투자 결정이 환경 및 사회에 미치는 영향을 공개하도록 요구하고 있다. EU 분류 체계는 기업의 활동이 지속 가능한지를 판단할 명확한 기준을 제공하고 있으며, 녹색 세금징수와 녹색 채권 발행의 투명한 기준을 마련하였다.

미국에서는 증권거래위원회가 기후 변화 관련 위험요소 공시를 강화하는 방향으로 기조를 유지하고 있다. SEC는 2020년에 기후 변화 리스크 관리에 대한 가이드라인을 발표했으며, 탄소 배출량 감축 계획을 공시해야 하는 지침을 2021년에 발표하기도 했다. 기업들이 기후 변화로 인해 직면할 수 있는 경제적 영향과 위험을 투자자에게 투명하게 공시하도록 하는 지침을 도입하고 있으며, 이를 통해 투자자들이 더욱 올바른 정보에 기반한 결정을 내릴 수 있도록 지원하고 있다.

아시아 지역에서도 ESG 관련 규제가 폭넓게 도입되고 있는데, 일본은 기업 지배구조에 관한 규제를 강화하고 있으며, 이를 통하여 기업들에게 이해관계자의 이익을 고려하고 지속 가능한 목표를 구현하도록 요구하고 있다. 한국은 ESG 공시 의무를 강화하면서 지속 가능한 금융 촉진을 위한 법적 기반을 마련하고 있으며, 중국은 녹색 금융과 지속 가능한 발전을 지원하기 위한 규제 체계를 구축하는데 노력하고 있다.

국제 기구들도 ESG 표준화 및 그에 따른 규제 강화를 위하여 노력하고 있다. 유엔 글로벌 콤팩트UN Global Compact는 기업의 지속 가능한 목표 달성을 위해 지원하는 원칙을 마련하였고, 국제적으로 지속 가능 목표 달성을 위한 표준 이니셔티브ISSI는 항목별 세부 목표와 각 목표에 대한 실행 방안을 구체적으로 제시하고 있다.

ESG 관련 법제도는 기업들에게 지속 가능한 성장을 촉진하도록 하고, 투자자 및 소비자에게 투명한 정보를 제공하는 역할을 한다. 기업들은 이러한 규제 환경의 변화에 적극적으로 대응하면서, 스스로의 입장에서 지속 가능한 비즈니스 전략을 수립해야 한다. ESG 규제의 지속적인 발전은 기업이 장기적으로 가치를 창출하고 지속 성장 가능한 미래를 구현하는 데 필수적인 요소가 되고 있다.

ESG 규제 준수의 중요성

ESG 관련 법적 규제에 대한 철저한 이행은 현대 기업 경영의 중심적인 요소이다. 이러한 규제에 대한 준수는 기업이 장기적으로 지속 가능한 성장을 유지하기 위해 필수적인 기반이며, 투자자, 소비자, 정부 및 사회 전체에 대한 신뢰를 구축하는 데 있어서도 매우 중요하다. 기업은 규제에 대한 준수의 중요성을 깊이 인식하고 이에 대응함으로써, 법적 규제에 대한 미이행 또는 이행 미흡으로 인해 발생할 수 있는 다양한 법적, 경제적 리스크를 충분히 이해하고 사전에 대비할 수 있다.

기업이 신뢰를 구축하고 장기적 성장을 하기 위해서는 ESG 관련 법적 규제를 철저히 준수해야 한다. 이러한 규제 준수를 통해 이해관계자들로부터 신뢰를 얻고 지속 가능한 경영을 실천하여 장기적으로 기업의 가치를 지속적으로 창출할 수 있다. 이는 환경 보호, 사회적 책임, 윤리적 지배구조에 대한 기업의 약속이 선택이 아닌 필수임을 보여주는 것이며, 기업이 이해관계자와 긍정적인 관계를 구축하는데에도 크게 기여한다.

반면, 규제에 대한 준수의 실패는 직접적으로 법적인 제재와 금융적 손실을 초래할 수 있다. 벌금, 제재금, 소송 비용 등은 기업의 재무 상태에 직접적인 부담을 줄 수 있으며, 이는 장기적으로 투자자들에 대한 신뢰를 저하시킬 수 있다. 따라서 기업은 ESG 관련한 법적 요구사항을 정확히 이해하고 이에 대해 필요한 조치를 취해야 한다.

기업은 ESG 관련 법적 요구사항을 준수하는 구체적인 전략을 수립해야 한다. 장기적인 정책을 수립하고, 내부적인 절차를 강화하며, 직원들에 대한 교육을 통해 ESG에 대한 이해를 높이고, 요구사항에 대한 준수 상태를 정기적으로 검토하고, 감사 등을 통해 꾸준히 모니터링해야 한다. 빠르게 변화하는 규제 환경에 대응하기 위해 법률 자문과 같은 외부 전문가의 조언을 구하는 것도 매우 중요하다고 보여진다.

ESG 관련 법적 규제에 대한 준수는 법적인 요구사항을 충족하는 것에 그치지 않고, 사회적 및 환경적 책임을 실현하는 것이고, 장기적으로 지속 가능한 성장을 달성하는 데 매우 중요한 역할을 한다. 때문에 기업은 ESG 관련 법적 요구사항에 대한 전략적 접근과 그러한 규제에 대한 준수를 기업 문화와 경영목표의 핵심 요소로 삼아야 한다.

법적 리스크 관리 전략

ESG 관련 법적인 리스크의 효과적인 관리는 기업이 지속 가능한 미래를 향해 나아가는 데 있어 반드시 필요한 요소이다. 기업이 장기적으로 가치를 창출하고, 사회적 책임을 실현하는 과정에서 발생할 수 있는 법적 리스크를 미리 예상하고 이에 대해 대비를 하는 것은 매우 중요하다. 다음으로 ESG 관련 법적인 리스크를 효과적으로 관리하고 법적인 규제를 준수하기 위해 필요한 전략들에 대해 살펴보겠다.

첫째, 법적인 환경의 지속적인 모니터링은 꼭 필요하다. ESG 관련 법적인 규제가 국내외에서 수시로 계속하여 변화함에 따라, 기업은 최신 규제 동향을 실시간으로 파악할 수 있는 체계적인 모니터링 시스템을 구축해야 한다. 이러한 방법으로 법적 변화에 신속하게 대응하고, 필요한 계획을 적절히 수립하여 실행할 수 있을 것이다.

둘째, 내부 규정 및 프로세스를 강화하는 것도 중요하다. 기업은 내부적으로 ESG 관련 정책, 절차, 통제 시스템을 개발하고 강화해야 한다. 이러한 과정에서 공시 요구사항, 위험 관리 전략, 이해관계자 소통 방안 등을 함께 마련해야 할 것이고, 이러한 다양한 노력을 통해 법적인 요구사항을 효과적으로 준수하고, 이행 미흡에 따른 리스크를 최소화 할 수 있게 될 것이다.

셋째, 직원에 대한 교육 및 인식제고도 반드시 필요하다. 모든 직원이 ESG 관련 법적 규제의 중요성을 인식하고, 이에 따라 적절하게 행동을 취할 수 있도록 정기적인 교육 프로그램을 마련하여 실시해야 한다. 체계적인 교육을 통해 직원들이 법적 규제에 대한 준수의 중요성을 이해하고, 일상 업무에서 법적 규제를 준수하기 위한 노력을 기울일 수 있을 것이다.

넷째, 이해관계자와의 투명한 소통강화에 노력할 필요가 있다. 투자자, 고객, 공급망 파트너 등 주요 이해관계자와 투명하게 소통함으로써 ESG 관련 정보를 공유하고, 이해관계자의 기대에 부응하는 전략을 수립할 수 있다. 이러한 전략은 ESG 규제 준수에 대한 다양한 지지를 확보하고, 나아가 기업 가치를 높이는 데 기여할 수 있다.

다섯째, 외부 전문가와의 협력 및 전문가의 조언을 활용하는 것도 고려할 필요가 있다. 법률 자문, 감사, 컨설팅 등 외부 전문가와의 협력을 통해 ESG 관련 법적 요구사항을 정확히 이해하고, 이에 대한 준수 및 리스크 관리 전략을 개발해야 한다. 외부 전문가의 조언은 복잡한 법적 환경을 이해하고 효과적인 준수 전략을 수립하는 데 중요한 역할을 할 것이다.

ESG 관련 법적인 리스크 관리 전략의 철저한 실행은 법적 제재와 재무적 손실을 방지하고, 장기적으로 지속 가능한 성장을 이루는 데 매우 중요하다. 기업은 이를 위해 내부 프로세스를 강화하고, 직원 교육을 체계적으로 실시하며, 이해관계자와의 소통을 강화하고, 외부 전문가의 조언을 적극적으로 활용해야 한다. 기업들이 지속 가능한 미래를 지향하고 실천하는 과정에서, 법적인 리스크에 대한 관리는 기업의 사회적 책임을 실현하고, 지속 가능한 비즈니스를 실천하고 확립하는 데 필수적인 요소이다.

2

ESG가 법률시장에 미치는 영향

법률 서비스의 패러다임 변화: ESG 이슈의 서막

ESG 이슈의 부상은 법률 서비스 시장에 가히 혁명적인 많은 변화를 가져오고 있다. 전통적으로 법률 서비스는 주로 기업 거래, 분쟁 해결, 지적 재산권 보호 등에 초점을 맞추어 왔다. 그러나, ESG 이슈의 중요성이 점차 높아지면서 기업들은 환경 보호, 사회적 책임, 윤리적 지배구조 등의 분야에서도 전문적인 법적 자문과 지원을 필요로 하게 되었다.

이러한 변화는 법률 서비스 제공자에게 새로운 도전과 기회를 동시에 제공한다. 법률 서비스 제공자는 ESG 관련 법규 준수, 지속 가능성 보고, ESG 리스크 관리 등 새로운 서비스 영역을 신속하게 탐색하고 개척해야 한다. 이를 위해 법률서비스 제공자는 기업의 ESG 전략 수립과 실행을 지원하는데 필요한 ESG 관련 법적 이슈에 대한 전문 지식을 갖추어야 하며, 다양한 방식으로 접근하여 기업이 당면하는 문제를 해결하기 위한 노력을 기울여야 한다.

- **ESG 관련 법규 준수**: 기업은 다양한 국가와 지역에서 시행되는 ESG 관련 법규를 준수해야 한다. 법률 서비스 제공자는 기업이 이러한 법규를 충분히 이해하고 준수할 수 있도록 지원하는 역할을 담당해야 한다.
- **지속 가능성 보고**: 투자자와 소비자는 기업의 지속 가능성에 대한 투명한 보고를 요구한다. 법률 서비스 제공자는 기업이 국제 표준에 따라 지속 가능성 보고를 할 수 있도록 확실하고 전문적인 서비스를 제공해야 한다.
- **ESG 리스크 관리**: 기업은 환경적, 사회적, 지배구조적 리스크를 사전에 회피하고, 이로 인해 발생할 수 있는 잠재적인 법적 책임을 최소화해야 한다. 법률 서비스 제공자는 이러한 리스크에 대한 평가와 관리 전략 수립에 있어 전문성을 높여 요구되는 역할을 수행해야 한다.

법률 전문가는 ESG 이슈에 대응하기 위해 기존의 전문성을 넘어서는 새로운 지식과 기술을 습득해야 한다. 법률전문가에게 이러한 새로운 전문성이 구비되어야 환경법, 노동법, 기업 거버넌스 등 다양한 법적 영역에 걸쳐 균형 잡힌 조언을 제공할 수 있다. 또한, 법률 전문가는 기업이 지속 가능한 비즈니스 모델을 구축하고, 장기적 가치를 창출할 수 있도록 전략적 조언을 제공하는 컨설턴트 역할을 수행할 수 있어야 한다.

ESG 이슈는 법률 시장에 대한 새로운 요구로 인해 혁신적인 변화를 가져오고 있으며, 이로 인하여 법률 서비스 제공 방식을 재정립하고 있는 중이다. 법률 서비스 제공자와 법률 전문가는 ESG 관련 지식과 전문성을 갖추고, 다양한 방법으로의 접근 방식을 채택하여 기업의 지속 가능한 성장을 지원해야 한다. 이는 법률 시장에 새로운 기회를 제공하고 있으며, 법률 서비스의 미래 방향을 모색하는데 있어서도 중요한 계기가 될 것이다.

법률 전문가의 역할 변화와 그 중요성

ESG 이슈의 증대로 인하여 법률 전문가의 역할이 더욱 중요해지고 있다. ESG 관련 사안은 현대 기업 경영에서 필수적인 요소로 부상하였고, 변호사 등 법률 전문가의 역할에 근본적인 변화를 가져오고 있다. 이러한 변화는 ESG 이슈가 단순하게 법적인 준수를 넘어서, 기업의 장기적인 가치 창출, 투명성의 증대, 평판에 대한 관리 등에 있어 핵심적인 역할을 하기 때문이다. 이에 따라, 법률 전문가는 법적 리스크에 대한 평가를 넘어서, ESG 전략의 효과적인 수립과 실행을 지원하는 컨설턴트 역할을 수행하게 되었다.

법률 전문가는 ESG 이니셔티브에 대한 철저한 법적 분석을 통하여 적절한 법률서비스를 제공해야 한다. 법률 전문가의 적절한 지원은 기업이 환경 보호, 사회적 책임, 윤리적 지배구조와 같은 분야에서 법적인 요구사항을 충족하고, 잠재적인 리스크를 사전에 식별하고 관리하는데 도움이 될 것이다. 또한, 법률 전문가는 지속 가능한 비즈니스 실천과 관련된 최신 규제 및 법률 동향에 대한 심층적인 조언을 기업에 제공하여, 기업이 법적인 제도 내에서 ESG 목표를 효과적으로 추진할 수 있도록 지원하여야 한다.

전략적 조언과 ESG 관련 기회 포착

법률 전문가의 역할은 기업이 ESG 이행과 관련하여 발전을 도모할 수 있는 기회로 삼을 수 있는 대안을 찾아내고 이를 활용할 수 있도록 지원하는 것이다. 법률전문가는 지속 가능한 발전 목표와 연계된 사업 기회, 녹색 금융, 사회적 책임 투자SRI 등에 대한 전략적 조언을 제공함으로써, 기업이 지속 가능한 성장을 위한 새로운 경로를 모색할 수 있도록 지원해야 한다. 이는 법률 전문가가 다양한 지식을 바탕으로, 기업의 ESG 전략과 사업 모델을 혁신하는 데 기여하는 역할을 하는 것을 의미한다.

ESG 관련 문제의 복잡성을 고려할 때, 법률 전문가는 다른 분야의 전문가들과의 협업을 통해 통합적인 해결책을 제공해야 한다. 이는 환경 과학자, 지속 가능성 컨설턴트, 기업 커뮤니케이션 전문가 등 다양한 분야의 전문가와 협력하여 각 분야의 지식을 결합하여, 기업의 ESG 목표 달성을 위한 전략적이고 실용적인 조언을 제공하는 것을 의미한다.

ESG 이슈가 지속적으로 증대함에 따라, 법률 전문가의 역할은 법적 리스크 관리에서 전략적 비즈니스 파트너로까지 확대되고 있다. 법률 전문가는 법적 측면에서의 분석적 접근뿐만 아니라, 경영에 대한 전략적 조언을 통해 기업이 지속 가능한 방식으로 성장하고, 사회적 및 환경적 가치를 창출할 수 있도록 지원하는 역할까지 수행하여야 한다. 이러한 변화는 법률 전문가에게 더 많은 분야로 참여를 유도하고, 경영 전반에서 다양한 방법으로 협업할 수 있는 방법에 대한 모색도 요구하게 된다. 결국 ESG 이슈의 중요성이 강조되면서 촉발되는 이러한 변화는 법률 시장에 새로운 기회를 제공하게 될 것이다. 이미 일부 로펌에서는 ESG 지원센터 개설 등을 통해 이러한 변화에 발빠르게 대처하고 있다.

법률시장의 새로운 기회

ESG 이슈가 전면에 등장하면서, 법률 시장의 전통적인 경계는 허물어지고 새로운 영역으로 진출기회가 확장되고 있다는 점은 눈여겨 볼 만하다. 이러한 변화는 법률 전문가들에게 기업의 지속 가능한 성장과 사회적 책임을 다할 수 있도록 법률적 관점에서 지원하는 새로운 역할을 제공하게 된다.

기업들은 투자자와 규제 기관으로부터 ESG 관련 정보의 공개를 점점 더 요구받게 될 것이 자명한데, 이러한 요구에 대응하기 위해서는 법률 전문가의 도움이 반드시 필요할 것이다. 법률 전문가들은 국내외 다양한 ESG 공시 기준과 프레임워크에 대한 폭넓은 이해를 바탕으로, 기업이 거세어지는 다양한 요구에 대하여 투명하고 책임감있게 대응하여 각종 보고서 등 지속 가능한 목표를 충분히 공개할 수 있도록 지원해야 한다.

특히, 금융분야는 ESG 목표 달성을 위한 중요한 수단이 되고 있다. 이에 따라, 법률 전문가들은 지속 가능한 채권 발행, 녹색 금융, 사회적 책임 투자 등 다양한 분야에서 기업과 금융 기관에 전문적인 자문을 제공해야 한다. 이는 지속 가능한 프로젝트에 대한 자금 조달 구조를 설계하고, 관련 법적 요구사항을 충족하는 과정에서 중요한 역할을 한다.

기업은 ESG 관련 위험을 평가하고 관리하는 과정에서도 법률적인 지원을 필요로 한다. 따라서 법률 전문가들은 기업이 환경적, 사회적, 지배구조적 위험을 미리 식별하고, 이에 대응하기 위한 전략을 수립할 수 있도록 도움을 제공해야 한다. 이 과정에는 ESG 위험 평가 프로세스의 설계, 리스크 관리 정책의 개발, 위험 완화 조치의 구현 등이 포함된다.

법률 전문가들은 기업이 지속 가능한 경영 방식을 채택하고, 사회적 책임을 실천하며, 지배구조를 강화할 수 있도록 혁신적인 솔루션을 개발하는 데 기여해야 한다. ESG 이슈는 법률 시장에 새로운 기회를 제공하고 있으며, 법률 전문가들은 ESG 관련 법적 서비스에 대한 수요 증가를 기회로 활용하여, 다양한 방법으로 접근하여 기업과 사회에 긍정적인 영향을 미칠 수 있는 지속 가능한 솔루션을 제공해야 한다. 이러한 일련의 노력은 법률 시장에서 새로운 방향을 모색하고, 법률 서비스의 가치를 새롭게 정의하는 데 중요한 기여를 할 것이다.

3

ESG: 규제에서 진흥으로의 변화

규제 중심에서 진흥 중심으로의 전환

지난 몇 년간 ESG 관련 정책의 근본적 변화는 단순한 규제 중심에서 진흥 중심으로의 전환을 의미하는 것이다. 이는 기업에 대하여 의무를 부여하고 규제하는 것에서 벗어나, 기업이 지속 가능한 발전을 적극적으로 추구하고 사회적, 환경적 책임을 이행하도록 지원하고 진흥시키는 방향으로 새롭게 나아가고 있음을 보여준다. 지속 가능한 발전의 중요성이 보편적으로 강조됨에 따라, 정부와 국제 기구는 기업에게 ESG 관련 법적인 요구사항의 달성을 위한 노력을 촉진하고 이를 위하여 필요한 지원을 아끼지 않으려는 의지를 분명히 하고 있다.

전통적으로 ESG 정책은 법적인 규제와 규제에 대한 준수에 중점을 두었다. 하지만, 현재의 정책은 기업이 지속 가능한 발전을 향해 나아갈 수 있도록 격려하고 지원하는 방향으로 변화하고 있다. 이는 규제를 넘어서 기업에 실질적인 도움을 줄 수 있는 직간접적인 지원과 각종 인센티브를 제공함으로써, 기업이 ESG 목표를 달성하는 데 필요한 자원과 도구를 갖출 수 있도록 도와주는 역할을 한다는 것을 의미한다.

정부와 국제 기구는 ESG 진흥을 위한 다양한 프로그램과 정책을 통해 기업이 지속 가능한 발전을 할 수 있도록 지원하고 있다. 이러한 지원은 금융 인센티브, 세제 혜택, 기술 이전, 교육 및 훈련 프로그램 등 다양한 형태로 제공되고 있으며, 이러한 지원은 기업이 지속 가능한 실천을 체계화하여 환경적, 사회적 가치를 창출할 수 있도록 실질적으로 도와주는 역할을 하고 있다. 또한, 이러한 변화된 정책은 기업이 ESG 관련 도전과제들을 새로운 기회로 인식을 전환하고, 과감한 투자와 혁신으로 지속 가능한 성장을 도모할 수 있도록 지원하는 데 초점을 맞추고 있다.

규제 중심에서 진흥 중심으로 전환하려면 기업에게도 새로운 전략적 대응이 필요하다. 기업은 이제 자발적인 ESG 활동을 통해 지속 가능한 비즈니스 모델을 구축하고, 정부 및 국제 기구의 지원 프로그램을 적극적으로 활용하여 경쟁력을 강화하는 노력이 필요하다. 기업은 다양한 지원 프로그램을 통해 사회적 책임을 실천하고, 환경적 지속 가능성을 추구함으로써 장기적인 가치를 창출할 수 있다는 것을 분명히 인식할 필요가 있다.

ESG 관련 정책이 규제 중심에서 진흥 중심으로의 전환되는 것은 지속 가능한 발전을 위한 다각적인 노력의 일환으로 볼 수 있다. 이러한 노력은 기업이 지속 가능한 성장을 추구하고, 사회적 및 환경적 책임을 이행하는 데 필요한 지원을 제공함으로써 기업을 바람직한 방향으로 유도하는 역할을 한다. 기업과 정부, 국제 기구가 이러한 새로운 패러다임에 적극적으로 참여하고, 지속 가능한 미래를 위해 각자의 위치에서 관심을 가지고 실천하여 ESG 기반의 목표를 이뤄낼 수 있다는 것은 매우 고무적인 일이다.

진흥 정책과 인센티브

정부와 국제 기구가 추진하는 다양한 정책 및 인센티브 제공은 기업들에게 ESG 규제 준수를 장려하는 데 중요한 역할을 하고 있다. 여기서 제공하는 금융 인센티브, 세제 혜택, 기술 이전, 교육 및 훈련 프로그램 등은 기업들이 ESG 목표를 달성하기 위한 영역에 대한 투자 결정을 용이하게 하며, 이를 통해 기업들이 ESG 관련 활동에 더욱 적극적으로 참여하도록 유도한다. 더 나아가 이러한 지원은 기업들이 지속 가능한 성장 모델을 개발하고 추구할 수 있도록 돕는 역할을 한다.

여기서 제공하는 금융 인센티브와 세제 혜택은 기업들이 지속 가능한 프로젝트에 투자하도록 장려하는 핵심 요소로, 녹색 채권 발행, 녹색 기술 연구개발에 대한 세액 공제, 지속 가능한 에너지 프로젝트에 대한 보조금 등 다양한 혜택을 포함한다. 이러한 인센티브들은 기업들이 환경 보호, 사회적 책임 이행, 윤리적 지배구조 구축에 필요한 자본을 확보하는 데 큰 도움을 준다.

또한, 기술 지원 및 교육 프로그램은 기업들이 친환경 기술과 지속 가능한 운영 방식을 도입할 수 있도록 지원하는 중요한 요소이다. 이를 통해, 기업들은 기술 혁신을 통해 지속 가능성 있는 사업을 개발하는데 노력하고, 기업 간 기술협력에도 관심을 가질 수 있다. 또한, 교육 및 훈련 프로그램을 통해 기업 임직원들은 ESG 이슈에 대한 이해도를 높이고, 그 과정에서 지속 가능한 비즈니스 전략을 개발할 수 있는 지식과 기술을 습득할 수 있다.

유럽연합을 포함한 여러 국가들은 ESG 진흥을 위한 선도적인 역할을 수행하고 있다. EU의 녹색 합의와 지속 가능한 금융 전략은 녹색 전환과 디지털 전환을 촉진하기 위한 대규모 투자 계획의 예시이다. 각국 정부 또한 지속 가능한 에너지 프로젝트, 친환경 기술 개발, 사회적 기업 지원을 위한 특별 기금 조성과 같은 국가별 이니셔티브를 도입하며 ESG 진흥에 기여하고 있다.

진흥 정책과 인센티브는 기업들이 ESG 목표를 향해 나아가는 데 있어 중요한 촉진제 역할을 한다. 정부와 국제 기구의 지원은 기업들이 지속 가능한 발전을 추구하고, 사회적 및 환경적 책임을 이행하는 데 필수적인 자원을 제공한다. 이를 통해 기업들은 지속 가능한 성장을 도모하고, 장기적인 가치를 창출할 수 있다는 점에서 그 중요성이 강조된다.

기업의 전략적 대응

기업이 ESG 관련 변화에 효과적으로 대응하기 위해서는 자체 ESG 목표와 전략을 세우고, 이를 사업 계획에 종합적으로 반영하여 실행하는 것이 필요하다. 지속 가능성, 사회적 책임, 윤리적 지배구조를 기업의 핵심 가치로 삼고, 이를 실현하기 위한 명확한 목표와 실행 계획을 마련해야 한다. 이러한 목표 설정은 기업이 지속 가능한 방향으로 나아가는 데 필요한 기본 원칙을 제공하며, 경영 전반에 걸쳐 ESG에 대한 법적인 요구사항을 반영할 수 있게 할 것이다.

정부와 국제 기구의 ESG 진흥 정책과 인센티브는 기업에게 중요한 자원으로 작용한다. 이런 지원을 적극적으로 활용함으로써, 기업은 ESG 관련 프로젝트와 활동을 더욱 효과적으로 추진할 수 있다. 금융 지원, 세금 혜택, 기술 이전, 교육 및 훈련 프로그램 등 다양한 형태의 지원이 기업이 ESG 목표를 달성하는 데 필요한 자본과 지식을 확보하는 데 도움을 준다.

기업은 내부적으로 ESG 역량을 강화하고 지속 가능한 비즈니스 모델을 개발하기 위해 필요한 투자를 과감하게 해야 한다. 이러한 투자에는 기업 내 교육 프로그램의 개발, 지속 가능한 기술과 프로세스의 도입, 그리고 사회적 및 환경적 영향을 고려한 제품 및 서비스 혁신 등이 포함된다. 이러한 투자와 노력은 장기적으로 기업의 경쟁력을 강화하고, 시장 및 규제 환경의 변화에 유연하게 대응할 수 있게 할 것이다.

이해관계자와의 소통을 강화하는 것도 중요하다. 기업은 ESG 활동에 대한 투명성과 책임성을 높이기 위해 이해관계자와 지속적으로 소통해야 한다. 이러한 소통은 투자자, 고객, 직원, 지역 사회 등 다양한 이해관계자들과의 대화를 통해 이루어지며, ESG 노력을 공유하고 다양한 의견을 수집하는 과정에서 기업의 ESG 성과에 대한 신뢰를 구축할 수 있다.

법적 규제에서 진흥으로의 전환은 기업에게 지속 가능한 발전을 위한 새로운 기회를 제공한다. 기업은 전략적으로 접근하여 ESG 목표를 명확히 설정하고, 정부 및 국제 기구의 지원을 적극적으로 활용하며, 내부 역량을 강화해야 한다. 또한, 이해관계자와의 지속적인 소통을 통해 지속 가능한 비즈니스 모델을 지속적으로 개발하고, 사회적 및 환경적 책임을 이행하는 과정에서 장기적 가치를 창출하는 것이 중요하다. 이러한 전략적 대응은 기업이 ESG 도전 과제에 효과적으로 대응하고, 지속 가능한 미래를 향해 나아가는 데 반드시 필요한 요소이다.

기업의 ESG 목표와 전략 세우기

기업들은 지속 가능한 발전과 사회적 책임 강화를 위해 새로 도입되는 법적 규제에 부응해야 하는 중요한 시점에 서 있다. 이러한 배경 하에서, 기업은 지속 가능성을 사업 전략의 중심에 두고, ESG 목표와 전략을 명확히 설정하는 것을 핵심 우선 순위로 삼고 있다. 기업은 ESG 준수를 단지 법적 요건을 충족시키는 것에 그치지 않고, 이를 통해 기업의 사회적 책임을 다하고 장기적인 성장을 도모하는 계기로 인식하기 시작했다.

기업은 자체적으로 법적 환경의 변화를 주시하고, 내부 규정 및 절차를 강화하며, 모든 직원이 ESG 가치를 이해하고 실천할 수 있도록 교육하고 있다. 또한, 이해관계자와의 소통을 강화하여, 우리의 ESG 노력을 투명하게 공유하고 피드백을 받아 이를 전략에 반영하고 있다. 외부 전문가와의 협력을 통해 전문적인 조언을 구하는 것 또한 경영 리스크 관리 전략의 일부이다. 이러한 노력을 통해, 기업은 ESG 관련 리스크를 효과적으로 관리하고, 기업의 가치와 신뢰성을 높이고자 노력하는 것이다.

이제, 법률 서비스 시장의 변화에도 주목하고 있으며, ESG 관련 새로운 서비스 영역의 개척과 기업의 ESG 전략을 지원할 수 있는 전문 지식의 확보에 힘쓰고 있다. 이는 기업이 변화하는 법률 환경에 효과적으로 대응할 수 있게 해주며, 경쟁 우위를 확보하는 데도 기여하고 있는 것이다.

정부와 국제 기구가 제공하는 다양한 지원 프로그램을 적극적으로 활용하며, 기업의 ESG 관련 노력을 가속화하는 방법도 중요하다. 이러한 지원을 통해, 기업은 지속 가능한 비즈니스 모델을 구축하고, 환경적 및 사회적 가치를 창출할 수 있는 기반을 마련하고 있다.

결국, 기업의 목표는 단순히 ESG 관련 법적 규제를 준수하는 것을 넘어서, 지속 가능한 발전을 위한 글로벌한 노력에 기여하고, 사회적 가치를 창출하는 것이다. 기업은 이를 통해 장기적인 성공을 달성하고, 사회적 책임을 다하는 기업으로서의 역할을 충실히 수행해 나가야 할 것이다.

6장

조직 내 ESG의 중요성과 실행

김주엽

넥센타이어 인사팀 수석

1

개인과 조직가치의 상호작용

ESG Trend는 기업의 생존을 위한 필수적 가치

ESG의 역사는 1987년 유엔세계환경개발위원회WCED에서 '지속 가능한 발전'이라는 표현이 처음으로 등장하면서 시작되었다고 할 수 있다. 이후 기업들은 2004년 UN글로벌콤팩트UNGC에서 ESG라는 용어를 처음으로 도입하면서 지속적으로 ESG에 대한 관심과 인식을 높이기 시작했다는 사실을 알게 된다. 특히, 국내에서는 Covid-19를 경험한 2021년을 기점으로 기업 환경에서 ESG의 중요성이 더욱 크게 강조되어 왔다고 할 수 있다.

최근 국내에서의 ESG경영은 단순히 선택적인 요소가 아니라 필수적인 요소가 되어가고 있다는 점이 중요하다. 다양한 기업들이 우수한 인재를 어떻게 모집하고 유지할지에 대해 많은 고민을 하게 되는데, 이러한 고민 속에서 현재 인재들이 중요하게 생각하는 여러 가치 중 하나가 바로 ESG경영이라는 점이 드러난다. 따라서 기업이 우수한 인재를 확보하고 유지하기 위해서는 ESG경영이 생존을 위한 필수적인 가치가 되어야 한다는 사실이 강조된다.

ESG는 현대 기업이 성장하고 발전하는 데 있어서 점점 더 중요해지는 개념이 되고 있다. 이는 기업이 단순히 이익을 추구하는 것이 아니라, 환경적 및 사회적 책임 그리고 건전한 거버넌스를 통해 더 큰 가치를 창출하려는 노력이 필요하다는 개념을 중심으로 한다는 사실을 알게 된다. 이러한 ESG 원칙을 성공적으로 이행하고 실천하기 위해서는 기업 구성원들이 ESG의 의미와 중요성을 충분히 이해하고, 그에 따른 적절한 행동을 보여줄 수 있어야 한다는 것이 매우 중요하다고 할 수 있다.

ESG 교육의 핵심요소

ESG에 대한 이해와 실천은 기업의 표면적인 이미지 개선이나 잠재적 위험 회피를 넘어서는 역할을 한다. 이는 기업의 근본적인 가치와 역량을 강화하며, 장기적으로 기업의 지속가능성과 경쟁력을 높이는 핵심요소로 작용한다. 하지만 기업 구성원들 중 많은 사람들이 ESG에 대한 이해가 'Environment, Social, Governance'의 약자를 아는 정도에 머물고 있어, 깊이 있는 이해가 부족한 상황이다. 구성원들이 ESG 실천이 기업에 미치는 긍정적인 영향과 실천하지 않았을 때 발생할 수 있는 위험을 충분히 이해해야 한다는 점이다.

ESG 평가 등급을 받는 것보다 더 중요한 것은, 모든 구성원이 ESG 원칙을 철저히 이해하고, 이를 바탕으로 기업 가치를 높이기 위한 실천을 해야 한다. 구성원들이 ESG의 원칙을 이해하고, 이에 따른 의사결정을 내리며, 자신의 업무와 행동에 ESG 원칙을 적용할 수 있도록 하는 것이 ESG 교육의 핵심이다.

기업의 책임

기업의 사회적 책임CSR 활동이 경영 성과에 긍정적인 영향을 미친다는 여러 연구 결과가 있다는 사실이다. 강경이, 조용탁, 이호갑은 자신들의 연구에서 지속적이고 적극적인 CSR 활동이 기업의 가치와 경영 성과를 높일 수 있다고 지적했다. 이와 함께 김계수는 사회적 책임 활동이 고객 만족, 신뢰 요인, 경영 성과에 유의미한 영향을 미친다는 연구 결과를 발표했다.

더 나아가 김효정은 유한킴벌리의 사례를 중심으로 기업이 꾸준히 사회적 책임 활동을 실천하며 좋은 성과를 달성하는 이유를 선순환 구조로 설명했다. 그녀는 사회적 책임과 경영 성과 사이의 긍정적인 관계가 조직학습역량, 조직문화, 최고경영자의 리더십이 상호작용하는 매커니즘에서 비롯되며, 이러한 매커니즘을 통해 사회적 책임이 성과로 연결되는 구조를 강화할 수 있다고 제시했다.

정진호와 박현숙은 "기업 ESG활동이 경영성과에 미치는 영향에 관한 연구: 기업가치관 인식의 조절효과를 중심으로"에서 환경적 책임활동E, 사회적 책임활동S, 지배구조활동G 모두 경영 성과에 긍정적인 영향을 미치게 된다고 언급했다. 영국 옥스포드대 연구진은 2020년 6월에 발표한 'The Effect of Firm-level ESG Practices on Macroeconomic' 논문에서 기업의 ESG 성과 개선이 국가 거시경제와 긍정적인 상관관계를 가지게 되며, 이를 통해 자체적으로 책정한 ESG 성과 점수와 국가 거시경제 지표인 1인당 국내총생산GDP이 같이 상승하는 추세를 확인하게 되었다고 밝혔다. 이러한 연구 결과를 토대로 많은 국내 기업들이 ESG 경영을 실행하고 있다는 사실을 알 수 있다. 본 문서에서는

ESG 경영을 어떻게 실행해야 하는지에 대해 살펴볼 것이다.

첫째, 기업은 ESG에 대해 대내적으로 구성원들을 대상으로 다양하고 정기적인 교육을 실시해야 한다. ESG에 대한 이해는 구성원 모두에게 필수적이며, 환경, 사회, 거버넌스 등 ESG의 핵심 요소에 대한 교육과 실질적인 경험을 제공함으로써 구성원들이 기업의 가치와 목표를 이해하고 개인의 역할과 책임을 인식하게 해야 한다. 이를 통해 ESG가 특정 부서나 일부 담당자의 업무가 아닌 기업 전체의 책임임을 명확히 하고, ESG 교육은 기업의 전략적 방향을 구성원에게 분명히 이해시키는 데 큰 역할을 하게 된다.

둘째, ESG는 각 기업의 조직문화에 깊숙이 스며들어 자리잡아야 한다는 점이다. 이는 기업이 돈을 얼마나 벌 것인지가 아니라 어떻게 벌 것인가에 대한 근본적인 가치관의 변화를 의미한다. 기업의 경영 활동과 ESG 인증을 위한 환경 인증 획득, 기부금 지출, 이사회의 투명한 운영 등은 ESG 활동의 일부에 불과하다. 조직문화가 ESG 원칙을 효과적으로 실행하는 데 기여한다는 점에서 중요하다. 조직문화가 ESG 중심으로 재구성되면, 구성원들은 이 원칙을 일상 업무에 자연스럽게 통합하게 된다. 따라서 기업은 구성원들이 ESG를 실천할 수 있는 환경을 마련해야 한다. ESG가 기업의 핵심가치와 같이 조직 내에 내재화되어 일상적인 조직문화로 자리잡을 때, 진정한 ESG 실천이라 할 수 있다. 조직문화의 변화는 구성원들의 적극적인 참여와 실천을 통해 이루어진다.

셋째, ESG 관련 다양한 활동들을 기업 내에서 제도적으로 안정화시키는 것이 중요하다. 기업 내의 정책과 프로세스에 ESG 원칙을 통합함으로써, 기업은 이 원칙을 일관성 있게 실천할 수 있다. 제도적 정착은

ESG 활동의 실행력을 높이는 데 중요한 역할을 한다. ESG 정책과 절차를 명확히 하고, 이를 규범으로 삼아야 한다. 이를 통해 ESG가 기업의 가치관과 문화로 자리잡게 된다.

이와 같이 기업이 ESG를 접근할 때는 교육, 조직문화, 제도적 차원에서 안정적으로 운영되어야 한다. 이런 접근을 통해 기업은 지속가능성을 강화하고, 사회적 책임을 이행하며, 최종적으로 기업 가치를 높일 수 있다. 이러한 노력은 기업의 이해관계자들, 특히 투자자와 고객들로부터 신뢰와 지지를 얻게 된다.

ESG는 단순히 '좋은 일'을 하는 것을 넘어 기업의 핵심 사업 전략의 일부가 되어야 한다. 이를 실현하기 위해 기업의 모든 구성원들이 ESG의 중요성을 이해하고, 그 원칙에 따라 행동하는 것이 중요하다. 이 과정에서 교육은 ESG 실천의 출발점이며, ESG 전략의 중요한 첫 걸음이다. 그러므로 기업들은 자체적인 ESG 교육 프로그램을 구축하고, 이를 실행 및 내재화하는 데 집중해야 한다. 이러한 활동은 구성원들이 자신의 역할과 ESG 목표의 연결점을 이해하고, ESG 원칙을 업무에 적용하는 능력을 키우는 데 도움이 된다.

기업의 ESG 노력은 교육, 조직문화, 제도적 차원에서의 접근이라는 세 가지 핵심 요소를 통해 이뤄져야 한다. 이러한 접근은 기업의 ESG 실천을 향상시키고, 기업의 전반적인 성과와 지속가능성을 강화할 수 있다. 이 모든 것은 ESG가 기업의 장기적인 가치와 성공을 위한 핵심 요소임을 보여준다. '로마는 하루아침에 이루어지지 않았다'는 말처럼, ESG 또한 하루아침에 이뤄지지 않는다. 기업 구성원들의 지속적인 관심을 바탕으로 한 정기적인 교육 및 학습과, 내재화된 조직문화, 체계적인 제도 수립이 반복적으로 수행되어져야 한다.

조직 구성원의 역할

개인 차원에서의 실천은 구성원들의 역할 그 자체이다. ESG 활동이 지속가능한 발전을 위한 실천임을 감안할 때, 이는 갑작스럽게 새로운 활동을 시작하는 것이 아니라는 점을 이해하는 것이 중요하다. 대부분의 ESG 실천은 이미 우리가 해오던 활동에 해당된다. ESG의 목적과 목표를 이해하고 실천하는 것과 맹목적으로 실천하는 것 사이에는 성과에서 큰 차이가 발생한다.

건강한 신체를 만들기 위해서는 근육이 튼튼해야 한다. 그러나 건설 현장에서 일하는 노동자들이 업무시간 내내 근육을 사용한다고 해서 건강한 신체를 가지고 있다고 보장할 수 없다. 오히려 특정 근육의 과다 사용으로 근골격계 질환을 일으킬 수 있다. 건강한 신체를 위한 목적과 목표를 가지고 근육을 움직이는 것이 건강한 신체를 달성하는 길이 된다.

이와 같이, ESG 실천은 이미 우리가 실행하고 있는 것이다. 그러나 이런 활동이 ESG 실천으로 인식되지 않고 진행되는 것은 건설 현장 노동자의 노동과 본질적인 차이가 없다. 따라서, 기업의 ESG 활동에 대한 직원의 실천은 일상적인 행동에 근거하여 이루어지게 된다.

첫째, 환경적 책임 활동은 개인이 회사와 가정에서 환경보호를 실천하는 것이다. 텀블러 사용하기, 전자제품의 전원을 끄고 플러그를 뽑기, 물을 절약하고, 친환경 제품을 사용하며, 종이 사용량을 줄이고, 올바른 방법으로 분리 배출하기 등의 활동이 포함된다. 이런 활동들은 모두가 참여할 수 있는 환경적 책임 활동이 된다.

둘째, 사회적 책임 활동 또한 회사와 가정에서 실천할 수 있다. 회사에서는 구성원 간의 존중과 배려, 성차별과 장애인 차별 금지, 산업 안전 준수, 정보 보호 이행, 법정 의무 교육에 성실히 참여하는 것 등이 해당된다. 또한, 재택근무, 육아휴직, 유연 근무제 등을 이행하는 동료에 대한 비난이나 눈치 주기를 하지 않는 것도 포함된다. 개인의 영역에서는 비영리 단체에 자원을 기부하거나 사회봉사 활동에 참여하는 것이 대표적이다. 작은 친절을 베풀어 긍정적이고 포용적인 사회를 만드는 것 또한 사회적 책임 활동에 해당된다. 성별, 세대, 직업, 직무 등에 대한 다양성을 인정하고 사회적 약자를 포용하는 것도 사회적 책임 활동의 실천이 되며, 이러한 활동들은 모두가 참여할 수 있는 사회적 책임 활동이 된다.

셋째, 거버넌스 활동은 회사에서만 적용되는 영역이 아니다는 것이다. 의사결정의 투명성과 참여 보장과 같은 내용은 거버넌스 활동을 회사와 리더의 영역으로만 보는 것에 대한 오해를 일으킨다. 회사 정책의 준수는 대표적인 직원의 실천이 된다. 투명성, 준법, 윤리, 규정 준수는 필수적인 실천이다.

직원이 책임감 있는 업무 태도를 보이는 것, 업무 수행 과정을 공개적이고 정직하게 수행하는 것, 이해 충돌을 회피하는 것 등도 거버넌스 활동에 포함된다. 더불어, 동료의 윤리적 행동을 지지하고 옹호하는 것도 거버넌스 활동과 관련된 직원의 역할이 된다. 이런 활동들은 모두가 참여할 수 있는 거버넌스 활동이 된다.

2

인권 정책과 사회적 책임의 구현

　인권은 모든 인간이 기본적으로 누려야 할 보편적이고 절대적인 권리와 지위, 자격을 의미한다. 이는 인간이 존엄하게 살 권리를 포함하는 광범위한 개념이며, 세계 인권 선언과 대한민국 헌법에서 그 중요성이 강조된다. 이에 따라 전 세계적으로 인권에 대한 인식의 중요성이 부각되고 있다는 것이다.

　조직은 구성원들이 모여 이윤을 창출하는 과정에서 그들의 인권을 존중하고 보호해야 한다는 중대한 책임을 지닌다. 이를 위해 조직들은 인권경영을 실천하며, UNGC의 '세계인권선언' 및 국제노동기구ILO의 핵심 협약과 같은 국제적으로 인정받은 인권 이행 원칙을 지지하는 추세에 동참하고 있다.

　ILO 핵심협약은 모든 노동자가 누려야 할 최소한의 기본권리를 보장하는 것을 목표로 하며, 결사의 자유, 강제노동 금지, 차별 금지, 아동노동 금지 등을 포함한다. 이러한 국제노동 기준은 조직이 구성원들의 인권을 존중하며 지속 가능한 방식으로 성장하는 데 필수적이다.

분야	협약	연도
결사의 자유	제87호 결사의 자유와 단결권의 보장 협약	1948
	제98호 단결권과 단체교섭권 협약	1949
강제노동 금지	제29호 강제노동 협약	1930
	제105호 강제노동철폐 협약	1957
차별 금지	제100호 동등보수 협약	1951
	제111호 차별(고용과 직업) 협약	1958
아동노동 금지	제138호 최저연령 협약	1973
	제182호 가혹한 형태의 아동노동 협약	1999

출처: 국내기준, 국가위원회 인권경영 권고

국가인권위원회는 공공기관의 인권경영 지원을 위해 '공공기관 인권경영 매뉴얼'을 발표하고, 인권경영 체계 구축, 인권영향평가 실시, 인권경영 실행, 구제절차 제공 등 단계별 실행을 권고했다. 이는 조직이 인권경영을 체계적으로 실천하는 데 중요한 지침이 된다. 아디다스와 나이키와 같은 글로벌 기업들은 인권 이행 지침 준수를 위한 노력을 보여주고 있으며, 특히 아디다스는 인권 관련 평가에서 높은 점수를 받아 세계적으로 인정받았다. 반면, 나이키는 과거 아동 노동 착취 문제로 비판받은 바 있어 인권경영의 중요성이 더욱 강조된다.

ISO 30414는 기업이 내부적으로 보고해야 하는 인적자본지표 표준과 공개적으로 공개해야 하는 인적자본지표에 대한 가이드라인을 제공한다. 이는 투자자에게 기업의 인적자본 기여도를 투명하게 보여주기 위함이다. 조직의 지속적인 성장을 위해서는 ESG의 모든 영역, 특히 인권경영이 중요하다. 조직은 이윤 창출을 목표로 하며, 제품과 서비스 판매를 위한 브랜드 마케팅을 통한 기업 이미지 구축과 기업 가치 상승이 필요하다. 하지만 이 과정에서 인권경영을 소홀히 할 경우, 기업의 지속 가능한 경영과 성장은 크게 위협받게 된다. 따라서 조직은 구성원들을 위한 인권경영을 통해 사회적 책임을 다하며 지속 가능한 방식으로 이윤을 창출해야 한다는 것이다.

기업 경영에서 ESG의 깊은 이해와 실천은 현대 사회에서 필수 불가결한 요소로 자리 잡았다. 이는 기업의 긍정적인 이미지 구축을 넘어서, 기업의 장기적인 성공과 지속 가능성에 실질적으로 기여한다. 교육, 조직문화, 제도적 차원에서의 체계적인 접근이 중요하며, 이는 기업이 직면한 위험을 줄이고, 더 큰 가치를 창출하는 데 중심적인 역할을 한다.

인권에 대한 존중은 모든 인간이 태어날 때부터 가지는 기본적인 권리이다. 조직은 이러한 인권을 존중하고 보호하기 위해 지속적으로 노력해야 하며, '공공기관 인권경영 매뉴얼'과 같은 지침들을 활용하는 것이 첫걸음이다. 이러한 지침들은 조직이 인권경영을 체계적으로 실천하는 데 있어 중요한 역할을 한다.

CSR기업의 사회적 책임 활동이 기업의 가치와 경영 성과에 긍정적인 영향을 미친다는 사실은 여러 연구를 통해 입증되었다. ESG 활동도 마찬가지로, 환경, 사회, 거버넌스 측면에서 기업의 책임을 다함으로써 기업의 성과와 지속 가능성을 강화한다. ESG의 중요성은 기업의 전략적 목표와 직결되며, 기업은 이를 핵심 전략으로 삼아야 할 것이다.

기업의 미래를 결정짓는 중요한 요소 ESG

ESG를 효과적으로 실천하기 위해서는 전사적인 노력이 필요하다. 교육은 구성원들이 ESG의 의미와 중요성을 이해하는데 필수적이며, 이러한 이해는 조직문화에 스며들어야 한다. 제도적 차원에서도 ESG 원칙을 기업 운영의 모든 측면에 통합해야 한다. 이는 기업의 모든 구성원이 ESG를 기업 전략의 핵심 요소로 인식하게 하며, 이를 통해 기업의 전반적인 성과와 지속 가능성을 높일 수 있다.

ESG를 효과적으로 실천하기 위해서는 전사적인 노력이 필요하다. 교육을 통해 구성원들의 ESG 의미와 중요성에 대한 이해를 통해 ESG가 조직문화에 스며들어야 한다. 제도적 차원에서도 ESG 원칙을 기업 운영의 모든 측면에 통합해야 한다. 이러한 접근은 기업의 모든 구성원이 ESG를 기업 전략의 핵심 요소로 인식하게 만들며, 이를 통해 기업의 전반적인 성과와 지속 가능성을 높일 수 있다.

따라서, ESG에 대한 교육과 실천은 기업 경영의 필수 요소가 되어야한다. 이는 '좋은 일'을 하는 것을 넘어서 기업의 지속 가능한 성공을 위한 중요한 전략이기 때문이다. 교육, 조직문화, 제도적 차원에서의 체계적인 접근을 통해 기업은 ESG 실천을 강화하고, 이를 통해 기업 가치를 높일 수 있다.

결국, ESG 활동은 기업이 당면한 도전을 기회로 바꾸고, 장기적인 성공을 위한 핵심 요소로 자리 잡아야 한다. 구체적인 실천 방안 마련과 교육, 조직문화의 변화, 그리고 제도적 지원이 필수이다. 이 모든 과정은 기업 구성원들의 적극적인 참여와 실천에 바탕을 두어야 하며, 이를 통해 기업은 지속 가능한 발전을 이루어낼 수 있다. 기업 경영에서 ESG의 중요성은 앞으로 더욱 강조될 것이며, 이에 대한 준비와 실천은 기업의 미래를 결정짓는 중요한 요소가 될 것이다.

7장

지속 가능한 미래를 위한 디지털 혁신

박동국

SK네트웍스서비스/부장, 공학박사, 경영지도사

현대 사회에서 지속 가능성은 모든 개인과 기업에게 중요한 관심사이며, 기업들은 이 문제에 적극 대응해야 한다. 디지털 기술은 에너지 사용 최적화, 탄소 발자국 줄이기, 재생 가능 에너지의 활용성 증대 등의 환경 목표 달성에 필수적이다. 데이터 분석, 인공지능, 사물인터넷 등의 디지털 기술을 활용해 환경 성과를 실시간으로 모니터링하고, 개선 방안을 도출함으로써 이를 통해 지속 가능한 발전을 가속화할 수 있다.

사회적 측면에서는 기업이 직원, 고객, 지역 사회와의 관계를 강화하고, 다양성과 포용성을 촉진하는 것이 중요하다. 디지털 기술은 인적자원관리 플랫폼, 교육 시스템, 원격 근무 도구, 소셜 미디어 등을 통해 이 목표를 지원한다. 원격 근무 도구는 다양한 배경의 사람들에게 고용 기회를 제공하며, 교육 플랫폼은 폭넓은 범위의 사람들에게 지식과 기술을 전달하는 수단이다.

거버넌스 측면에서는 투명성과 책임감을 높이는 것이 중요하다. 블록체인과 같은 기술은 거래의 투명성을 보장하고, 공급망 관리에서의 윤리적 기준 준수를 검증하는 데 유용하다. 또한 데이터 보호와 사이버 보안은 고객 정보의 안전을 보장하고, 기업의 신뢰성을 높이는 데 필수적이다.

결과적으로, 디지털 기술의 활용은 기업이 ESG 경영을 효과적으로 수행하고, 지속 가능한 발전 목표에 부합하는 운영 방식을 구축하는데 중요하다. 이는 기업의 이미지 개선을 넘어 장기적인 성공과 사회 전체의 지속 가능한 미래를 위한 기반이 된다.

1

디지털 그린: 환경을 위한 디지털 기술

재생 가능한 에너지 기술

재생 가능한 에너지 기술의 디지털 혁신은 ESG 경영을 구현하는 핵심 요소로 인식되고 있다. 태양광, 풍력, 수력, 지열 등 다양한 재생 가능한 에너지원을 활용하는 혁신적인 기술들은 에너지 생산의 효율성을 향상시키고, 환경 발자국을 줄이며, 장기적으로 비용을 절감한다.

태양광 에너지 기술은 태양의 빛과 열을 전기로 변환한다. 인공 지능 기술을 활용해 태양광 패널의 위치와 각도를 최적화하여, 변화하는 날씨 조건과 태양의 경로에 따라 최대한의 에너지를 생산할 수 있다. 머신러닝 알고리즘을 이용해 패널의 성능 데이터를 분석하고, 예측 모델을 구축하여 패널의 배치와 각도 조정을 자동화한다.

풍력 에너지 기술은 바람의 운동 에너지를 전기로 변환한다. 디지털 기술 도입으로 풍력 터빈의 설계와 운영이 개선되었다. 센서 기술을 통해 터빈의 상태를 실시간으로 모니터링하고, 데이터 분석을 통해 예지 보전예측 유지보수를 실시하여 고장비용을 최소화 할 수 있다. 고급 시뮬레이션 도구를 사용해 바람 패턴을 분석하고, 터빈의 배치와 디자인을 최적화한다.

수력 에너지 기술은 물의 흐름을 이용해 전기를 생산하며, 디지털 혁신을 통해 댐과 발전소의 운영이 효율적으로 이루어진다. 수력 발전소는 전력망과 실시간으로 정보를 교환하며, 에너지 생산과 소비 사이의 균형을 관리한다. 이를 통해 에너지 저장과 분배가 최적화되며, 전력 수요에 신속하게 대응할 수 있다.

지열 에너지 기술은 지구 내부의 열을 이용한다. 디지털 매핑과 지하자원의 3D 시뮬레이션을 통해 최적의 지열 에너지원을 탐색하고, 발전소의 성능을 최적화한다. 이 과정에서 수집된 데이터는 지열 발전소의 위치 선정, 설계, 운영 방법을 개선하는 데 기여한다.

이러한 디지털 기술들은 재생 가능한 에너지의 활용을 향상시키고, 환경적 지속 가능성을 높이며, 경제적 비용을 줄이는데 중요한 역할을 한다. 디지털 혁신을 통한 재생 가능한 에너지 기술의 발전은 ESG 목표를 달성하는데 필수적이며, 지구 환경을 보호하고 지속 가능한 미래를 위한 전환을 가속화하는데 기여한다.

에너지 효율성 향상 기술

건물, 교통, 제조업, 도시 계획 및 에너지 관리 분야에서 디지털 혁신을 통해 에너지 효율성을 극대화하려는 노력이 활발히 이루어지고 있다. 이 같은 혁신은 스마트 기술과 연결성을 통해 에너지 소비를 최적화하고, 환경적 지속 가능성을 향상시키며, 운영 비용을 절감하는 다양한 방법을 제공한다.

건물 에너지 관리 시스템BEMS은 건물 내 에너지 사용을 모니터링하고 제어하여 에너지 소비를 최적화한다. 스마트 센서와 IoT 기술을 활용하여 실내 온도, 조명, 에너지 사용량 등을 실시간으로 추적하고, 이 데이터를 통해 에너지 사용을 자동으로 조정한다. 덴마크 코펜하겐에 위치한 'The Mountain'이란 건물이 BEMS를 활용하여 에너지 효율성을 극대화하는 좋은 예이다.

지능형 교통 시스템ITS은 통신 기술을 활용하여 교통 관리와 안전성을 개선한다. 차량 간 통신V2V, 차량과 인프라 간 통신V2I을 활용하여 교통 흐름을 최적화하고 에너지 소비를 줄인다. 스웨덴 스톡홀름에서는 ITS 기술을 사용하여 교통 신호 최적화 및 에코 드라이빙을 촉진하고, 도시 전체의 교통 효율성과 에너지 절약을 실현하고 있다.

스마트 팩토리는 제조 공정의 디지털화와 자동화를 통해 생산 효율성을 높이고 에너지 사용을 최소화한다. 5G 네트워크, IoT 센서, AI 머신러닝 기술을 이용하여 생산 공정을 실시간으로 모니터링하고 최적화한다. 독일 지멘스에서는 암베르크에 있는 전자 제조 공장에서 스마트 팩토리 기술을 적용하여 생산성을 향상시키고 에너지 사용을 줄였다.

스마트시티는 정보통신기술ICT을 활용하여 도시 서비스와 연결성을 개선하고 에너지 소비를 효율적으로 관리한다. 스마트 조명, 지능형 교통 시스템, 에너지 효율적인 건물 등을 통해 에너지 사용을 줄이고 시민의 삶의 질을 향상시킨다. 싱가포르는 스마트시티 이니셔티브를 통해 도시 전체의 에너지 효율성을 개선하는 다양한 프로젝트를 진행하고 있다.

전력망에 디지털 기술을 도입한 스마트그리드는 전력 생성, 배포, 소비를 효율적으로 관리한다. 이를 통해 에너지 손실을 줄이고, 재생 가능 에너지 소스의 통합을 촉진하며, 수요 반응 관리를 통해 전력 사용을 최적화한다. 미국의 테네시밸리공사TVA는 스마트그리드 기술을 사용하여 전력망의 효율성을 향상시키고, 재생 가능 에너지의 사용을 늘리며, 소비자에게 에너지 사용에 대한 더 큰 통제권을 제공하고 있다.

이러한 사례들은 디지털 기술을 활용하여 에너지 효율성을 극대화하고 환경적 지속 가능성을 향상시키는 방법을 보여준다. 디지털 기술의 발전은 계속되며, 이는 지속 가능한 미래를 위한 중요한 역할을 수행할 것이다.

탄소 포집 및 저장CCS 기술

재생 에너지의 활용과 에너지 효율화는 중요하지만, 지구 온난화를 되돌리기에는 부족하다. 따라서 대기 중 이산화탄소를 포집하여 지하에 안전하게 저장하거나 재활용하는 탄소 포집 및 저장CCS 기술의 발전이 필요하다. 이 기술은 발전소나 산업 공정에서 발생하는 CO_2를 포집하여 대기로의 배출을 방지하며, 이는 지구 온난화와 기후 변화 대응의 긴급한 조치로 강조되고 있다.

탄소 포집 기술에는 크게 세 가지가 있다. 첫째, 전 연소 포집은 연료 사용 전에 CO_2를 분리하는 방식으로, 주로 가스화 과정에서 발생하는 이산화탄소를 포집한다. 둘째, 후 연소 포집은 발전소나 산업 공정에서 발생한 연소 가스에서 CO_2를 분리하여 포집하는 방식으로, 기존 발전소에도 적용 가능하다. 셋째, 산소 연소 포집은 연료를 순수 산소와 반응시켜 연소시키는 방식으로, 발생하는 가스는 주로 CO_2와 물로 이루어져 있어 포집이 용이하다.

탄소 저장은 주로 지하의 지질학적 구조를 활용하여 이산화탄소를 영구적으로 저장한다. 이 방법은 고갈된 석유나 가스 매장지, 깊은 소금수층, 또는 적합한 지질학적 형태를 가진 암석층에 CO_2를 주입하여 저장한다. 또한, 이산화탄소를 활용한 암석 내 화학 반응을 통해 광물 탄산화를 촉진하는 방식도 연구되고 있다.

노르웨이는 세계에서 가장 성공적인 CCS 프로젝트 중 하나인 슬라이프너 프로젝트를 운영한다. 이 프로젝트는 북해에 위치한 슬라이프너 가스전에서 CO_2를 분리하여 해저 암반층에 저장하며, 1996년부터 백만 톤 이상의 이산화탄소를 대기에 배출하지 않고 저장하는 성과를 달성했다. 이러한 노력은 온실가스 감축 목표 달성에 기여하고 있으며, CCS 기술의 상업적 활용 가능성과 환경적 효과를 입증하는 사례로 인정받고 있다.

CCS 기술은 기후 변화 대응의 중요한 전략 중 하나로, 지속 가능한 미래를 위한 필수적인 기술적 접근 방법이다. 이 기술의 발전과 적용은 온실가스 배출 감축, 에너지 안보 강화, 그리고 장기적으로는 저탄소 경제로의 전환을 가능하게 할 것이다.

환경 오염 방지 기술

환경 오염 방지는 기업과 사회 전체에게 중요한 과제이다. 이를 해결하기 위해 다양한 디지털 기술들이 활용되고 있으며, 이 기술들은 환경 데이터의 수집, 분석 및 모니터링을 통해 실질적인 변화를 주도하고 있다.

사물인터넷 기반 센서, 인공지능, 빅 데이터 분석, 그리고 블록체인과 같은 기술들이 환경 관리 및 오염 방지에 기여하고 있다. IoT 기반 센서는 공기, 물, 토양 등의 환경 요소의 질을 실시간으로 모니터링하여 오염 수준을 측정한다. 예를 들어, 중국의 대도시들은 IoT 기술을 활용해 대기 질을 모니터링하고, 이를 기반으로 오염 경보 시스템을 운영하여 대기 오염 문제에 적극적으로 대응하고 있다.

AI와 빅 데이터 분석은 대규모 환경 데이터를 분석하여 오염의 원인과 패턴을 파악하고, 예방 및 대응 전략을 수립하는 데 사용된다. 구글과 환경과학 회사 Aclima는 AI와 빅 데이터를 활용해 샌프란시스코 베이 지역의 대기 질을 연구하고, 오염원을 식별하여 대기 질 개선 방안을 모색하고 있다.

블록체인 기술은 공급망 관리에서의 투명성을 높여 지속 가능한 자원 사용을 촉진하고, 환경 오염을 방지하는 데 기여한다. 블록체인을 활용하여 어업 산업에서 어획된 어류의 출처와 이동 경로를 추적함으로써 지속 가능한 어업 환경을 보장하고 불법 어업으로 인한 해양 오염을 방지할 수 있다.

디지털 기술의 적용은 ESG 관점에서 환경 보호를 위한 실질적인 조치를 취하는 기업들에게 중요한 가치를 제공한다. 기술을 통한 환경 모니터링과 관리는 오염 방지뿐만 아니라 지속 가능한 자원 사용을 촉진하며, 장기적으로 기업과 사회의 환경적 발자국을 줄이는 데 기여한다.

2

디지털 포용력:
공정한 사회를 위한 IT기술

블록체인을 활용한 투명한 공급망 관리

블록체인 기술을 활용한 공급망 관리는 노동 관행의 개선에 크게 기여하고 있다. 블록체인은 데이터의 변형이 불가능한 분산형 원장 기술로, 모든 거래 기록을 안전하게 보관한다. 이 특성 덕분에 블록체인은 공급망의 모든 단계에서 거래와 과정을 투명하게 기록하고 추적할 수 있어, 윤리적인 생산과 노동 관행의 준수를 보장한다. 공급망 내의 투명성은 노동자의 권리 보호, 공정한 노동 조건의 확립, 그리고 불법적인 노동 관행의 예방에 필수적이다.

블록체인을 활용하면 기업들은 자신들의 제품이 어떻게 생성되고 있는지를 소비자와 공유할 수 있으며, 이는 소비자가 윤리적인 제품 선택에 도움을 준다. 특히 블록체인은 분쟁 광물 문제의 해결에 중요한 역할을 한다. 분쟁 광물은 전쟁이나 분쟁 지역에서 불법적으로 채굴되며, 이를 통해 얻은 수익이 분쟁을 지속하거나 인권 침해에 사용되는 광물을 말한다. 탄탈럼, 주석, 텅스텐, 금 등의 광물들이 이에 해당되며, 이들은 스마트폰, 노트북, 다른 전자 기기의 생산에 필수적이다.

블록체인 기술을 활용한 투명한 공급망 관리 시스템은 분쟁 광물의 추적과 감시를 가능하게 하여, 이들 광물이 전자 제품 공급망으로 유입되는 것을 방지하는데 기여한다. 블록체인은 광물의 채굴부터 최종 소비자에 이르기까지 모든 거래 단계를 기록함으로써, 광물이 윤리적인 출처에서 온 것임을 보증한다.

RCS Global은 블록체인 기반의 공급망 감독 솔루션을 제공하여 분쟁 광물 문제에 대응하고 있다. 이 회사는 공급망 전반에 걸쳐 광물의 이동 경로를 추적하고 기록하여, 제품이 분쟁 지역의 불법적인 광물을 사용하지 않았음을 증명한다. 이러한 투명한 추적 시스템은 기업들이 분쟁 광물의 사용을 피하고, 소비자들에게 책임 있는 제품 선택을 가능하게 한다.

IBM은 분쟁 광물 추적을 위해 블록체인 기술을 활용하는 'Cobalt Blockchain' 프로젝트를 진행하고 있다. 이 프로젝트는 콩고민주공화국에서 채굴되는 코발트의 공급망을 모니터링하여, 코발트가 윤리적으로 채굴되고 분쟁 자금으로 흘러 들어가지 않도록 지원한다. 이는 전기차 배터리와 같은 제품에 사용되는 코발트의 수요가 증가함에 따라 특히 중요한 이니셔티브이다.

패션 산업에서도 블록체인을 활용한 투명한 공급망 관리가 있다. 예를 들어, 네덜란드 기반의 패션 브랜드 'Martijn van Strien'은 자신들의 제품이 어디에서, 누가, 어떤 조건에서 만들어졌는지를 추적할 수 있는 블록체인 기반 플랫폼을 사용한다. 이를 통해 브랜드는 공급망 전반에 걸쳐 투명성을 확보하고, 소비자에게 정보를 제공하여 책임감 있는 소비를 장려한다.

'Provenance'는 블록체인 기술을 사용하여 제품의 출처와 공급망을 투명하게 보여주는 서비스를 제공한다. 이 플랫폼을 통해 기업은 자신들의 제품이 어떠한 공정을 거쳐 오는지, 그리고 각 단계에서 어떤 사회적, 환경적 기준을 충족하는지를 소비자에게 보여줄 수 있다. 이는 특히 카카오, 커피, 생선과 같은 제품의 공급망에서 윤리적이고 지속 가능한 생산을 촉진하는 데 사용되고 있다.

이처럼 블록체인 기술을 활용한 투명한 공급망 관리는 분쟁 광물 문제를 해결하는 강력한 도구이다. 이를 통해 기업들은 자신들의 제품이 윤리적이고 지속 가능한 방식으로 생산되었음을 보증할 수 있으며, 소비자들은 책임감 있는 소비 결정을 내릴 수 있다. 이러한 접근은 ESG의 사회적 측면에서 지속 가능한 공급망을 구축하고, 인권 보호와 분쟁 예방에 기여하는 중요한 단계로 평가된다.

AI와 빅데이터를 활용한 사회 문제 해결

인공지능과 빅데이터는 공공 보건, 교육, 범죄 예방 및 안전, 환경 보호 등 다양한 사회 문제 해결에 기여하고 있다. 이들 기술은 복잡한 데이터를 분석하고 패턴을 식별하여 예측 모델을 구축함으로써, 사회적 책임을 실현하고 불평등을 줄이는 데 도움을 주고 있다.

공공 보건 분야에서는 AI와 빅데이터가 전염병 확산 예측, 보건 정책효과 분석, 개인화된 치료 방안 제안 등에 활용되고 있다. 예를 들어, 구글의 'Flu Trends' 프로젝트와 'BlueDot'은 검색 데이터와 여행 기록을 분석하여 감염병 발병과 확산 경로를 신속하게 예측하고, 조기 경보 시스템을 구축하는 사례이다.

교육 분야에서는 AI가 맞춤형 학습 경험을 제공하고, 빅데이터 분석을 통해 학생들의 학습 패턴과 성과를 파악하여 교육의 질을 향상시키는 데 활용되고 있다. 'Knewton'과 'Coursera' 같은 AI 기반 학습 플랫폼은 각 학생의 필요에 맞는 교육 콘텐츠를 제공하여 평생 학습을 지원한다.

범죄 예방 및 안전 분야에서는 AI 기반 비디오 분석 시스템과 'Strategic Subject List' 프로그램이 공공 장소에서 이상 행동을 감지하고, 범죄 발생 가능성이 높은 지역을 예측하여 신속한 대응을 가능하게 한다.

환경 보호 분야에서는 'Global Fishing Watch'와 같은 플랫폼이 위성 이미지와 선박 추적 데이터를 분석하여 불법 어업을 감시하고, 지속 가능한 어업 관리를 위한 정책을 마련하는 데 기여하고 있다.

또한, AI와 빅데이터는 노동 시장에서의 불평등 해소, 고용 기회 창출, 사회적 포용 증진 등에도 도움을 주고 있다. LinkedIn의 'Economic Graph' 프로젝트, Google의 'Live Transcribe' 앱, 그리고 AI 기반 챗봇 'Woebot'은 각각 노동 시장 분석, 청각 장애인의 소통 지원, 정신 건강 개선에 활용되며 사회적 포용과 개인의 삶의 질 향상에 기여하고 있다.

이러한 기술적 접근 방식은 모든 사람이 사회에 참여하고 기여할 수 있는 환경을 만들며, 지속 가능한 사회를 위한 긍정적 변화를 촉진하는 중요한 단계라고 평가된다. AI와 빅데이터의 활용은 ESG의 사회적 분야에서 실질적인 해결책을 제공하고, 불평등을 해소하며, 사회적 책임을 실현하는 데 중요한 역할을 한다.

안전 및 보건

산업 안전 분야에서 디지털 기술의 적용은 근로자의 건강과 안전을 보호하며 작업 환경의 위험을 줄이는 중요한 역할을 한다. 이를 위해 다양한 혁신적인 기술들이 활용되고 있으며, 이들 기술은 실시간 모니터링, 위험 예측, 안전 교육, 그리고 위험 지역 감시에 기여한다.

웨어러블 디바이스는 근로자의 생체 신호와 작업 환경을 실시간으로 모니터링하여, 건강 위험 상황이나 유해 환경 노출을 즉각적으로 감지한다. Honeywell의 웨어러블 안전 기기는 근로자의 위치, 심박수, 주변 환경의 가스 농도 등을 모니터링하여, 위험 상황 발생 시 신속히 경고를 하게 된다.

가상현실 기술은 안전 교육과 훈련을 혁신적으로 개선한다. 근로자는 VR을 통해 위험한 상황을 안전하게 경험하고 적절한 대응 방법을 학습할 수 있으며, 이는 실제 상황 발생 시 근로자의 대응 능력을 크게 향상시킨다. Pixo VR은 화재 대응, 고소 작업 시 안전 규칙 준수 등 다양한 안전 상황을 VR을 통해 체험할 수 있는 교육 프로그램을 제공한다.

드론이나 로봇은 사람이 접근하기 어렵거나 위험한 지역의 안전 점검에 사용되며, 근로자를 위험에 노출시키지 않고도 필요한 유지 보수 작업이나 안전 점검을 수행할 수 있게 한다. 석유 및 가스 산업에서는 드론을 설비의 안전 점검에 널리 사용하고 있으며, 이를 통해 사전에 문제를 식별하고 사고를 예방할 수 있다.

특히 컴퓨터 비전 기술의 적용은 산업 안전 관리에 혁신적인 변화를 가져오고 있다. 이 기술은 카메라와 센서로부터 수집된 영상 데이터를 AI 알고리즘으로 분석하여, 작업장에서 발생할 수 있는 다양한 안전 위험을 실시간으로 감지하고 대응할 수 있게 한다.

컴퓨터 비전 기술은 안전 장비 착용 여부 확인, 위험 지역 침입 감지, 작업 태도 및 동작 분석, 그리고 사고 및 충돌 예방 등 다양한 분야에서 활용되고 있다. 안전 장비 착용 감지 기능을 통해, 근로자가 필수 안전 장비를 올바르게 착용하고 있는지 여부를 자동으로 확인할 수 있다. 건설 현장에서는 컴퓨터 비전을 사용하여 헬멧이나 안전 벨트 착용을 실시간으로 모니터링하여 근로자의 안전을 보장하게 된다.

위험 지역 침입 감지 기능은 특정 위험 구역에 근로자나 외부인의 무단 진입을 감지하고 즉각적인 경고를 발생시켜 사전에 사고를 방지할 수 있게 한다. 이는 특히 위험 물질을 취급하거나 고위험 작업을 수행하는 지역에서 중요한 안전 조치이다.

작업 태도 및 동작 분석을 통해 컴퓨터 비전은 근로자의 작업 방식을 분석하여 장기적으로 건강 문제를 유발할 수 있는 부적절한 자세나 반복 동작을 식별하고 교정할 수 있는 정보를 제공한다. 이는 근골격계 질환과 같은 직업병의 위험을 줄일 수 있다.

사고 및 충돌 예방 기능은 이동하는 기계, 차량, 근로자 간의 잠재적 충돌을 예측하고, 사전 경고를 통해 사고를 예방한다. 컴퓨터 비전 시스템은 이동 경로를 분석하여 충돌 가능성이 높은 상황을 구별하고, 적절한 조치를 취할 수 있도록 할 수 있다.

이와 같은 디지털 기술의 적용은 산업 안전 관리의 효율성을 향상시키며, 근로자의 생명과 건강을 보호하는 데 중요한 역할을 한다. 기업들은 이러한 기술을 도입하여 안전한 작업 환경을 조성하고, ESG 목표 달성을 위한 사회적 책임을 충실히 이행할 수 있다.

소셜 미디어 및 플랫폼

소셜 미디어 플랫폼을 통한 투명한 커뮤니케이션과 적극적인 참여는 고객 신뢰를 구축하고 브랜드 충성도를 강화하는데 도움이 된다. 이를 통해 기업은 지속 가능성과 사회적 책임에 대한 노력을 공유할 수 있으며, 실시간 대화로 고객 만족도를 높일 수 있다.

소셜 미디어는 ESG 성과를 공개하고 고객의 피드백을 받는 플랫폼이다. 예를 들어, 친환경 제품을 제조하는 기업은 환경 보호 노력을 소셜 미디어를 통해 알리고, 고객들로부터 의견을 들을 수 있다. 이렇게 하면 고객의 기대를 이해하고 충족시키는 데 도움이 된다. 또한, 소셜 미디어는 고객 문의 및 불만 처리에서 신속하고 효과적인 응답을 제공하는 채널이다. 기업은 이를 통해 고객 문제를 해결하고 긍정적인 경험을 제공하여 고객 만족도를 향상시킬 수 있다.

Ben & Jerry's는 소셜 미디어 활용의 좋은 예이다. 이 기업은 환경 보호와 사회적 정의에 중점을 둔 브랜드 철학을 가지고 있으며, 이를 소셜 미디어를 통해 적극적으로 전파한다. Ben & Jerry's는 기후 변화, 인종 평등, 난민 지원 등 다양한 사회적 이슈에 대한 입장을 공유하고, 고객 참여를 유도하는 캠페인을 통해 신뢰와 긍정적인 브랜드 인식을 강화한다. 이러한 활동은 고객이 기업의 ESG 노력을 인식하고 평가하는 데 도움을 준다. 이는 고객 만족도와 브랜드 충성도를 높이며, 지속 가능한 비즈니스 성장을 지원한다.

모바일 기술

ESG의 사회적 가치를 실현하는데 있어서, 모바일 기술은 광범위한 영향력을 가지며 다양한 분야의 사회적 문제 해결에 기여하고 있다. 모바일 기술은 정보 접근성을 개선하고, 교육 기회를 확장하며, 건강 관리를 향상시키고, 금융 서비스의 포용성을 증진하는 등 다양한 방법으로 활용되고 있다.

모바일 건강mHealth 애플리케이션은 사용자가 자신의 건강 상태를 모니터링하고 필요한 건강 정보에 접근할 수 있다. 이러한 앱은 의료 서비스 접근이 어려운 지역의 사람들에게 중요한 자원이 되어 건강 관리의 효율성을 높인다. 'MalariaSpot'은 모바일 게임을 통해 말라리아 진단을 지원하는 프로젝트로, 사용자들이 게임을 통해 말라리아 감염 여부를 판별할 수 있는 이미지를 분석하는데 도움을 준다.

모바일 학습 애플리케이션들은 언제 어디서나 학습할 수 있는 기회를 제공하며 교육의 포용성을 높인다. 'Duolingo'와 같은 언어 학습 앱은 사용자들이 모바일 기기를 통해 새로운 언어를 배우고, 교육의 장벽을 낮추며, 개인의 능력 개발을 지원하게 된다.

모바일 금융 서비스는 전통적인 은행 시스템에 접근이 어려운 사람들에게 금융 서비스를 제공하여 금융 포용성을 증진시킨다. 'M-Pesa'는 케냐에서 시작된 모바일 결제 및 송금 서비스로, 사용자들이 휴대폰을 통해 돈을 저장하고 송금하며 결제할 수 있게 해, 금융 서비스에 대한 접근성을 크게 향상시켰다.

모바일 기술은 사람들이 서로 연결되어 정보와 지원을 공유할 수 있는 플랫폼을 제공하며, 사회적 연결성을 강화한다. WhatsApp과 같은 모바일 메신저는 전 세계 사람들이 메시지, 이미지, 음성 노트를 주고받으며 소통할 수 있는 플랫폼을 제공한다.

이러한 플랫폼은 특히 재난 상황에서 정보를 공유하고 지원을 조직하는데 중요한 역할을 한다. 모바일 기술의 이런 활용은 ESG의 사회적 측면에서 중요한 발전을 이루고 있다. 교육, 건강, 금융 서비스의 접근성을 개선하고, 사람들 간의 연결을 강화하여, 사회적 가치를 실현하고, 사람들의 삶의 질을 향상시키며, 더 포용적이고 지속 가능한 사회를 구축하는데 기여한다.

디지털 교육 플랫폼

디지털 교육 플랫폼은 사회적 가치 실현에 중요한 기여를 한다. 이 플랫폼들은 교육 접근성을 대폭 향상시키고, 학습 기회를 공정하게 만들며, 다양한 배경을 가진 사람들에게 지속 가능한 발전과 개인의 성장을 위한 자원을 제공한다. 이 과정에서, 디지털 교육 플랫폼은 교육의 포용성을 높이고, 교육 격차를 줄이며, 평생 학습의 기회를 확대하는 데 중요한 역할을 하게 된다.

Coursera, Khan Academy, EdX, 그리고 Google Classroom은 디지털 교육 플랫폼의 역할을 잘 보여주는 사례들입니다. Coursera와 EdX는 세계 유수 대학과 기관의 고품질 온라인 코스를 제공함으로써, 사용자가 전문지식과 기술을 얻을 수 있는 기회를 제공한다. 이는 특히 고등교육에 접근하기 어려운 지역이나 경제적 여건이 열악한 학습자에게 중요하다. Coursera의 Coursera for Campus 프로그램과 EdX의 MicroMasters 같은 프로그램은 직업적 기술을 향상시키고, 경력 발전을 지원하는 구체적인 경로를 제공한다.

Khan Academy는 모든 연령대의 학습자에게 무료로 학습 자원을 제공함으로써, 학습자가 자신의 속도로 다양한 주제를 학습할 수 있게 한다. 이러한 접근은 교육의 평등성을 강화하고, 특히 기초 교육 자원이 부족한 지역의 학생들에게 교육 기회를 확대해 준다.

Google Classroom은 교육 기관이 디지털 환경에서 교육 콘텐츠를 효율적으로 관리하고, 학생들과의 소통을 강화할 수 있게 함으로써, 교육 과정의 디지털 전환을 지원한다. 이 플랫폼은 특히 팬데믹 동안 원격 학습의 필수 도구로서의 역할을 했으며, 교사와 학생 간의 상호작용을 용이하게 하는 동시에 교육의 질을 유지하고 개선하는 데 기여했다.

이러한 디지털 교육 플랫폼의 적용 사례들은 교육의 접근성을 향상시키고, 교육 격차를 줄이며, 평생 학습의 기회를 확대하는 데 중요한 역할을 하고 있습니다. 디지털 교육 플랫폼의 발전과 활용은 ESG의 사회적 목표 달성에 기여하며, 지속 가능한 사회를 위한 교육의 변화와 혁신을 촉진할 수 있다.

원격근무 솔루션

원격근무 솔루션은 근로자의 유연성과 웰빙 증진, 직장 내 다양성과 포용성 강화, 그리고 환경 영향 최소화할 수 있다. 팬데믹 기간 동안 원격근무 솔루션의 도입이 가속화되었고, 많은 기업과 조직이 이를 지속 가능한 근무 방식으로 채택했다.

원격근무 솔루션은 근로자에게 지리적 제약 없이 일하는 기회를 제공하므로 일과 생활의 균형을 찾고 개인적 웰빙을 증진시켜 주었다. Slack, Zoom, Microsoft Teams와 같은 협업 도구는 팀원들이 시간과 장소에 구애받지 않고 효과적으로 소통하고 협력하는 환경을 제공한다. 이런 도구들은 근로자가 업무를 더 유연하게 관리할 수 있게 하며, 근로자 만족도와 생산성을 향상시켰다.

또한 원격근무 솔루션은 다양한 배경과 상황을 가진 사람들에게 고용 기회를 제공하여 직장 내 다양성과 포용성을 강화해 준다. 장애를 가진 사람들, 돌봄 의무가 있는 사람들, 그리고 지방이나 접근성이 낮은 지역에 사는 사람들도 원격근무를 통해 자신의 능력을 발휘할 수 있는 기회를 얻게 되었다.

GitLab과 같은 완전 원격 회사는 전 세계 어디에서나 근무할 수 있는 정책을 통해 글로벌 인재를 유치하고, 다양성을 기업 문화의 핵심 가치로 삼고 있다.

원격근무는 출퇴근으로 인한 탄소 배출을 줄이고, 사무실 운영에 필요한 에너지 소비를 감소시키는 등 환경에 미치는 영향을 줄여 준다. 따라서, 원격근무 솔루션의 활용은 기업의 탄소 발자국 감소 목표 달성에 기여할 수 있게 된다.

이러한 역할과 사례들을 통해 원격근무 솔루션은 ESG의 사회적 측면에서 중요한 가치를 제공한다. 유연한 근무 환경은 근로자의 만족도와 웰빙을 향상시키고, 다양성과 포용성을 촉진하며, 환경적 지속 가능성을 기대 할 수 있다. 따라서, 원격근무 솔루션의 지속적인 발전과 적용은 사회적 가치를 증대하고, 지속 가능한 미래를 위한 긍정적인 변화를 촉진하게 될 것이다.

3

디지털 거버넌스: 디지털 기반 투명성과 책임성 강화

사이버 보안 기술

개인정보 유출은 기업에 심각한 영향을 미칠 수 있는 문제이다. 이는 고객의 신뢰를 상실하고 법적 책임과 금전적 손실을 초래하며, 기업의 명성과 브랜드 가치에도 영구적인 피해를 줄 수 있다. 따라서, 정보보호는 기업 거버넌스의 핵심 요소이며, 사이버보안 기술의 적용은 이를 위한 필수적인 조치이다.

개인정보 유출의 한 사례로, 대규모 소셜 미디어 플랫폼에서 발생한 데이터 유출 사건을 들 수 있다. 이 사건에서 수백만 사용자의 개인정보가 외부에 노출되어 사용자의 사생활 보호와 데이터 보안에 대한 우려를 증대시켰다. 이러한 사례는 기업이 개인정보 보호와 사이버보안에 충분한 투자와 관심을 기울여야 하는 이유를 명확히 보여준다.

사이버보안 기술은 이러한 위협으로부터 정보를 보호하고, 기업과 고객의 데이터를 안전하게 관리하는 데 중요한 역할을 한다. 현대의 사이버보안 기술에는 방화벽, 암호화, 침입 탐지 시스템, 안티바이러스 소프

트웨어 등이 포함되며, 이러한 기술들은 데이터 유출을 방지하고, 비인가 접근을 차단하는 데 사용된다.

사이버보안 기술의 적용 사례로는 금융 서비스 분야에서 볼 수 있다. 글로벌 은행들은 고객 데이터를 보호하고, 금융 거래의 안전을 보장하기 위해 고급 암호화 기술과 실시간 거래 모니터링 시스템을 도입하고 있다. 이러한 기술은 비정상적인 거래 패턴을 식별하고, 사기성 거래를 차단하여 고객의 자산을 보호한다.

클라우드 서비스 제공업체의 보안 관리 방안은 좋은 사례이다. 이들은 다중 인증, 데이터 암호화, 정기적인 보안 감사를 통해 클라우드상의 데이터와 서비스의 보안을 강화했다. 이를 통해 기업은 클라우드 기반의 서비스를 안전하게 이용하면서 동시에 데이터 보호 규정을 준수할 수 있다.

사이버보안 기술의 적용은 개인정보 보호와 기업 거버넌스의 강화에 필수적이며, 기업이 사이버 위협으로부터 자신의 자산과 고객의 데이터를 보호하는 데 중요한 역할을 한다. 이는 기업의 지속 가능성과 사회적 책임 이행에 기여하며, 이해관계자들로부터의 신뢰를 증진시킬 수 있게 된다.

AI 기반 의사결정 시스템

AI 지원 시스템은 기업이 복잡하고 다양한 데이터를 분석하여 투명하고 책임감 있게 의사결정을 돕는다. AI 기술은 거버넌스 관련 측면에서 효율성과 정확성을 높이며, 위험 관리, 규제 준수, 이해관계자와의 소통을 강화한다.

AI 기반 의사결정 시스템은 대량의 데이터를 빠르게 처리하고 분석할 수 있어, 기업이 시장 변화, 규제 요구사항, 기타 외부 요인에 신속하게 대응하게 한다. 이 시스템은 잠재적 위험요소를 사전에 식별하고, 최적의 결정 경로를 추천하여 위험 관리를 강화한다.

규제 준수는 거버넌스의 중요한 요소이며, AI는 이를 지원하는 중요한 도구이다. AI 시스템은 관련 법규와 규제의 변경사항을 지속적으로 모니터링하고, 기업의 규제 준수 상태를 자동으로 검토한다. 이는 기업이 법적 요구사항을 충족하고, 법적 위험을 최소화하는데 도움을 준다.

AI 기술의 또 다른 적용 분야는 이해관계자와의 소통 강화이다. AI 기반 분석 도구는 고객, 투자자, 공급망 파트너 등 이해관계자로부터 수집된 피드백과 의견을 분석한다. 이를 통해 기업은 이해관계자의 요구와 우려를 더 잘 이해하고, 이에 대응하는 전략을 수립한다.

대형 금융 기관들은 AI를 활용하여 신용 위험, 시장 위험, 운영 위험을 평가하고 관리한다. 예를 들어, JP Morgan Chase는 AI 기반의 시스템을 사용하여 대출 심사 과정에서의 위험을 평가하고, 부도 확률을 예측한다.

RegTech규제 기술 스타트업들은 AI 기반 솔루션을 제공하여, 거래 모니터링, 사기 탐지, 규제 보고 과정을 자동화한다. 이를 통해 기업들은 규제 준수를 강화할 수 있다.

기업은 AI를 활용하여 소셜 미디어, 고객 설문조사, 시장 조사에서 얻은 대규모 데이터를 분석한다. 이를 통해 고객의 선호와 기대를 더 잘 파악하고, 맞춤형 제품과 서비스를 개발할 수 있다.

디지털 컴플라이언스compliance

디지털 기반의 컴플라이언스는 기업이 규제 요구사항을 효과적으로 충족하고, 윤리적 기준을 유지하는 데 중요한 역할을 한다. 디지털 기술을 활용하는 컴플라이언스 방안은 기업이 복잡한 규제 환경에서도 투명성을 보장하고, 리스크를 관리하며, 이해관계자의 신뢰를 얻을 수 있도록 지원한다. 이러한 방안에는 데이터 분석, 자동화된 컴플라이언스 모니터링, 그리고 전자문서 관리 시스템 등이 포함된다.

규제 준수 과정에서 대량의 데이터를 분석하고 관리해야 하는 경우, AI와 머신러닝 기술은 유용한 도구가 된다. 이 기술들은 기업이 규제 보고 요구사항을 충족하는 데 필요한 데이터를 신속하게 식별하고 분석할 수 있도록 하며, 가능한 리스크를 사전에 감지하고 대응할 수 있게 한다. 또한, AI 기반의 자동화 도구는 반복적인 컴플라이언스 작업을 자동화하여 정확성을 높이고 시간을 절약할 수 있다.

전자문서 관리 시스템은 규제 문서, 정책, 절차 등을 디지털 형태로 저장하고 관리함으로써, 필요할 때 쉽게 접근하고 검토할 수 있도록 한다. 이 시스템은 문서의 버전 관리와 변경 기록을 유지하여, 컴플라이언스의 투명성과 추적 가능성을 보장한다.

HSBC는 AI와 빅 데이터 분석을 활용하여 자금세탁 방지AML 및 테러 자금 조달 방지 규정 준수를 강화하고 있다. 이 프로그램은 거래를 실시간으로 모니터링하고, 의심스러운 활동을 자동으로 식별하여, 효율적인 위험 관리와 규제 보고를 지원한다.

Deloitte는 규제 기술RegTech 솔루션을 통해 기업의 컴플라이언스 프로세스를 자동화하고 최적화한다. 이 솔루션은 규제 변경 사항을 추적하고, 컴플라이언스 리스크 평가를 자동화하며, 규제 보고 작업을 간소화한다.

디지털 기반의 컴플라이언스 방안은 기업이 규제 준수를 보다 효과적으로 관리할 수 있게 하며, 거버넌스 목표 달성에 필수적인 요소다. 이를 통해 기업은 규제 리스크를 감소시키고, 운영 효율성을 높이며, 장기적으로 이해관계자와의 신뢰를 구축할 수 있다.

디지털 투표 플랫폼

디지털 투표 플랫폼은 주주들이 기업 결정 과정에 투명하고 효율적으로 참여할 수 있는 수단을 제공함으로써, 기업 거버넌스의 투명성과 책임성을 강화한다. 이는 주주 참여를 촉진하고, 의사결정 과정에서 다양한 이해관계자의 목소리를 반영할 수 있는 기회를 확대한다. 디지털 투표 플랫폼의 도입은 여러 가지 이유에서 필요하다. 첫째, 이 플랫폼은 주주들이 물리적으로 총회에 참석하지 않고도 투표할 수 있게 함으로써, 주주 참여의 장벽을 낮춘다. 둘째, 실시간 투표 결과의 집계와 공개는 의사결정 과정의 투명성을 높인다. 셋째, 디지털 투표는 투표 과정에서 발생할 수 있는 인간의 오류를 줄이고, 투표의 정확성과 신뢰성을 향상시킨다.

디지털 투표 플랫폼의 적용 사례로는 다음과 같은 경우가 있다. Broadridge Financial Solutions는 전 세계적으로 기업들이 주주 총회를 위한 디지털 투표 솔루션을 제공한다. 이 플랫폼은 주주들이 온라인으로 투표할 수 있게 하며, 투표 결과를 실시간으로 집계하고 분석한다. Broadridge의 솔루션은 기업 거버넌스를 향상시키는데 기여하며,

주주들이 기업 운영에 보다 쉽게 참여할 수 있도록 한다.

에스토니아는 정부 차원에서 전자 투표 시스템을 도입한 사례로 유명하다. 이 시스템은 국가 선거뿐만 아니라, 기업의 주주 총회 등에서도 활용될 수 있다는 잠재력을 보여준다. 에스토니아의 전자 투표 시스템은 투표 과정의 효율성을 높이고, 참여를 증진시키며, 의사결정 과정의 투명성을 강화하는 모범적인 사례로 평가받는다.

디지털 투표 플랫폼의 도입은 ESG의 거버넌스 측면에서 기업의 투명성과 책임성을 높이는 중요한 방안이다. 이러한 플랫폼은 기업과 주주 간의 소통을 강화하고, 모든 주주들이 기업 운영에 적극적으로 참여할 수 있는 환경을 조성함으로써, 거버넌스의 질을 개선한다.

투명성 및 정보 공개 기술

투명성 및 정보 공개는 기업의 책임감 있는 운영을 보여주고 이해관계자의 신뢰를 구축하는 데 중요하다. 이를 위해 다양한 기술이 도입되어 기업의 활동, 성과 및 관련 데이터를 효율적으로 수집, 관리 및 공개하는 데 기여한다. 블록체인 기술은 데이터의 불변성과 분산된 원장 시스템을 통해 공급망 내에서의 투명성과 추적성을 크게 향상시킨다. 이는 기업이 원재료의 출처부터 최종 제품에 이르기까지의 전 과정을 기록하고 공개할 수 있게 함으로써, 지속 가능한 관행을 증명하고 이해관계자들에게 신뢰를 제공한다.

De Beers의 'Tracr' 플랫폼은 블록체인을 사용하여 다이아몬드의 공급망을 추적하고, 각 다이아몬드가 윤리적으로 채굴되고 거래되었음을 보증한다. 이 시스템은 다이아몬드 산업 내에서 투명성과 신뢰를 구축하는 데 기여한다. 클라우드 기술은 기업이 대량의 데이터를 효율적으로 저장, 관리 및 분석할 수 있게 한다. 이를 통해 기업은 ESG 관련 데이터를 정확하고 신속하게 공개하며, 이해관계자들과의 커뮤니케이션을 강화할 수 있다.

Salesforce의 'Sustainability Cloud'는 기업이 자신의 탄소 발자국을 추적하고, 지속 가능성 목표 달성을 위한 데이터를 관리하며, 관련 보고서를 생성할 수 있도록 지원하는 클라우드 기반 솔루션이다. 이 플랫폼을 통해 기업은 환경 관련 성과를 투명하게 공개하고 이해관계자의 신뢰를 얻을 수 있다. 인공지능과 빅 데이터 분석은 기업이 대규모 데이터 세트에서 유의미한 인사이트를 추출하고, 복잡한 ESG 관련 정보를 효과적으로 공개하는 데 도움을 준다. 이는 전략적 의사결정을 지원하고, 투명성을 높인다.

Thomson Reuters의 'ESG Data' 서비스는 AI와 빅 데이터 분석을 활용하여 기업의 ESG 성과를 평가하고, 이러한 데이터를 투자자와 기타 이해관계자에게 제공한다. 이 서비스는 기업이 자신의 ESG 관련 활동을 투명하게 공개하고, 이해관계자들로부터 신뢰를 구축하는 데 기여한다. 이러한 기술들은 ESG의 거버넌스 측면에서 기업의 투명성과 정보 공개를 강화하는 데 중요한 역할을 하며, 지속 가능한 발전과 책임감 있는 운영을 위한 기업의 노력을 지원한다.

성공적인 디지털 전환 기반 ESG 경영을 위한 제언

성공적인 ESG 경영을 위한 디지털 전환은 기업이 지속 가능성과 사회적 책임 목표를 효과적으로 달성할 수 있게 지원한다. 이 과정에서 몇 가지 핵심 전략이 중요한 역할을 한다. 첫째, ESG 경영과 디지털 기술의 연계 전략 수립은 기업이 자신의 사업 모델과 운영 방식에서 지속 가능성을 중심으로 한 변화를 이끌어내는 데 필수적이다. 이를 위해 기업은 자신의 ESG 목표를 명확히 정의하고, 이러한 목표를 지원할 수 있는 디지털 기술을 식별해야 한다. 예를 들어, 탄소 배출 감소 목표를 가진 기업은 에너지 효율성을 개선하기 위한 IoT사물인터넷 솔루션을 도입할 수 있다.

둘째, 적합한 디지털 기술 도입 및 활용은 ESG 경영의 성공을 위해 중요하다. 이 과정에서 클라우드 컴퓨팅, 빅 데이터 분석, 인공지능 같은 기술이 환경 관리, 사회적 책임 이행, 투명한 거버넌스 구현에 기여할 수 있다. 기술 선택 시에는 기업의 특정 ESG 목표와의 연관성, 비용 효과성, 구현 가능성을 고려해야 한다.

셋째, 데이터 관리 및 분석 시스템의 구축은 ESG 경영에서 중요한 요소다. 데이터는 기업이 ESG 성과를 측정하고, 전략을 조정하며, 이해관계자에게 보고하는 데 필요하다. 따라서, 효과적인 데이터 관리 시스템은 정확하고 신뢰할 수 있는 데이터를 제공하여 의사 결정을 지원한다.

넷째, 직원 교육 및 역량 강화는 디지털 전환과 ESG 경영의 성공을 위해 필수적이다. 직원들이 새로 도입된 기술과 ESG 목표의 중요성을 이해하고, 이를 업무에 효과적으로 적용할 수 있게 지원하는 교육 프로그램이 필요하다.

마지막으로, 정부 및 기관과의 협력은 ESG 경영을 강화하고, 디지털 전환을 가속화하는 데 도움을 준다. 정책적 지원, 자금 조달, 파트너십 구축 등은 기업이 지속 가능한 발전을 위한 디지털 솔루션을 도입하고 확대하는 데 중요한 역할을 한다.

　이러한 전략들은 기업이 디지털 기술을 활용하여 ESG 목표를 효과적으로 달성하고, 지속 가능한 경영을 실현하는데 필요한 토대를 마련한다. 디지털 전환은 단순히 기술의 도입을 넘어, 조직 문화, 운영 프로세스, 그리고 외부 이해관계자와의 관계에 이르기까지 기업 전반에 걸친 변화를 요구한다.

8장

중소기업의 ESG 도전과 기회

김지훈

선일다이파스, 대표이사

1

중소기업의 현실과 ESG 도입 전략

ESG는 현재 중소기업에게도 중요한 개념이 되었다. 과거에는 중소기업들이 기업의 사회적 책임이나 공유가치를 고민할 때 대기업들의 주도를 따르는 것이 일반적이었다. 그러나 시간이 지나면서 CO_2 배출 감소와 같은 환경 이슈가 탄소중립으로 변화하며 ESG라는 용어가 점차 일반화되었다. 이런 변화로 기업들은 ESG를 현실의 문제로 인식하기 시작했다. 그럼에도 불구하고 중소기업들이 ESG를 현재의 품질시스템이나 다른 시스템들처럼 컨설팅을 받아 인증을 받는 것으로 생각하며, 실제로 어떤 행동을 해야 할지 혼란스러워하는 것이 현실이다.

중소기업의 ESG 경영 도전과 기회

중소기업에서 ESG 경영을 잘못 다루게 되면, 여러 가지 부정적인 결과에 직면하게 된다. 우선, 투자자들은 ESG를 기업 평가의 중요한 요소로 여긴다. 따라서, 만약 중소기업이 ESG 요구사항을 충족시키지 못한다면, 이는 곧 투자자들의 신뢰를 잃게 되는 결과로 이어진다. 더 나아가, 최근 소비자들은 기업의 사회적 및 환경적 책임에 점점 더 많은 관심을 기울이고 있다. 이런 트렌드 속에서 ESG 기준을 무시하는 기업은 소비자들로부터 부정적인 반응을 받게 되며, 이는 판매 감소와 같은 직접적인 영향으로 이어질 수 있다.

또한, ESG와 관련된 법률 및 규제를 준수하지 않는 경우, 중소기업은 법적 문제에 직면할 위험이 있다. 이는 벌금, 배상금 지불, 심지어 영업 정지와 같은 더 큰 문제로 발전할 수 있다. 그리고 ESG를 무시하는 기업은 사회적 평판에도 큰 타격을 받게 된다. 이러한 평판 손상은 브랜드 가치와 고객 신뢰에 부정적인 영향을 미치며, 장기적으로 기업 성장에 큰 장애가 될 수 있다.

기업의 운영 효율성도 ESG 경영과 밀접하게 연결되어 있다. 지속 가능성 및 효율성 측면에서 뒤처지는 기업은 비용 증가와 경쟁력 감소라는 문제에 직면하게 된다. 마지막으로, 기업 내외부 이해관계자들 사이의 갈등은 기업의 발전과 성장에 부정적인 영향을 미칠 수 있다. 이해관계자들과의 관계를 잘 관리하지 못하는 것은 결국 기업의 지속 가능한 성장을 저해하는 요인이 된다.

이처럼 중소기업이 ESG를 제대로 관리하지 못할 경우 겪게 되는 문제들은 다양하다. 투자자 신뢰 손실, 소비자들의 부정적 반응, 법률 및 규제 위반, 사회적 평판 손상, 운영 효율성 저하, 그리고 이해관계자 간의 갈등 등이 그 예이다. 이러한 문제들은 중소기업에게 심각한 도전이 될 수 있으며, 따라서 ESG 경영에 대한 올바른 접근과 관리가 필요하다.

대부분의 중소기업들은 대기업에 부품이나 반제품을 공급하는 구조에 있으며, 점차 해외 시장을 개척해 고유 브랜드나 OEM으로 수출하려는 추세다. 이에 따라 ESG도 대기업이나 해외 고객의 요구에 따라 수동적으로 받아들이는 것이 현실이다. 또한, 자체적으로 소비자에게 공급하거나 2, 3차 이상의 단계에서 공급망 내에서 공급하는 중소기업들은 막연한 불안감에 시달리고 있다. 실제로 해당 수준의 중소기업 경영자들은 정부나 관련 기관에서 지원하는 컨설팅을 받아서 컨설턴트가 탄소 배출량이나 지속경영 시스템을 구축해주길 기대하고 있지만, 내부에서는 인력 육성이나 자체적인 관리 시스템을 구축하는 것은 고려하지 않는 경우가 많다. 그나마 법적 요구사항으로 안전, 환경 관리자를 채용하고 있는 기업들은 이 인원들로 ESG 대응을 하겠지만, 50인 미만의 소기업의 경우에는 전담자가 없어 ESG는 아직 현실의 문제가 아니라고 생각할 수 있다.

안전과 관련된 중대재해처벌법을 보면, 기업들은 공포감을 느끼고 기업가의 의욕을 꺾는 불안감에 휩싸여 있다. 정확히 어떤 것을 준비해야 하고, 어떻게 준비해야 하며, 누구에게 도움을 청해야 할지 모르는 상황이다. 당장 눈앞의 일도 해결하지 못하는 상황에서 더 이상 부담을 감당할 수 없다는 부정적인 인식이 확산되고 있다. 이에 유예기간이 끝났음에도 불구하고 기업들은 집단으로 모두 죽는다며 시위만 하는 것이 현실이다. 이런 상황을 바꾸기 위해서는 중소기업들이 ESG를 오직 부담이나 위험으로만 보지 않고, 기회로 변환할 수 있는 방법에 대해 배워야 할 필요성이 있다.

중소기업의 ESG 현실과 대응

정부 및 관계기관이 많은 예산을 투입해 만든 많은 정보와 자료가 소기업에게 효과적으로 전달되지 않아, 오해를 가지거나 무지한 경우가 발생하고 있다. 대부분의 소기업에서 전담 인원이 없고, 대표자가 모든 업무를 직접 수행하는 현실에서, ESG가 현실화된 이 시점에서는 정부 및 기관의 지원이 내용적으로 더 추가되기보다는, 정보가 기업에 효과적으로 도달할 수 있는 방법과 채널 개선에 더 많은 노력을 기울여야 할 것이다. 이러한 노력이 없으면, 국가 경쟁력에 손해를 보고, 세금으로 지원된 중요한 정부 사업의 효율성이 떨어지는 상황이 발생할 것이다.

특정 산업에서, 예를 들어 유럽이나 자동차 산업에서는 ECOVADIS 인증과 CDP 요구로 인해 수출 기업이나 대기업의 1차 공급업체들이 컨설팅을 받고 내부 시스템을 구축하고 있다. 이러한 시스템 구축이 이루어지면, 하위 공급업체나 소규모 기업들에게도 이 정보가 전파되게 된다.

많은 중소기업들이 ISO9000 인증을 시작으로 품질 조직을 통해 인증을 받고, 고객의 요구에 맞는 시스템을 구축해왔다. 그러나 대부분의 중소기업에서는 전담 조직이 없으며, 품질 담당자들이 시스템 구축 및 인증 유지 작업을 수행하고 있다. 안전 환경 전담부서나 전담자가 있는 조직은 주로 중견기업에 해당되며, 중소기업에서 ESG를 전담하는 조직이나 인력을 갖추는 것은 현실적으로 어렵다.

안전, 환경, 인권 등의 취지를 준수하는 제품을 선호하는 선진 소비자의 요구는 기업에게 큰 부담을 주고 있으며, 이러한 비용이 가격에 반영되는 경우는 드물다. 의식 있는 소비를 위해서는 소비자가 이에 따른 비용을 지불해야 하며, 대기업을 통해 공급자에게 이 비용이 분배되어야 한다. 그렇지 않을 경우, 시장은 비용 지불 없이 현실적인 요구만을 하게 되어, 기업의 수익성이 악화되고, 이는 직원의 경제적 보상 감소로 이어질 것이다.

소비재 시장에서는 많은 소비자들이 기업의 이미지를 중요하게 생각하고, 윤리적 경영을 실천하는 기업의 제품을 선호한다. 그러나 B2B 시장에서는 구매력이 크고 일방적인 관계 때문에, 소비자의 의도가 공급망 전체에 혜택으로 돌아가지 않는 경우가 많아, 공급망 하단의 기업들이 큰 부담을 지게 된다. 따라서 ESG 관점에서 공급망 관리의 투명성과 공정성은 중소기업의 ESG 정착을 위한 중요하고 시급한 과제이다.

최근에 추진되고 있는 단가연동제가 이러한 문제를 고려하여 구현된다면, 중소기업이 ESG에 실질적으로 투자할 수 있는 기회가 될 것이며, 이는 기업의 경쟁력과 지속 가능성에도 도움된다.

인구 감소 문제는 미래를 향해 나아가는 대한민국에게 심각한 도전이 되고 있다. 중소 제조업에서 이미 겪고 있는 인력난은 더욱 심화될 것이며, 중소기업의 ESG 관점에서 볼 때 현장 인력 문제는 더욱 큰 과제가 될 것이다. 일부 이민 정책 등으로 이 문제를 완화할 수 있을 것으로 보이지만, 지방 중소 제조업에서 기술적 해결과 관리 인력 확보는 더 큰 도전이 될 것이다. 지방의 균형 발전을 위해 젊은 인재가 지방에 남거나 유입되는 정책이 필요하지만, 이에 대한 한계가 예상된다.

정부나 관련 기관의 지원만으로는 한계가 있으며, 지방정부, 기관 및 중소기업 협동조합과 같은 유관 단체들과의 협력을 통해 업종이나 규모별로 표준화를 추진해야 한다. 에너지 사용 및 탄소 배출량 등의 측정 및 관리가 표준화되고 비용이 최소화되어야만 중소기업이 생존하고 해외 기업들과 지속적으로 경쟁할 수 있다.

그러나 환경 부문 외에 사회나 지배구조에 대한 이해가 부족하거나 현실적으로 도전하기 어려운 상황에 있는 중소기업들이 많다.

중소기업의 ESG 도전과 극복 방법

중소기업들이 ESG 원칙을 실천하는 데에는 다양한 어려움이 존재할 것이다. 가장 먼저, 자원의 부족이 큰 문제로 여겨지고 있다. 중소기업들은 대기업에 비해 제한된 자원을 보유하고 있으며, 이로 인해 ESG를 추진하는 데 필요한 자금, 시간, 인력 등이 부족하다는 점에서 어려움을 겪고 있다. 이는 중소기업의 ESG 실천을 어렵게 만드는 주요한 장애물 중 하나이다.

둘째, ESG에 대한 이해도와 전문 지식이 부족하다는 점이 문제가 될 수 있다. ESG에 대한 전반적인 이해와 이를 실무에 적용할 수 있는 전문 지식이 부족하면, ESG 원칙을 효과적으로 이행하는 데 어려움을 겪게 될 것이다. 이는 중소기업이 ESG에 대한 관심을 가지는 데에도 한계를 두는 요인 중 하나이다.

셋째, 소비자, 투자자, 정부, 지역사회 등의 이해관계자들로부터의 ESG 관련 요구나 압력에 대한 부담을 언급할 수 있다. 이들 이해관계자들이 ESG 원칙을 준수하는 것을 요구하거나, 그렇지 않을 경우 비판하거나 제재하는 등의 압력을 가하면, 중소기업은 이에 대한 부담을 갖게된다.

넷째, ESG 실천을 위한 초기 비용이 크기 때문에 이에 대한 경제적 부담을 겪을 수 있다. ESG 원칙을 실천하기 위해 필요한 초기 투자비용은 상당히 크며, 이는 중소기업에게 무겁게 다가올 것이다.

이러한 어려움들을 극복하기 위한 방안으로는 여러 가지가 제시될 수 있다. 먼저 경영진이 ESG의 중요성을 인지하고 이를 기업의 핵심 가치로 받아들여 리더십을 발휘해야 한다. 이렇게 하면, ESG 원칙을 기업의 핵심 가치로 인식하고, 이에 따라 행동할 수 있게 된다.

둘째, 외부 컨설팅 회사나 전문가의 도움을 받아 ESG 전략을 수립하고 실천하는 것이 하나의 방법이 될 수 있다. 이러한 전문가들은 ESG에 대한 깊은 이해와 전문 지식을 가지고 있으며, 이를 통해 중소기업이 ESG 원칙을 효과적으로 이행할 수 있도록 도와줄 것이다.

셋째, 같은 규모의 중소기업들과 협력하여 리소스를 공유하고, ESG 프로그램을 공동으로 개발하고 운영하는 것이다. 이를 통해 각 기업은 자신들의 리소스를 보다 효율적으로 활용하고, ESG 원칙을 더욱 효과적으로 실천할 수 있게 된다.

넷째, 정부나 금융 기관으로부터의 지원을 받아 ESG 관련 프로젝트나 프로그램을 위한 자금을 확보하는 것이다. 이를 통해 ESG 실천을 위한 초기 비용 부담을 줄일 수 있다.

다섯째, ESG 실천을 위한 목표를 점진적으로 설정하고 달성하는 방식으로 초기 부담을 줄이는 것이다. 이를 통해 ESG 원칙을 단계적으로 실천하며, 이에 따른 부담을 최소화 하는 것이다.

여섯째, 기업이 자신의 ESG 노력을 고객, 투자자, 이해관계자들에게 투명하게 소통함으로써 신뢰를 구축하고 지지를 얻는 것이 중요하다. 이를 통해 이해관계자들의 지속적인 지지를 얻을 수 있다.

일곱째, 중소기업의 특성과 현실을 고려한 맞춤형 ESG 전략을 수립하는 것이다. 이를 통해 각 중소기업의 특성과 상황에 맞는 ESG 전략을 구축하고, 이를 통해 ESG 원칙을 효과적으로 실천할 수 있게 된다.

마지막으로, 중소기업들이 처음으로 할 수 있는 것은 자치단체나 각종 협회, 기관에서 진행하는 ESG 교육이나 세미나에 참석하는 것이다. 하지만 지방에 위치한 기업들은 이러한 기회를 얻기 어려울 수 있으므로, 온라인 교육이나 도서 및 자료를 통한 학습이 선행되어야 한다. 이를 통해 ESG에 대한 기본적인 이해를 갖고, 이를 실무에 적용하기 위한 첫 걸음을 내딛을 수 있을 것이다.

ESG 성공을 위한 중소기업의 체계적 접근

중소기업이 ESG 추진 목표를 수립하고 전략을 세우는 과정은 여러 단계를 거치게 된다. 이 과정의 시작점은 중소기업이 자신들의 ESG 현황을 평가하고 이를 충분히 이해하는 것이다. 이 평가 과정에서 환경적, 사회적, 지배구조적 요소를 꼼꼼히 분석하게 되며, 이를 통해 자사의 강점과 개선이 필요한 부분을 확인할 수 있다. 이는 기업이 현재 어디에 위치해 있는지를 파악하고, 어떤 방향으로 나아갈지 결정하는 데 매우 중요한 단계일 것이다.

자사의 ESG 요소에 대한 충분한 이해를 바탕으로, 중소기업은 실천 가능하면서도 구체적인 ESG 목표를 설정한다. 이러한 목표 설정은 기업의 비전과 가치를 반영하며, 기업이 지향하는 방향을 명확하게 할 수 있다. 목표를 설정한 이후에는 각각의 E, S, G 영역에 대해 구체적인 계획을 수립하고, 실행할 전략을 마련하는 것이다. 예를 들어, 환경적 목표를 달성하기 위해 에너지 절감 방안을 수립하고 시행하며, 자원의 재활용 프로그램을 도입하거나 탄소 배출량을 줄이는 활동을 실시할 수 있다.

ESG 목표를 달성하기 위해서 필요한 자원을 적절하게 할당하는 것도 중요하다. 이 과정에서 현실에 맞는 적절한 예산, 시간, 인력 등을 포함시킬 필요가 있으며, 이는 목표의 성공적인 달성을 위해 중요하다. 설정된 목표에 따라 진행되는 활동들을 정기적으로 모니터링하고, 그 진행상황을 평가하여 필요에 따라 조정해야 한다. 이 과정은 정기적인 보고서 작성 및 외부 감사를 포함할 수 있으며, 많은 중소기업들이 고객의 요구나 가이드라인에 따라 모니터링되고 평가받게 된다.

ESG 노력을 내외부에 투명하게 소통하는 것은 기업의 신뢰성을 높이는 데 중요하다. 먼저 내부 구성원들에게 ESG 경영을 선포하고 교육 및 시행을 함으로써 모든 구성원이 ESG의 중요성을 이해하고 이를 실천하게 한다. 또한 고객, 투자자, 사회 및 환경 단체 등의 외부 이해관계자들에게 중소기업의 ESG 노력을 소개하고 공유함으로써 신뢰와 지지를 확보할 수 있을 것이다. 이는 기업이 사회적 책임을 다하는 것뿐만 아니라, 기업의 이미지와 브랜드 가치를 높일수 있게 된다.

- 대기업은 환경 문제, 사회적 이슈, 그리고 지배구조적 요소들을 균형있게 처리하려는 노력을 기울이고 있지만, 현실에서 중소기업은 환경 보호를 넘어 중대재해처벌법 준비의 부족과 이에 대한 저항을 해결해야 하는 문제에 직면해 있다. 이러한 문제를 해결하기 위해 다양한 노력과 대응 전략이 필요하다.
- 법률 준수를 강화해야 한다. 기업은 중대재해처벌법 및 기타 관련 법률을 철저히 이해하고 준수해야 하며, 필요한 준비와 대비 조치를 적시에 실시하여 법적

리스크를 최소화해야 한다. 이를 위해 기업 내부의 법률 준수 체계를 강화하고, 법률 위반에 따른 피해를 최소화하기 위한 시스템을 마련하는 것이 중요하다.

- 위험 관리를 강화해야 한다. 기업은 잠재적인 중대재해에 대한 위험을 식별하고 관리하기 위한 시스템을 구축하고 운영해야 한다. 이러한 시스템을 통해 사고 발생 가능성을 최소화하고, 사고 발생 시 즉각적인 대응이 가능하도록 체계를 갖추는 것이 중요하다.

- 투명성과 소통을 강화해야 한다. 기업은 이해관계자들과의 투명하고 개방적인 소통을 통해 사고 예방 및 대응에 대한 정보를 적극적으로 공유해야 할 것이다. 또한, 기업 내부의 모든 직원들에게 중대재해처벌법 및 관련 규정에 대한 인식과 이해를 높이는 교육을 실시해야 한다.

중소기업은 ESG를 통해 지속 가능한 경영과 사회적 책임을 강화하며, 경제적 가치뿐만 아니라 사회적 가치도 창출할 수 있다. 이를 위해 제한된 예산 내에서 ESG 목표를 달성하기 위한 비용 효율적인 접근 방식과 도구를 찾는 것이 중요하다. 중소기업중앙회의 조사에 따르면, 비록 공급망 실사와 ESG 공시 등에 투자할 수 있는 예산은 제한적일 수 있으나, 이를 통해 얻을 수 있는 이익은 상당할 것이다.

이러한 문제를 해결하기 위한 지원 방안으로 중소기업중앙회 등의 컨설팅 지원이 있지만, 많은 기업들에게 혜택이 돌아가기 어려운 상황을 고려할 때, 중소기업중앙회가 발간한 '중소기업 ESG 경영 지원을 위한 ESG 우수사례집'을 적극 활용하는 것이 필요하다. 이 자료집에는 중소기업에 맞는 다양한 사례와 정보가 담겨 있으며, 이를 통해 중소기업들이 ESG를 효과적으로 도입하고 관리하는 방법을 배울 수 있을 것이다.

2

중소기업의 ESG 목표 설정과 실천

중소기업들이 ESG 목표를 설정할 때, 그 목표가 구체적Specific, 측정 가능Measurable, 달성 가능Achievable, 관련성 있는Relevant, 그리고 시간 기반Time-bound을 가지도록 요구하는 SMART 방법론을 활용하는 것이 중요하다. 이 방법론은 고유의 특성을 가진 중소기업들이 ESG 활동을 더욱 명확하게, 그리고 체계적으로 계획하고 실행할 수 있도록 도와준다.

예를 들면 환경 영역에서는 2027년까지 회사의 탄소 배출량을 20% 감소시키는 목표를 설정하는 것이 가능하다. 이러한 목표 설정은 2024년의 현재 탄소 배출량을 기준으로 하여, 각 연도별로 측정 및 감소 추적이 가능하게 하며, 감소 목표를 달성하기 위한 다양한 기술적인 조치와 정책적인 조치들이 실행될 것이다. 이렇게 명확하고 측정 가능한 목표 설정은 기후 변화와 환경 보호에 큰 기여를 하게 될 것이며, 2027년까지의 시간 제한이 포함되어 있다.

사회 영역에서는, 2026년까지 다양성 및 포용성 정책을 실행하여, 전체 직원 중에서 다양한 배경과 경험을 가진 직원의 비율을 증가시키는 것을 목표로 설정할 수 있다. 이 목표는 현재 직원의 다양성 수준을 측정하고, 다양성을 증가시키기 위한 정책을 도입하여 실행하며, 직원 다양성의 측정 가능한 증가를 목표로 한다. 이는 조직의 창의성과 혁신을 촉진하며, 2026년까지의 시간 제한이 포함된다.

지배구조 영역에서는, 2025년까지 회사의 윤리적 거래 및 법규 준수를 위한 내부 감사 기준을 새롭게 수립하는 것을 목표로 설정할 수 있다. 이 목표는 내부 감사 기준을 개발하고, 이를 통해 윤리적 거래와 법규 준수의 모니터링 및 투명성을 강화하며, 기업의 효율성과 투명성을 높이고, 투자자 및 이해관계자의 신뢰를 증진시키는 데 큰 기여를 할 수 있다. 이 목표에는 2025년까지의 시간 제한이 포함된다.

이렇게 구체적이고 SMART한 목표 설정을 통해, 중소기업들은 자신들의 ESG 활동을 실질적이고 효과적으로 추진하고, 사회적 가치를 창출할 수 있다. 이는 기업의 지속 가능성을 높이는 데 크게 기여하며, 또한 이해관계자들에게도 긍정적인 영향을 미치게 된다. 기업의 성공적인 ESG 활동은 기업의 브랜드 가치를 높이고, 사회적 책임을 다하는 기업으로서의 이미지를 강화하며, 그 결과로 장기적 입장에서 기업의 경쟁력을 높이는 결과를 가져올 것이다.

ESG 구축을 위한 로드맵은 조직이 지속 가능한 경영을 달성하기 위한 단계와 방향을 제시하는 것이다. 첫 단계로, 조직은 자신의 현재 ESG 상황을 평가하게 될 것이다. 이 평가 과정에서, 조직의 강점과 약점을 식별하고, 외부 평가나 내부 감사를 통해 필요한 ESG 데이터를 수집하고 분석하는 것이다. 이어서, 평가 결과를 토대로 조직은 달성하고자 하는 ESG 목표를 설정한다. 이 목표들은 구체적이고 측정 가능해야 하며, 실현 가능한 범위 내에서 정해져야 한다. 예를 들어, 탄소 배출 감소, 직원의 다양성 및 포용성 증진, 지속 가능한 공급망 구축과 같은 목표가 설정될 수 있다.

그 다음 단계에서는, 설정된 목표를 달성하기 위한 전략을 수립한다. 이 전략은 조직의 비전과 가치를 반영해야 하며, 다양한 이해관계자의 기대를 만족시키는 방향으로 개발되어야 한다. 환경, 사회, 지배구조 각 영역별로 개발된 전략은 실행 계획과 함께 조직에 적용될 것이다.

실행 및 적용 단계에서는, 마련된 전략과 계획을 기반으로 구체적인 조치가 취해지게 된다. 이 과정은 조직 내의 제도 및 프로세스 개선뿐만 아니라, 외부 이해관계자와의 협력 및 파트너십 구축을 포함할 수 있다. 이 단계에서는 프로젝트 및 이니셔티브의 진행을 정기적으로 모니터링하고 평가할 것이다.

마지막으로, 실행된 결과는 평가되어 외부 이해관계자와 공유한다. 조직은 정기적인 보고서와 투명한 커뮤니케이션을 통해 ESG 노력의 현황과 성과를 알리며, 이를 통해 투명성과 책임감을 강조하고 이해관계자와의 신뢰 및 관계를 더욱 강화할 수 있게 된다.

이 로드맵을 따름으로써 조직은 지속 가능한 경영을 실현하고 ESG 실천을 체계적으로 강화하는 방법을 마련할 수 있게 될 것이다.

ESG 지원 프로그램의 중요성

50인 미만의 소기업 경영자들은 ESG 관련 도움을 다음과 같은 방법으로 정부나 기관으로부터 받을 수 있다. 첫째, 정부 보조금 및 지원 프로그램이 제공될 수 있다. 이러한 지원은 ESG 관련 교육 및 인식 제고, 자금 지원 등을 포함하여 ESG 실천을 위한 다양한 방면에서 도움을 줄 수 있다.

둘째, 전문 컨설팅 및 교육의 혜택을 받을 수 있다. 정부나 관련 기관은 중소기업 대상으로 ESG에 관한 전문 컨설팅 및 교육 프로그램을 제공함으로써, 기업이 ESG에 대한 이해를 깊이 있게 하고 실천 방안을 습득할 수 있도록 돕는다.

셋째, 가이드라인 및 규정이 제공될 수 있다. 정부는 중소기업을 위해 ESG 관련 가이드라인 및 규정을 제공함으로써, 기업이 ESG를 적절하게 이행할 수 있도록 지침을 제공한다.

넷째, 연구 및 정보 제공을 통해 도움을 받을 수 있다. 정부나 관련 기관은 ESG와 관련된 최신 연구 결과와 정보를 제공함으로써, 중소기업이 ESG 관련 최신 동향을 파악하고 최적의 실천 전략을 수립할 수 있도록 한다.

마지막으로, 네트워킹 및 협력 기회 제공을 통해 중소기업은 서로의 경험을 공유하고 협력하여 ESG를 보다 효과적으로 실천할 수 있는 기회를 가질 수 있다.

이러한 지원을 통해 중소기업은 ESG 관련 필요한 리소스와 지원을 받게 되며, 이를 통해 지속 가능한 경영을 추구하는 데 필요한 능력과 도구를 확보할 수 있게 될 것이다.

많은 중소기업들이 탄소 배출량 측정의 경험과 능력이 부족해서 외부 컨설팅 업체의 도움을 받고 있다. ESG 컨설팅 업체가 탄소 배출량을 산출하는 과정은 다음과 같은 여러 단계로 구성된다.

1단계는 범위 설정을 통해 조직이나 기업의 활동 범위를 정의하는 것이다. 이 단계는 직접 제어할 수 있는 영역뿐만 아니라 간접적으로 영향을 미치는 영역까지 포함하게 된다.

2단계는 데이터 수집이다. 여기서는 에너지 사용, 생산 프로세스, 운송 활동, 재화 및 서비스 소비 등 활동과 관련된 정보를 다양한 데이터 소스에서 수집한다.

3단계는 배출 계산이다. 수집된 데이터를 기반으로 탄소 배출량을 계산하게 된다. 이 과정에는 각각의 활동과 과정에서 발생하는 온실가스 배출량을 측정하고 계산하는 작업이 포함된다.

4단계는 계산된 데이터의 정확성을 확인하는 것이다. 품질 관리 절차를 통해 데이터의 완전성과 일관성을 검토하고, 적절한 검증 및 확인 작업을 거쳐 결과를 확인한다.

5단계는 보고이다. 계산된 탄소 배출량과 관련 정보를 보고서 형태로 정리해 이해관계자에게 제공하게 된다. 이 과정은 주요 결과와 함께 배출량의 추세와 변화에 대한 분석도 포함할 수 있다.

마지막 단계는 추적 및 개선이다. 여기서는 계산된 결과를 바탕으로 탄소 배출량을 줄이기 위한 목표를 설정하고, 그에 따른 계획을 수립하고 실천하는 것이다. 정기적인 모니터링과 평가를 통해 개선 사항을 추적하고, 필요한 부분을 개선하여 지속 가능한 발전을 추구할 것이다.

일상에서 시작하는 중소기업의 ESG 실천 방안

ESG 목표를 실천하기 위해 조직 내에서 직원들의 참여를 촉진하고 ESG 문화를 조성하는 전략이 중요하다. 실질적으로 고객의 구체적 요구사항이 없는 상황에서 중소기업이 자체적으로 탄소 발생량 측정과 같은 자원이 많이 드는 활동을 시작하기는 어려울 수 있다. 그러므로, 초기 단계에서는 에너지 절감이나 탄소 배출 감소와 같은 일상 활동부터 시작하는 것이 바람직하다. 기본적인 활동으로는 잔반 줄이기, 종이컵 사용을 피하기, 미사용 전등 끄기 등이 있으며, 이러한 작은 시작이 큰 인식 변화로 이어질 것이다.

더 나아가, 대중교통 이용이나 카풀 권장, 업무용 차량을 하이브리드 카나 전기차로 변경하는 실천도 중요하다. 또한, 사내에서 사용하는 종이 타월이나 안전 소모품의 사용을 줄여 회사 활동이 가정에서도 실천될 수 있도록 하는 것은 작지만 큰 의미를 갖는다. 이후에는 제품 포장재 및 재료를 친환경 소재로 변경하고, 에너지 사용을 줄일 수 있는 공정을 도입할 수 있다.

직원들의 참여를 더욱 독려하기 위해 활동을 포인트화하여 작은 복지나 보상을 제공하는 것도 한 방법이 될 수 있다. 또한, 에너지 절감을 위해 태양광 발전과 같은 대체 에너지 사용이나 에너지 관리 시스템의 도입도 고려해볼 수 있다. 이러한 시스템은 정부의 지원을 통해 도입할 수 있으며, 당사의 해외 공장에서는 이미 그린 에너지를 구입하여 ESG 실천을 시작하였다.

3

경쟁력 강화를 위한 ESG 활동 사례

경기도 평택에 위치한 한 포장재 제조업체는 그들의 연구개발 노력을 통해 자연에 덜 해로운 자연분해되는 생분해성 필름을 개발하였다. 이 핵심 기술을 통해 환경에 미치는 영향을 크게 줄이며, 동시에 신규 시장에서 우선적으로 입지를 확보하고 경영 성과를 높이는 데 성공하였다.

비슷한 방식으로, 경기도 용인에 소재한 또 다른 기계 및 여과기 제조업체는 협력사와의 강력한 파트너십과 소통을 통해 포장 비닐 사용을 완전히 중단하고, 재활용 가능한 케이스로 변경하였다. 이로 인해 환경 부담을 줄이는 데 크게 기여하였다. 이러한 사례들은 ESG 활동이 규모나 업종에 종속적이지 않으며, 만약 실행 의지만 있다면 어떤 조직에서든지 참여를 시작하고 성과를 내는 데 성공할 수 있다는 것을 보여준다.

제품 운반 과정의 효율성을 높이고 친환경 차량 사용을 확대하는 것은 물류 요인을 감소시키는 중요한 활동이 될 수 있다. 생산 과정에서 에너지 사용을 최소화하고 폐기물을 줄이는 노력, 공정에서 발생하는 폐수 및 대기 오염 물질의 처리 능력을 강화하고 발생량을 최소화하는 조치, 저전력 친환경 설계를 통해 사용자의 전력 소비를 줄이는 노력, 제품 폐기 시 재활용 가능한 성질의 원부자재 사용 등은 제조 활동에서 발생할 수 있는 환경 영향을 줄이고 개선하는 중요한 ESG 활동이다.

이러한 활동을 지원하기 위해 다양한 기관과 프로그램이 존재한다. 중소벤처기업진흥공단은 중소기업의 경영 성과를 개선하기 위해 ESG 관련 교육 및 컨설팅, 지속 가능한 경영 모델 개발 지원, ESG 실천을 위한 자금 지원 등 다양한 프로그램을 운영하고 있다.

한국산업기술진흥원은 중소기업의 기술 혁신과 경쟁력 강화를 위해 환경 친화적 기술 개발 지원, 사회적 책임 실천을 위한 가이드라인 제공, 국제 기준 및 인증 지원 등의 ESG 관련 프로그램을 제공한다. 한국기업지배구조원은 기업의 지배구조 강화를 위한 지배구조 실천 가이드라인 제공, 지배구조 평가 및 컨설팅 지원, 지배구조 교육 및 세미나 개최 등의 프로그램을 제공한다. 지역 중소기업 육성 기관은 지역사회 맞춤형으로 중소기업들을 지원하며, ESG 관련 지원도 제공할 수 있다.

지원 기관과 프로그램을 통해 중소기업은 필요한 리소스와 지원을 받을 수 있으며, 지속 가능한 경영과 ESG 실천을 위한 능력과 도구를 확보할 수 있다.

우수한 ESG 실천 사례로 대우조선해양, 크라운제과, 코스맥스 등이 주목받고 있다. 대우조선해양은 친환경적인 선박 건조 및 운영을 통해 환경 친화적 기업으로서의 이미지를 구축하며, 지속 가능한 선박 건조 기술 개발과 탄소 배출 감축을 통해 ESG를 실천하고 있다.

크라운제과는 다양한 사회 활동을 통해 사회적 책임을 실천하고 있으며, 재난 지원, 사회복지 활동, 환경 보호 노력 등을 통해 ESG를 실현하고 있다. 코스맥스는 지배구조의 강화와 투명한 경영을 통해 ESG를 실천하고 있으며, 지배구조 개선 및 윤리적 경영을 통해 이해관계자들의 신뢰를 확보하고 있다. 이러한 기업들은 지속 가능한 경영을 위해 노력하고 있으며, 지원 기관 및 프로그램의 도움을 받아 ESG를 효과적으로 구현하고 있다.

중소기업들이 그린 이니셔티브 이상의 다른 ESG 요소들을 성공적으로 추진하는 사례들이 있다. 예를 들어, 고용 인권 측면에서 이들 기업은 노동자의 권리를 존중하고 안전한 작업 환경을 제공함으로써, 직원들의 건강과 복지를 증진시키고 있다. 이런 활동들은 노동법 준수를 통해, 기업의 사회적 책임을 실행하는 형태로 진행된다.

또한, 다양성과 포용성을 증진하는 방향으로는, 중소기업들이 다양한 배경을 가진 직원들을 포용하여, 그들의 창의성과 혁신성을 높이고 있다. 조직 내에서 이루어지는 다양한 관점의 고려는 기업의 전반적 성과에 긍정적 영향을 미친다.

지배구조 강화 면에서는, 투명하고 효율적인 운영 체제의 구축을 통해 중소기업들이 이해관계자의 신뢰를 얻고 기업 경영의 효율성을 향상시키고 있다. 이러한 노력은 기업에 대한 긍정적 평가로 이어지며 지속가능한 성장을 촉진한다.

지역 사회 발전을 위한 기여 면에서, 중소기업들은 지역사회와의 긍정적 관계 유지 및 지역 경제 활성화에 기여하고 있다. 이는 기업이 지역 사회에 대한 사회적 책임을 실천하는 방식으로, 지역사회 발전에 대한 기업의 기여를 보여준다.

이 같은 사례들은 중소기업 또한 ESG의 여러 측면을 고려하여 지속 가능한 경영을 추구할 수 있음을 나타낸다. 이는 장기적으로 기업의 사회적, 환경적, 경제적 가치의 극대화에 중요하게 작용될 것이다.

중소기업의 시장 점유 및 확장 기회

ESG는 기업이 새로운 것을 찾아내어 시작하는 것이 아니라, 본연의 사업과 관련하여 이해관계자의 기대와 시장의 반영을 찾아내고, 그것을 사업에 ESG 경영 요소로서 반영하고 실천하는 것이 중요하다. 이를 위해 ESG 요구사항을 면밀히 파악하고, 다양한 사례를 찾아 적용하려는 노력이 필수다. 중소기업들도 대기업 고객들의 ESG 관련 요구사항을 충족시키지 못하면 공급망에서 배제될 가능성이 높아지고, 반대로 ESG 관리 역량이 우수한 기업은 시장 점유 및 확장의 발판으로 삼을 수 있다는 점에서 ESG 활동은 중요하다.

따라서, 중소기업들은 대기업들의 ESG 관련 요구에 부응하여 자체의 ESG 활동을 강화해야 할 것이며, 이는 거래의 필수 요건이 될 것으로 예상된다. ESG를 실천하지 않는 제품과 서비스는 고객 선택에서 제외될 가능성이 있으므로, 지속 가능한 프로세스 구축과 고객의 기대에 부합하는 제품 및 서비스 개발이 필요하다. 또한, 친환경 및 저탄소 제품을 선호하는 의식 있는 소비자들의 경향은 점차 중소기업에게도 확산될 것이다.

ESG 활동에 우수함을 인정받은 중소기업들은 지역, 국가, 또는 국제적인 기관이 주관하는 다양한 시상 및 인증 프로그램을 통해 그들의 성과를 공식적으로 인정받을 수 있다. 예를 들어, 한국경영학회 ESG대상과 같이, ESG 실천을 통해 우수성을 보인 기업들을 대상으로 한 시상 또한 중소기업들에게 기회가 될 수 있다. 더불어, 기업의 지배구조를 평가하는 다양한 지수 및 평가 프로그램이 존재하며, 여기에 포함되는 것만으로도 중소기업이 인증을 받은 것으로 간주될 수 있다.

지역이나 산업별로 특화된 시상 및 인증 프로그램 또한 중소기업이 ESG 우수성을 인정받는 데 도움이 될 수 있다. 이와 같이 다양한 국내외 기관에서 운영하는 ESG 관련 시상 및 인증 프로그램을 통해 중소기업들은 자신들의 ESG 실천을 외부에 인정받고 그 가치를 증명할 수 있다.

이러한 인정은 중소기업이 장기적인 가치 창출과 지속 가능한 성장을 이루는 데 중요한 역할을 한다. ESG 활동은 단순히 현재의 운영 효율성만을 개선하는 것이 아니라, 장기적으로 기업의 리스크를 관리하고, 기업의 지속 가능한 성장 기반을 마련하는 데 기여한다. 따라서, ESG 우수성을 인정받는 것은 중소기업이 시장에서의 경쟁력을 강화하고, 투자자 및 소비자의 신뢰를 얻으며, 궁극적으로는 장기적인 가치를 창출하고 지속 가능한 성장을 추구하는 데 필수적이다.

가치 창출을 위한 중소기업의 ESG 내재화

비상장 중소기업들에게도 ESG는 투자 측면에서 큰 의미를 지닌다. 이는 몇 가지 중요한 이유에서 비롯된다. 첫째, 투자자들의 ESG에 대한 관심이 날로 증가하고 있다는 점이다. 기업의 ESG 실천 여부는 투자 결정을 내리는 데 있어 중대한 요소로 작용하며, 지속 가능한 경제적 성과를 추구하는 기업에 대한 투자를 선호하는 추세가 있다.

둘째, ESG 요소를 고려하지 않는 기업은 환경, 사회, 지배구조 관련 다양한 리스크에 취약해질 수 있다. 이런 리스크들은 기업의 재무 성과와 평판에 악영향을 미치며, 투자자들은 이러한 리스크를 최소화하고자 ESG 요소를 중시하는 기업에 투자할 가능성이 높다.

셋째, ESG를 내재화하는 기업은 장기적 가치 창출에 더 유리한 위치에 서게 된다. 지속 가능한 경영 방식과 사회적 책임을 실천함으로써 고객, 투자자, 직원 등 다양한 이해관계자로부터 긍정적인 인식을 얻을 수 있으며, 이는 기업 가치의 상승으로 이어질 수 있다.

넷째, ESG 실천은 기업의 시장 경쟁력을 강화하는 데 기여한다. 브랜드 이미지와 평판이 좋아지며, 새로운 시장 기회를 발굴하고 새로운 비즈니스 모델을 개발하는 데도 유리하게 작용한다.

비상장 중소기업 또한 ESG 요소를 고려해 투자자들의 관심을 끌고 리스크를 효과적으로 관리함으로써 장기적인 성장과 발전을 도모할 수 있다. 비록 중소기업이 겪는 여러 어려움과 한계가 있으나, 장기적 관점에서 단계적으로 ESG 요소를 실천해 나간다면, 시장의 변화와 고객의 요구를 만족시키며 지속 가능한 발전을 이루는 중소기업들이 점점 더 많아질 것으로 기대된다.

9장

노동분야에서의 ESG

한정민

노무법인 광화문, 대표노무사

1

한국 노동문제의 특징과 ESG

최근 기업의 사회적 책임에 대한 관심이 증가함에 따라, 기업들은 ESG 경영에 대한 중요성을 더욱 절감하고 있다. ESG는 환경 보호와 사회 공헌을 넘어 지속 가능한 성장의 필수 요소로 인식되고 있다. 이러한 흐름 속에서, 노동 분야 ESG 경영의 중요성이 강조되면서, 기업의 장기적 경쟁력 확보와 사회적 책임 이행, 투자 유치 및 기업 가치 상승에 긍정적인 영향을 미치고 있다. 노동 분야 ESG 경영은 숙련된 인력의 확보, 직원들의 참여와 생산성 향상, 기업 이미지의 개선, 그리고 기업의 장기 성장과 사회적 책임의 동시 달성 등의 이점이 있기 때문이다.

그러나 우리나라에서는 노동 분야 ESG 경영의 중요성에 대한 인식이 상대적으로 부족하다. 이는 개념의 생소함, 실행 방안의 불명확성, 시간과 비용의 소요, 단기간의 경제적 효과를 기대하기 어렵다는 점 등이 원인으로 지적된다. 또한, 기본적으로 우리나라에서는 노사 간의 대립적 정서가 큰 장애물로 여겨지고 있다. 그러나 장기적 관점에서 볼 때,

노동 분야 ESG 경영은 기업의 지속 가능한 성장과 사회적 책임을 위한 필수 요소임은 분명하다.

노동 분야 ESG 경영을 통해 기업은 무엇보다 이미지를 개선할 수 있다. 이는 우수 인력의 확보와 유지, 고객 만족도의 향상, 브랜드 가치의 상승을 의미한다. 또한 ESG는 생산성에도 영향을 미친다. 직원들의 참여와 동기 부여를 통해 생산성을 높이고, 장기적으로 비용 절감 효과도 기대할 수 있다. 노동 분야 문제로 인한 법적 분쟁, 규제의 강화, 시장의 불신과 같은 리스크, 불필요한 기회비용을 줄임으로써 지속 가능한 성장을 도모할 수 있게 되는 것이다.

사회적 측면에서는 안전하고 건강한 근무 환경의 조성, 착취 및 차별의 방지, 그리고 근로자의 권익 보호를 통해 전반적인 근로환경을 개선할 수 있다. 노동관계 법령의 준수, 공정한 임금과 복리후생, 그리고 다양성과 포용성의 존중을 통해 사회적 불평등을 해소하는 데에 기여할 수 있다. 이는 기업이 사회적 책임을 강화하고, 사회적 가치를 창출하며, 사회적 대화와 협력을 증진함으로써 지속 가능한 사회 발전을 이루는데 기여한다.

따라서 기업들은 노동 분야 ESG 경영의 중요성을 인식하고, 적극적으로 실천해야 한다. 이 때 정부와 시민사회의 노력도 필요하다. 정부는 노동 분야 ESG 경영 관련 제도를 마련하고, 기업의 참여를 유도해야 하며, 시민사회는 기업의 노동 분야 ESG 경영 실천을 평가하고 모니터링하는 역할을 해야한다.

결국 노동 분야 ESG 경영은 기업은 물론 국가 및 사회 구성원에게도 긍정적 영향을 준다는 점을 인식하고 이를 적극적으로 실천하기 위한 노력이 필요한 것이다.

ESG 관점에서 우리나라 노동문제의 특징

우리나라의 노동문제는 고용 불안, 장시간 근로, 저조한 노조 가입률, 사회적 안전망의 부족 등 다양한 요소가 얽히고 설켜 그 정도가 심화되고 있다. 이러한 문제들은 한국 사회와 경제에 광범위한 영향을 미치며, 특히 청년층과 고령 저소득층의 사회경제적 불평등을 더욱 악화시키고 있다.

우리나라의 노동문제로 비정규직 비율의증가와 불안정한 고용 환경, 정규직 전환의 어려움 등이 지적되고 있는데 OECD 국가 중 한국의 비정규직 비율이 상당히 높은 수준에 있다는 것이 이 문제의 심각성을 보여준다. 이로 인해 소득 양극화와 소비 위축, 기업의 불안정한 경영활동까지 야기하고 있다.

과도한 근로시간 역시 우리가 직면한 큰 문제이다. OECD 국가 중 상위권에 속하는 평균 근로시간은 근로자의 건강을 해치고, 생산성을 저하시키며, 일과 삶의 균형을 파괴하게 된다. 유연근무제의 운영 미흡은 이 문제를 더욱 심화시킨다.

노동조합 조직률이 OECD 국가 중 최저 수준에 머무르는 상황에서, 근로자 권익 보호 약화, 기업의 노조 탄압, 노동조합에 대한 사회적 인식 부족 등의 문제가 나타나고 있으며, 이로 인해 극심한 노사갈등 문제가 사회적 이슈로 대두되기도 한다.

사회적 안전망도 문제다. 낮은 실업급여 수준, 저소득층의 사회보험 가입 저조 등으로 인해 사회적 불평등이 더욱 심화되고 노후 대비가 미흡하다는 문제가 지적된다.

최근 청년층은 낮은 임금, 취업난 등에 허덕이고 있고, 이른바 3포 세대를 넘어 거의 대부분의 사회생활이 불가능한 5포 세대로까지 불리우고 있다. ESG 관점에서 주목해야 할 점은 기업의 사회적 책임 부족, ESG 경영 활성화의 필요성, 투자자 및 소비자의 ESG 경영에 대한 관심 증가 등이다. 글로벌 기준과 비교했을 때, 한국의 노동문제는 고용 불안정, 과도한 근로, 노동조합의 약화, 사회적 안전망의 부족 등에서 특히 심각한 상황에 놓여 있다.

이에 따라, 정부, 기업, 노동조합, 시민사회 등 모든 이해관계자의 협력이 필요하다. 정부는 고용 안정 정책과 근로 환경 개선, 사회적 안전망 강화를 통해 문제에 대응해야 하며, 기업은 ESG 경영을 활성화하고 공정한 임금 지급, 안전한 근무 환경 조성에 힘써야 한다. 노동조합은 조직률 강화와 사회적 인식 개선에 주력해야 하며, 시민사회는 노동 문제에 대한 관심을 증진시키고 정부 정책의 개선을 제안해야 한다.

이를 통해 노동자의 안정적인 고용, 공정한 임금, 안전한 근무 환경 보장이 가능하게 되며, 기업은 생산성 향상, 경쟁력 강화, 지속 가능한 성장을 이룰 수 있게 된다. 또한, 사회는 불평등 완화, 경제 성장, 국가 경쟁력 강화의 긍정적 결과를 기대할 수 있게 된다.

한국의 노동문제 해결을 위해서는 다각도의 접근과 전 사회적인 협력이 필수적이며, ESG 경영의 관점에서 접근하는 것은 노동환경 개선 뿐만 아니라 한국 사회의 지속 가능한 발전을 위한 중요한 토대가 될 것이다.

2

다른 나라의 노동 분야 ESG 현황

해외 사례를 통해 우리 나라의 노동 문제 해결 방안과 기업 및 사회에 주는 시사점을 고민해볼 필요가 있다. 세계적으로 노동에 대한 인식이 변화하고 있다는 점은 중요하다. 국제 노동기구가 제시한 8가지 핵심 원칙은 국제 노동 기준의 기초가 되며, 각국은 이를 법과 정책에 반영하기 위해 노력하고 있다. 우리나라 역시 ILO의 핵심 노동 기준을 승인하며 아동 노동 근절과 강제 노동 방지에 앞장서고 있다. 이는 법적 준수를 넘어, 더 나은 노동 환경을 향한 우리의 약속과 의지를 반영한다.

유엔의 지속가능발전목표 중 포용적이고 지속 가능하며 공정한 일자리 확보에 대한 목표는 경제 성장을 넘어서는 중요한 의미를 갖는다. 이 목표를 달성하기 위해 대한민국을 포함한 많은 국가들이 정책과 계획을 수립하고 있으며, 기업에게도 포용적이고 지속 가능한 일자리 창출의 중요성을 강조한다.

OECD의 가이드라인과 UN Global Compact와 같은 국제적 이니셔티브는 기업이 윤리적 책임을 이행하고 국제 노동 기준을 준수하며 인권을 존중하도록 한다. 이러한 가이드라인과 협약은 국경을 넘는 기업 활동에 있어 최소한의 윤리적 기준을 제시하며, 글로벌 비즈니스 환경에서의 신뢰와 책임을 구축하는 데 기여할 것이다.

[국제 기부별 협약 내용]

국제 기구/협약	주요 내용
국제노동기구 (ILO)	• 근로자들의 권익 보호 및 사회 정의 실현을 위한 국제 기구 • 근본적인 근로 기준, 안전과 건강 기준, 사회 보장 기준 등 설정 • 결사의 자유, 단결권, 강제노동 금지, 아동노동 금지 등 포함
유엔 지속가능발전목표 (SDGs)	• 2030년까지 달성해야 할 17개의 목표와 169개의 세부 목표로 구성된 국제 사회의 공동 목표 • 목표 8은 고용 및 경제 성장 촉진, 포용적이고 지속가능한 성장 등을 목표로 함
OECD 가이드라인 for Multinational Enterprises	• OECD 소속 38개 선진국이 참여하는 국제 기구 • 다국적 기업들의 사회적 책임에 대한 국제 기준 제시 • 노동, 환경, 인권, 공정거래 등 기업의 책임을 규정
UN Global Compact	• 유엔이 주도하는 기업의 사회적 책임 이니셔티브 • 인권, 노동, 환경, 부패 방지 등 4가지 핵심 가치를 기반으로 기업의 책임 있는 경영을 요구 • 전 세계적으로 1만 개 이상의 기업이 참여하고 있음

이러한 국제적인 노력은 유럽연합의 지속가능성에 대한 지침, 사회적 책임 투자의 실행 계획, 그리고 영국의 현대 노예법 등 국가 및 지역 차원의 구체적인 행동으로 이어지고 있다. 이들은 기업이 노동 관련 ESG 전략을 수립하고 실행할 때 고려해야 할 중요한 요소들이다.

글로벌 기업들, 예를 들어 노키아와 애플,은 노동자의 안전과 건강 보호, 그리고 공급망 내의 노동 착취 및 불공정한 관행의 근절을 위해 노력하고 있다. 이는 법적 요구사항을 충족시키는 것을 넘어, 브랜드 가치를 높이고 소비자의 신뢰를 얻기 위한 전략적 선택이 될 것이다.

이렇게 노동에 대한 국제적, 국내적인 노력은 우리에게 중요한 교훈을 제공한다. 첫째, 기업은 노동 관련 ESG 경영 전략을 수립하고, 지속 가능한 성장과 사회적 책임을 지키기 위한 노력을 지속해야 한다. 둘째, 정부와 기업, 노동조합, 그리고 시민사회는 더 나은 노동 환경을 만들기 위한 정책과 전략을 협력하여 개발해야 한다. 마지막으로, 지속적인 개선과 국제 협력을 통해 글로벌 표준에 부합하는 노동 환경을 조성해 나가야 한다.

[각국의 노동분야 ESG 현황]

지역	ESG 경영 정책/규제	주요 사례
유럽	• 유럽연합의 '기업의 지속가능성에 관한 지침' 및 '사회적 책임 투자에 관한 행동 계획' 등의 정책과 규제 • 근로자 보호 및 권익 강화, 안전한 근로환경 조성 등을 요구	• 영국: 현대 노예법(Modern Slavery Act) 제정 및 근로자 참여 및 정보 제공 법률 시행 • 프랑스: 새로운 경제적 성장을 위한 법률 시행 • 독일: 기업 지배구조 및 노동시간법 시행 등
미국	• 미국 증권거래위원회의 ESG 정보 공개 권고	• 애플: 공급망 노동자들의 근무 환경 개선 • 구글: 최저임금 인상 및 다양성 존중 정책 시행 • 테슬라: 안전한 근무 환경 조성 및 건강 관리 프로그램 운영 등
아시아	• 일본: 여성 및 고령층 인력 참여 확대, 생산성 향상을 위한 자동화 기술 도입 • 중국: 최저임금 인상 및 노동시간 단축 등의 노동자 보호 정책 시행	• 삼성전자: 안전 보건 활동 강화 및 건강 관리 프로그램 운영 • 소니: 다양성 존중 정책 시행

3

노동문제의 ESG 적용 효과

우리나라의 노동 분야 ESG 경영은 단기적으로는 기업에 비용 부담을 주지만, 장기적으로는 분명 기업에 이익을 가져오게 된다. 이를 위해서는 ESG가 기업의 지속 가능한 성장과 사회적 책임을 동시에 충족하는 방법임을 이해하는 것이 중요하다.

기업 이미지와 브랜드 가치 향상

노동 분야에서의 ESG 경영은 기업 이미지와 브랜드 가치를 크게 향상시켜 준다. 사회적 책임을 우선시하고 직원들의 근로 조건을 개선하는 기업은 고객, 투자자, 그리고 다른 이해관계자들로부터 긍정적인 인식을 얻게 된다. 이는 장기적으로 고객의 충성도와 브랜드 신뢰도를 높이고, 결국 더 좋은 시장 위치를 확보하는 데 도움을 줄 것이다.

SK하이닉스는 직원들의 건강과 안전을 최우선으로 하는 ESG 경영 전략을 통해 노동 분야에서 주목받고 있다. 작업 환경 개선, 건강 관리 프로그램 운영, 그리고 정신 건강 지원 등 다양한 프로그램을 실행하여 직원들의 근무 환경을 지속적으로 향상시키고 있다. 이런 노력은 외부에서도 인정받아 SK하이닉스가 여러 차례 ESG 경영 우수 기업으로 선정되었으며, 이는 회사의 긍정적 이미지를 강화하고 브랜드 가치를 향상시키는 결과로 이어졌다.

생산성과 혁신 증대

안전하고 존중받는 근무 환경에서 일하는 직원들은 더 높은 생산성과 창의력을 발휘할 것이다. 직원 만족도가 높아질수록, 기업은 낮은 이직률과 높은 직원 참여도를 경험하게 되며, 이는 직접적으로 기업의 혁신 능력과 생산성 증가로 이어진다. 또한, 직원들이 자신의 의견이 들어가고 가치를 인정받는다고 느낄 때, 이는 기업 내부의 긍정적인 조직 문화를 구축하는 데 중요한 역할을 하게 된다.

LG화학은 직원들의 창의력과 혁신을 촉진하기 위해 다양한 ESG 관련 프로그램을 실행하고 있다. 직원 교육 및 개발에 투자하고, 근로 조건을 개선하여 직원 만족도를 높이는 데 주력하고 있다. 예를 들어, 유연 근무제를 도입하여 근무 환경의 유연성을 제공하고, 이를 통해 직원들의 일과 삶의 균형을 지원하고 있다. 이런 조치들은 직원들의 참여도와 생산성을 높이는 데 기여하며, 회사 내부의 혁신 문화를 촉진하게 될 것이다.

투자 및 자본 조달의 용이성

ESG 기준을 충족하는 기업은 투자자와 금융기관의 선호도가 높아져, 투자 유치와 자본 조달이 용이해진다. ESG를 중점으로 하는 투자가 증가하는 추세에서, 노동 관련 ESG 성과가 우수한 기업은 투자자들에게 매력적인 투자 대상이 된다. 이로 인해 기업은 더 좋은 조건으로 자본을 조달할 수 있게 되고, 재무 성과를 개선할 수 있다.

현대자동차는 지속 가능한 차량 개발과 친환경 기술 투자를 통해 ESG 경영을 선도하고 있다. 이 노력은 투자자들의 긍정적인 반응을 이끌어내고, ESG 관련 펀드와 투자자들로부터의 투자를 성공적으로 유치했다. 현대자동차의 ESG 경영 전략은 기업 가치를 증가시키고, 자본 조달의 용이성을 높이는 결과를 가져왔다. 이는 투자자들이 ESG 기준을 충족하는 기업에 더 큰 관심을 가지고 투자하는 현상과 일치한다.

리스크 관리 및 비용 절감

노동 관련 ESG 이슈에 적극 대응하는 기업은 근로조건 관련 리스크를 효과적으로 관리할 수 있다. 안전사고 감소, 법적 분쟁 예방 및 근로조건 개선을 통한 비용 절감은 장기적으로 기업의 운영 비용을 낮추고 경쟁력을 강화한다. 또한, 사회적 책임을 실천하는 기업의 평판은 시장 불확실성에 대응하는 데 중요한 역할을 한다.

포스코는 ESG 경영의 일환으로 환경 보호와 안전 관리에 중점을 두고 있다. 이 회사는 엄격한 안전 규정 준수와 지속 가능한 자원 사용 정책을 통해 작업장의 안전을 강화하고, 환경적 발자국을 줄이기 위한 노력을 하고 있다. 이러한 접근법은 장기적으로 운영 비용을 절감하고, 환경 관련 리스크를 관리하는 데 도움을 준다. 포스코의 이런 전략은 기업의 지속 가능성을 향상시키고, 잠재적인 법적 분쟁이나 사회적 논란으로 인한 비용을 줄이는 효과를 가져온다.

노동 분야에서의 ESG 경영 추진은 이와 같이 기업에 많은 이점을 제공한다. 이런 전략적 접근법은 단기적인 비용과 노력을 필요로 하지만, 장기적인 관점에서 보면 기업의 지속 가능한 성장, 경쟁력 강화, 사회적 책임 이행 등 여러 방면에서 긍정적인 영향을 미친다. 따라서, 한국 기업들은 ESG 경영을 통해 노동 문제에 적극 대응함으로써, 지속 가능한 미래를 위한 토대를 마련하고, 기업과 사회 전체의 번영에 기여할 수 있는 기회를 포착해야 한다.

[해외기업 사례]

기업	주요 활동
Unilever	• 여성 리더십 프로그램 운영 • LGBTQ+ 직원들의 권익 보호 정책 시행 • 다양한 문화적 배경을 가진 직원들의 참여 확대
Patagonia	• 재활용 소재 사용 확대 • 환경 친화적인 제품 생산 • 환경 보호 활동 지원
IKEA	• 공급망 노동자들의 권익 보호 • 안전한 근무 환경 조성 • 최저임금 인상
Danone	• 산업재해 예방 시스템 구축 • 근로자들에게 안전 교육 프로그램 제공 • 건강 관리 프로그램 운영

4

노동분야 ESG 전략 실천 매뉴얼

노동분야 ESG 도입시 고려 사항

기업이 노동 문제에 대해 ESG 전략을 추진함에 있어, 근본적인 목표는 지속 가능한 발전과 사회적 책임의 실현에 있다. 이 과정에서 고려해야 할 핵심 요소들은 기업의 윤리적 기준을 높이고, 모든 이해관계자의 권리와 복지를 보장하는 데 중점을 둬야 한다.

국제 및 국내 노동 기준 준수는 기업이 노동 문제 해결을 위해 국제 노동기구의 핵심 노동 기준을 준수하며, 안전한 근무 환경을 조성하고, 공정한 임금 및 처우를 제공해야 한다는 것을 의미한다. 이는 결사의 자유, 단체교섭권, 아동노동 금지 및 강제노동 근절 등을 포함한다. 해외 파견 근로자의 권익 보호는 현지 법률을 준수하고, 국제 협력을 통해 강화해야 한다.

국내 노동 환경의 개선은 기업 내에서 안전한 근무 환경을 조성하고, 공정한 임금 및 처우의 제공, 근로 시간 관리, 노동 3권 존중을 통해 근로자의 권리를 보호해야 한다는 것을 의미한다. 비정규직 근로자의 권익 보호와 다양성의 존중도 중요한 고려 사항이 될 것이다.

노사 관계의 개선은 노사 간의 건강한 관계가 기업의 지속 가능성에 핵심적인 역할을 한다. 노조 활동의 존중, 노사협력의 강화, 그리고 노동자의 목소리를 경청하는 것은 긍정적인 노사 관계를 유지하는 데 필수적이다.

사회적 책임의 강화는 지역 사회에 대한 기여, 공정거래 및 윤리경영의 실천, 그리고 투명한 정보 공개를 통해 기업이 사회적 책임을 강화해야 한다. 이러한 활동은 기업의 이미지를 개선하고 이해관계자와의 신뢰를 구축하는 데 도움 된다.

ESG 경영 지표의 설정 및 평가는 노동 관련 ESG 평가 지표를 설정하고, 정기적인 평가를 통해 목표 달성 여부를 검토하며 개선 방안을 마련해야 한다. 이 과정은 전략적 목표의 효과적인 추진 방법 중 하나이다.

외부 전문가의 활용 및 지속적인 개선은 ESG 경영 관련 외부 컨설팅, 교육, 평가 등을 활용해 전문성을 확보하고, 변화하는 환경에 맞춰 전략과 실행 계획을 지속적으로 개선해야 한다. 이는 기업의 ESG 경영의 효과를 극대화하고, 글로벌 경쟁력을 강화시킬 수 있다.

기업이 노동 문제에 대한 ESG 전략을 성공적으로 추진하기 위해서는 이러한 전략적 접근이 필수적일 것이며, 이는 기업의 지속 가능한 성장과 사회 경제적 발전에 기여할 것이다.

노동분야 ESG 도입 방안

노동 분야에서의 ESG 전략 실행은 현대 기업이 마주한 중요한 도전 중 하나가 되고 있다. 이는 기업의 지속 가능성과 사회적 책임을 충족하는 목표를 가지고 있으며, 이 방향으로 나아가는 기업들은 자신들의 방향성을 재정립하고 있다. 그러나 이 전략을 성공적으로 실행하기 위해서는 명확한 로드맵이 필요하다.

첫째, ESG 경영의 성공은 경영진의 확고한 의지에서 시작된다. 경영진은 ESG의 중요성을 인식하고, 전사적 차원에서 이를 실행에 옮길 준비가 되어 있어야 하며, 이를 위해 경영진이 전략 수립과 추진 과정에 직접 참여하고, 그들의 지지를 명확히 표명해야 한다.

둘째, ESG 경영을 조직 문화의 일부로 만들어야 한다. 직원들이 ESG 경영의 가치를 이해하고, 이에 참여하도록 유도하는 것이 필요하며, 이를 위해 교육 프로그램, 인센티브 제도, 적극적인 커뮤니케이션을 포함한 다양한 조치가 필요하다. 직원들이 ESG 경영의 일원이 될 때, 이 전략은 더욱 효과적으로 실행될 수 있다.

셋째, 기업은 자신의 특성과 상황에 맞는 구체적인 노동 분야 ESG 전략을 수립해야 한다. 명확한 목표 설정, 실행 계획 수립, 그리고 성과 평가 지표 개발을 포함해야 하며, 근무 환경 개선, 공정한 근로조건 보장, 책임 있는 공급망 관리, 그리고 근로자 참여 증진 등이 주요 고려 사항으로 나타나게 된다.

실행 단계에서는 안전하고 건강한 근무 환경 조성이 우선이 된다. 산업재해 예방, 안전 교육 강화, 보건 관리 프로그램 운영이 필수적이며, 동시에 최저임금 인상, 복리후생 확대, 그리고 근무 환경 개선을 통해 공정하고 인간적인 근로조건을 보장해야 한다.

공급망 관리에서는 책임감 있는 접근이 요구된다. 공급업체의 노동 환경을 정기적으로 점검하고, 윤리적 경영을 실천하며, 필요한 개선 조치를 취해야 하며, 근로자의 참여를 확대하고, 경영 결정 과정에서 그들의 목소리를 듣는 것도 중요하다. 이를 통해 경영의 투명성을 높이고, 기업과 직원 간의 신뢰를 구축하는 데 기여하게 된다.

마지막 단계는 평가 및 개선이다. 기업은 정기적으로 성과를 평가하고, 목표 달성 여부를 확인해야 하며, 이 과정에서 개선 사항을 도출하고, 이를 실행 계획에 반영해야 한다. 또한, ESG 경영에 대한 교육과 인식 개선을 지속적으로 추진하고, 외부 전문가 및 기관과의 협력을 통해 역량을 강화해야 한다.

노동 분야에서 ESG 전략을 실행하는 것은 기업에게 많은 도전을 제공하지만, 체계적인 접근 방법을 통해 이를 극복할 수 있게 된다. ESG 경영은 기업의 지속 가능한 성장과 사회적 책임을 충족시키는 필수 요소이며, 이를 통해 기업은 더욱 강력하고 유연한 조직으로 발전할 수 있게 될 것이다.

[단계별 추진사항]

기반 마련	실행	평가 및 개선
• 경영진의 의지 및 이해 확인	• 안전하고 건강한 근무 환경 조성	• 지속적인 성과 평가 및 개선
• 조직 내 ESG 문화 조성 • 근로자 참여 및 정보 제공 확대	• 공정하고 인간적인 근로조건 보장	• 교육 및 인식 개선
• 노동분야 ESG 전략 수립	• 책임 있는 공급망 관리	• 외부 전문가 및 기관과의 협력

노동분야 ESG 전략 실행 가이드

한국의 기업들이 현재 직면한 과제 중 하나는 환경, 사회, 지배구조 측면에서 지속 가능한 경영 전략을 어떻게 구현할 것인지이다. 특히 노동 분야에서 ESG 원칙을 적용하는 것은 기업의 지속 가능성뿐만 아니라 노동자의 권리와 복지 향상에 중요한 역할을 하게 된다.

1단계 현황 분석: 자기 진단

기업은 자신의 산업 분야, 규모, 사업 영역, 경영 상태 등 다양한 측면에서 현재 상황을 정확히 파악해야 한다. 이는 ESG 관련 법적, 제도적 환경뿐만 아니라 투자자, 고객, 지역사회와 같은 주요 이해관계자들의 요구사항을 이해하는 데 필수적이다.

2단계 목표 설정과 전략 수립: 구체적이고 실현 가능한 목표 설정

이해관계자의 요구와 현재 상황 분석을 토대로, 기업은 ESG 경영에 대한 비전과 목표를 설정해야 한다. 이 목표는 구체적, 측정 가능, 달성 가능, 관련성 있고, 시간 제한이 있는 SMART 원칙에 따라 수립되어야 하며, 이를 위한 핵심 전략과 구체적인 실행 계획을 마련하는 단계가 뒤따르게 된다.

3단계 주요 실천 활동: 노동 환경의 질적 개선 추진

안전 및 건강 관리와 근무 환경 개선을 통해 노동자의 안전과 건강을 보장하고, 일과 삶의 균형을 지원하게 된다. 공정하고 인간적인 근로조건 확보, 근로자와의 소통 및 참여 확대, 지속적인 교육 및 역량 강화,

공급망 내 노동 환경의 개선 등이 주요 고려 사항이다.

4단계 평가 및 개선: 지속적인 개선

ESG 경영 활동과 성과는 정기적으로 평가되어야 하며, 개선이 필요한 부분은 지속적으로 업데이트되어야 한다. 이를 통해 기업은 변화하는 시장과 사회의 요구에 맞춰 성장하고 발전할 수 있게 된다. 정부의 ESG 관련 정책과 지원 방안을 적극적으로 활용함으로써, 기업은 자신의 ESG 경영 실천 역량을 더욱 강화할 수 있게 된다.

기업들이 이러한 전략을 통해 노동 분야에서 ESG 경영을 체계적으로 실천할 때, 그 결과는 단순히 기업 내부의 변화를 넘어서 사회 전반의 긍정적 변화로 이어질 것이다. 이는 기업의 지속 가능한 성장과 사회적 책임 이행에 필수적인 요소로, 모든 기업이 추구해야 할 목표가 될 것이다.

분류	활동	세부 활동
현황 분석	기업의 특성 및 상황 분석	산업, 규모, 사업 분야, 경영 상황, 노동 환경, 노사 관계 등을 분석
	ESG 관련 법적 및 제도적 환경 파악	관련 법규, 정부 정책, 지원 방안 등을 파악
	주요 이해관계자의 요구사항 분석	투자자, 고객, 지역사회, 노동자 등의 ESG 요구사항 분석
목표 및 전략 설정	ESG 경영 비전 및 목표 설정	SMART 기준에 따른 비전 및 목표 설정
	핵심 전략 수립	목표 달성을 위한 주요 전략 수립
	실행 계획 수립	전략 실행을 위한 구체적인 계획 수립

실행 활동	노동 환경 개선	안전 및 건강 관리, 근무 환경 개선 • 안전 교육 강화, 안전 시설 투자 확대, 안전 관리 시스템 구축
		• 산업재해 예방, 직업병 예방, 정신 건강 관리 등을 통한 건강한 근무 환경 조성 • 과도한 근로시간 방지, 유연 근무제 도입, 쾌적한 근무 환경 조성
	공정하고 인간적인 근로조건 확보	최저임금 및 근로시간 준수, 차별 금지 및 동등한 기회 제공 • 성별, 나이, 장애, 출신 등에 따른 차별 금지, 동등한 기회 제공 • 근로계약서 작성, 사회보험 가입, 해고 예고 및 금지, 근로 3권 보장
	근로자와의 소통 및 참여 확대	노동조합 및 근로자 대표와의 소통, 경영 결정 과정에 근로자 참여 • 설문 조사, 意见箱 설치, 정기적인 소통 회의 등을 통한 의견 수렴 및 정책 개선
	지속적인 교육 및 역량 강화	ESG 경영 관련 교육, 노동 분야 관련 교육, 직업 훈련 및 역량 개발
	공급망 노동 환경 개선	공급업체의 노동 환경 조사, 노동 착취 및 불공정 관행 근절 • 공급업체 지속가능성 평가
	사회적 책임 관련 인식 개선	사회적 책임 인식 개선 교육, 사회적 책임 관련 정책 수립 • 사회적 책임 관련 정보 공개
	ESG 경영 관련 정보 공개	ESG 경영 보고서 발간, ESG 경영 웹사이트 운영 • 외부 기관 평가 참여
	정부 정책 및 지원 활용	정부 정책 및 지원 방안 파악 • 정부 지원 사업 참여 • 정부 정책 개선 제안

평가 및 개선	정기적인 평가	ESG 경영 활동 및 성과를 정기적으로 평가
	개선 노력	평가 결과를 바탕으로 ESG 경영 시스템을 지속적으로 개선

노동분야 ESG 검증을 위한 지표와 인증 방법

기업이 노동 분야에서 ESG 준수를 잘 이행하고 있다는 검증과 인증을 받는 것은 단순한 절차 이행을 넘어선 사회적 책임과 지속 가능성에 대한 깊은 헌신을 요구한다. 따라서, 노동 분야 ESG 준수에 있어 검증과 인증을 받는 구체적인 방법과 접근법을 알아두는 것이 중요하다.

1) 노동 분야 ESG 준수의 중요성 인식

노동 분야에서의 ESG 준수는 기업이 직면하는 중요한 과제 중 하나다. 안전한 근무 환경, 공정한 근로조건, 근로자의 권익 보호, 적극적인 교육 및 인식 개선 프로그램은 기업의 지속가능한 발전을 추구하는 데 필수적이다. 이러한 요소들은 기업의 명성을 높이고, 투자자와 소비자의 신뢰를 쌓고, 장기적으로 기업 가치를 증대시킨다.

2) 주요 지표에 기반한 자체 평가

기업은 안전 및 건강 관리, 근로조건, 책임 있는 공급망 관리, 근로자 참여 및 정보 제공, 교육 및 인식 개선 등의 주요 지표를 바탕으로 자체 평가를 실시해야 한다. 이런 평가는 기업이 현재 위치를 파악하고, 개선이 필요한 영역을 식별하는 데 도움이 된다.

[노동분야 ESG 주요 지표]

분류	지표	설명
안전 및 건강	산업재해 발생률	일정 기간 동안 발생한 산업재해의 비율
	근로자 건강검진 참여율	근로자들이 건강검진에 참여한 비율
	안전 교육 이수율	근로자들이 안전 교육을 이수한 비율
	작업환경 개선 투자 규모	작업환경 개선을 위해 투자한 금액
근로 조건	최저임금 인상률	최저임금이 인상된 비율
	복리후생 수준	근로자들에게 제공되는 복리후생 혜택의 수준
	근로 시간 및 휴가 관리	근로 시간과 휴가 사용에 대한 관리 정책
	근로자 권익 보호 정책	근로자의 권익을 보호하기 위한 정책
책임 있는 공급망 관리	공급업체 노동 환경 점검 빈도 및 개선 사항	공급업체의 노동 환경 점검 빈도 및 개선 사항
	공정거래 및 윤리적 경영 실천 평가	공급업체가 공정거래 및 윤리적 경영을 실천하는 정도에 대한 평가
	공급업체 노동자 권익 보호 정책	공급업체의 노동자 권익을 보호하기 위한 정책
근로자 참여 및 정보 제공	경영 결정 과정에 근로자 참여 기회 및 방식	근로자들이 경영 결정에 참여할 수 있는 기회와 방식
	경영 상황 및 재무 정보 공개 수준	기업의 경영 상황과 재무 정보를 공개하는 수준
	근로자와의 소통 채널 및 활동	근로자들과의 소통 채널과 활동
교육 및 인식 개선	ESG 교육 프로그램 참여율	ESG 관련 교육 프로그램에 참여한 비율
	ESG 경영 인식 수준 조사 결과	조직 내부에서 ESG 경영에 대한 인식 수준을 조사한 결과
	교육 프로그램 만족도	교육 프로그램에 대한 만족도

3) 인증 기준 준수와 준비

인증을 받기 위해, 기업은 국제 노동 기구 기준, 유럽연합 기준, 그리고 다른 기관의 인증 요건을 충족해야 한다. 이 과정에서 기업은 다음과 같은 준비를 거치게 된다.

- **인증 기준 이해**: 해당 기관의 인증 기준을 이해하고, 회사의 관련 정책과 절차를 이 기준에 맞게 조정한다.
- **내부 시스템 강화**: ESG 관련 내부 관리 시스템을 개선하거나 구축하여, 지속적인 준수와 모니터링이 가능하도록 한다.
- **직원 교육 및 참여 촉진**: ESG에 대한 교육을 실시하여 직원들의 인식을 개선하고, ESG 목표 달성을 위해 직원들의 참여를 유도한다.
- **문서화 및 증거 수집**: 인증 과정에서 필요한 모든 문서와 증거를 체계적으로 준비하고 관리한다.
- **인증 절차 진행**: 인증 준비가 끝나면, 기업은 인증 기관에 신청을 제출하고, 외부 전문가의 심사를 받게 된다. 심사 과정에서는 서류 검토, 현장 방문, 직원 인터뷰 등을 통해 기업의 ESG 준수 상태를 평가한다.
- **지속적인 개선과 커뮤니케이션**: 인증을 받은 후에도 기업은 계속해서 개선에 노력을 기울여야 한다. 이는 정기적인 자체 평가, 개선 조치의 실행, 그리고 이해관계자와의 투명한 커뮤니케이션을 통해 이루어진다. 또한, 인증 받은 사실을 공개하여 기업의 ESG 노력을 외부에 알리고, 이해관계자들의 신뢰를 더욱 강화해야 한다.

[인증 방법과 내용]

인증 방법	내용
국제노동기구(ILO) 기준	• ILO 기본적인 노동 기준 준수 여부 검증 • ILO 사회적 책임 인증(SA8000)
유럽연합(EU) 기준	• EU 기업의 지속가능성에 관한 지침(CSR 지침) 준수 여부 검증 • EU 사회적 책임 인증(EMAS)
기타 기관 인증	• 한국거버넌스공단 ESG 평가 • 한국기업지속가능경영협회 지속가능경영 인증(KSR) • 국제 인증 기관(DNV GL, SGS 등)의 ESG 인증

노동 분야에서의 ESG 준수와 관련된 검증과 인증은 복잡하고 도전적인 과정일 수 있다. 그러나 이 과정을 통해 기업은 자신의 사회적 책임을 실현하고, 지속 가능한 발전을 위한 중요한 발걸음을 내딛게 된다. 기업은 이러한 노력을 통해 장기적인 성공을 보장하고, 사회적 가치를 창출하는 동시에 환경적, 사회적, 경제적으로 지속 가능한 미래를 위한 기여를 하게 될 것이다.

노동분야 ESG의 지속가능한 실천 방법

노동 분야의 ESG 경영은 기업이 직면하는 중대한 도전 중 하나로 자리매김하게 되었으며, 그 지속 가능한 실천은 단순한 유행을 넘어 핵심 가치로 자리 잡게 되었다. 이는 기업뿐만 아니라 사회 전반에 긍정적인 영향을 미치게 되며, 노동 분야 ESG의 핵심 요소와 실천 방안을 통해 지속 가능한 성장의 가능성을 모색하게 된다. 또한, 경영진의 참여, 조직 문화의 조성, 목표 설정, 정보 공개, 이해관계자 참여는 모두 기업이 사회적 책임을 다하고 지속 가능한 미래를 구축하는 데 필수 요소이다.

이 실천 방안들은 노동 분야에만 국한되지 않고, 기업의 모든 영역에서 ESG 경영을 구현하는 기반을 마련하게 된다. ESG는 기업의 지속 가능성을 평가하는 중요한 기준이 되며, 다양한 도전에 대응하고 새로운 기회를 발견하는 데 도움을 준다.

특히, 노동 분야에서의 지속 가능한 ESG 실천은 장기적으로 인재를 유치하고 유지하는 데 중요하게 되며, 이는 기업의 긍정적인 이미지를 전달하고, 투자자, 소비자, 규제 기관의 신뢰를 쌓을 수 있게 된다. 앞서 제시된 실천 방안들은 모든 기업이 적용 가능한 원칙들이지만, 각 기업은 자신의 상황과 조건에 맞게 이를 수정하고 개선해야 한다. 지속 가능한 ESG 실천은 장기적인 가치 창출과 기업의 지속 가능성 추구에 있어서 중요한 솔루션이다.

노동 분야에서의 ESG 실천은 기업의 경쟁력을 강화하고, 지속 가능한 미래를 위한 첫걸음 이다. 이는 기업과 사회가 함께 번영할 수 있는 지속 가능한 발전의 방향을 제시하며, 기업이 이러한 실천을 통해 사회적 책임을 다하고, 지속 가능한 발전을 추구하면 우리 모두가 더 나은 미래를 만들 수 있게 될 것이다.

10장

지역사회와 ESG

이가은

ESG 경제, 기자

지속 가능한 발전은 현대 사회의 중요한 과제로 자리잡고 있으며, 이를 위한 노력은 개인부터 기업, 지역사회, 지방정부에 이르기까지 넓게 이루어지고 있다. 특히 대중의 인식 변화와 연결되는 지역사회와 ESG의 상호작용은 기업의 경영 방식에도 영향을 미치고 있다.

환경 파괴, 인권 침해, 불공정 거래, 소비자 권리 무시, 비윤리적 지배구조 등 ESG 기준에 어긋나는 제품과 서비스에 대한 불매운동, 'ESG 워싱 기업'에 대한 항의와 개선 요구는 최근 흔히 접할 수 있는 소비자 참여 활동이다. 이러한 활동은 기업에게 경제적 이익 추구 이상의 역할과 책임을 기대하고 있음을 의미한다.

대기업이 주도적으로 실천해 온 ESG 경영은 'ESG 행정'이라는 명칭으로 전국 지방정부로 확대되고 있다. 지속 가능한 발전을 위해 ESG 행정에 주목하고 있으며, 전국 17개 광역 지자체 중 13개, 전국 226개 기초자치단체 중 30개가 이미 ESG 경영 지원 조례를 제정했다. 특히 ESG 관점에서 사회적 양극화 해소, 지역 균형 발전, 지방 소멸 대응 등 공익 목표를 실현하기 위한 정책을 고민하고, 지역 공동체의 이해관계와 기후 변화, 탄소 중립 등 글로벌 문제에도 집중하고 있다.

이러한 변화는 기업들이 ESG 경영을 단순히 기존의 방식으로 접근할 수 없음을 시사한다. 과거와 같은 표면적인 활동이나 일시적인 캠페인으로는 더 이상 대중의 기대를 충족시킬 수 없게 되었고, 공공기관, 지방정부, 지역사회 등 이해관계자와의 협력 없이는 개인 기업만으로 해결할 수 없는 문제가 점점 더 많아지고 있다.

진심성 있는 접근과 실질적인 변화를 바탕으로 ESG 목표를 달성해야 한다는 인식이 더욱 중요해졌다. 그런 의미에서 '지역사회와의 협력'은 기업 이미지 관리를 넘어선 중요한 전략이 될 것이다. 기업과 지역사회 모두의 이익을 창출하고, 지속 가능한 미래를 구축하기 위한 구체적이고 효과적인 방안을 모색하기 위해서는 '지역사회와 ESG'에 대한 이해가 필요하다.

ESG와 지역사회의 상호작용

지역사회의 ESG 요구 이해

지역사회는 지리적 경계를 넘어 개인, 가정, 조직, 환경을 아우르는 광범위한 요소들로 구성되어 있으며, 다양한 사회적, 경제적, 환경적 요소로 이루어져 있다. 이러한 배경에서 기업 활동은 지역사회에 긍정적이거나 부정적인 영향을 미칠 수 있으므로 지역사회와의 건강한 관계 유지는 기업의 책임이자 필수적인 전략이 된다.

환경적 측면에서 지역사회는 기업에게 환경 보호와 지속 가능한 자원 사용을 위한 노력을 기대하고 있다. 이는 에너지 효율성 개선, 재생 에너지 전환, 폐기물 관리 개선, 자원 재활용, 물 사용 최적화 등을 포함한다. 기업의 탄소 중립 목표 설정, 환경 친화적 제품과 서비스 개발, 생산 과정에서 지속 가능한 자원 사용은 지역 환경을 보호하고 유지할 수 있는 대표적인 활동이다.

사회적 측면에서 지역사회는 기업이 고용 창출, 공정한 노동 조건 제공, 근로자 권리 존중, 지역사회 발전을 위한 투자 등 사회적 포용성을 증진하고 지역 문제 해결에 적극적으로 참여하기를 기대하고 있다. 기업은 교육 프로그램, 지역 건강 및 복지 증진 프로젝트, 지역 문화 활동 지원 등 다양한 사회 공헌 활동을 통해 사회적 가치를 창출하며, 지역인력 활용, 스타트업 지원, 타 도시와의 협업 기회를 제공함으로써 지역 활성화에 기여하고 있다.

사회공헌활동, 지방대 졸업자 우선 채용, 지역 기업과의 상생협력, 지역 기반 사회적 기업 지원 등 ESG 경영을 실천하는 우수 기업들의 적극적인 움직임도 주목할 만한 성과를 창출하고 있다.

투명한 경영과 윤리적 기준 준수, 지역사회와의 소통 및 참여를 강화하는 거버넌스는 기업이 지역사회에게 요구받는 핵심 요소다. 기업은 이해관계자들과 지속적인 소통을 통해 지역사회의 의견을 반영하고, 윤리적 경영 원칙을 확립하여 신뢰를 구축하고 지역사회와의 관계를 강화하고 있다. 이는 기업의 지속 가능한 성장과 장기적 성공을 위한 필수적인 기반이 된다.

지역사회는 기업의 ESG 활동을 통해 경제적 이익으로는 일자리 창출과 지역경제 활성화, 사회적 이익으로는 삶의 질 향상과 사회적 포용성 증진, 환경적 이익으로는 깨끗한 환경과 지역 고유의 자연생태보존, 지속 가능한 자원 활용 기회를 얻게 된다.

기업의 ESG 활동은 브랜드 이미지 강화, 소비자와 투자자와의 신뢰 구축, 리스크 관리 개선으로 운영 비용 절감 및 안정적 사업 환경 조성에 유리하며, 혁신 촉진 및 새로운 비즈니스 기회 발견, 사회적 책임을 중시하는 기업 문화로 고객 및 직원 만족도 향상, 지역사회의 지속 가능한 발전 지원으로 상생하는 선순환 구조를 구축할 수 있다.

지자체와 공공기관의 정책, 교육, 자금 지원이 더해진다면 지역사회와 기업의 ESG 활동을 촉진할 수 있으며, 지역사회의 지속 가능한 발전을 위한 프레임워크를 제공할 수 있다. 이러한 상호협력은 지역사회의 경제적, 사회적, 환경적 문제 해결과 모두에게 이익이 되는 지속 가능한 미래를 구축하는데 중요한 역할을 한다.

성공적인 지역사회 참여 활동

1) 제로웨이스트 숍 '알맹상점'

서울 망원시장에서 시작된 알맹상점은 제로웨이스트 리필스테이션이다. 이곳은 빈 용기에 화장품과 세제 등을 담아 가는 형태로 운영되며, 포장지 없이 제공되는 약 700여 개의 친환경 제품을 판매하고 있으며, 플라스틱 업사이클링 체험, 환경교육, 캠페인 등 환경보호 의식 확산에도 주력하고 있다.

망원동 주민이 만든 '플라스틱 없이 장보기' 캠페인에서 시작된 알맹상점은 지역사회와의 상생협력을 바탕으로 활동하고 있다. 환경에 관심 있는 주민의 참여를 유도하며, 환경보호에 관심을 가지고 있는 기관들과의 협업으로 ESG 실천을 적극적으로 추구하고 있는 기업이다.

제로웨이스트를 실천할 수 있는 리필스테이션을 오픈하여 친환경 제품을 합리적인 가격으로 제공하고, 환경 교육을 통한 사회적 인식 개선에 힘쓰고 있다. 뿐만 아니라 리필스테이션을 운영하고자 하는 소상공인 대상으로 교육, 정보, 컨설팅을 적극적으로 제공하고 있다.

'브리타 어택 캠페인' 활동은 브리타 정수기 폐필터의 환경문제 개선을 요구하는 활동으로, 지역 구성원들의 적극적인 참여와 기업의 폐필터 회수 및 재활용 시스템 구축을 이끌어낸 알맹상점의 대표적인 활동이다.

2) 100년 전통 양조장 '금풍 양조장'

강화도 금풍양조장은 100년의 역사를 가진 막걸리 양조장이다. 최근 현대적 감각을 더해 색다른 문화 공간으로 변신하며 업계 최초로 비건 인증을 획득하고 삼무三無원칙을 지키는 등 ESG 경영을 소리 없이 실천하고 있는 기업이다.

무농약으로 재배한 강화도 친환경 쌀 사용, 감미료 없는 제조, 쌀 포대를 포장재로 재활용하는 제로 웨이스트를 실천하고 있다. 특히, 강화도에 밀집된 대형 카페와의 협력으로 진행된 커피 원두백 업사이클링 냉온백과 가방은 친환경과 트렌드에 민감한 소비자의 이목을 집중시키고 있다.

지역 쌀과 농산물을 활용하여 막걸리를 만들고, 중증장애인 인력을 활용하여 업사이클링 제품 제작을 진행하여 지역 일자리 창출하고, 지역 업체들과 협업하여 지역을 홍보하는 등 지역사회와의 상생협력을 실천하고 있다. 환경 보호, 지역사회 일자리 창출, 지역경제 활성화를 위한 대표자의 의지와 노력이 돋보이며, 크고 작은 실천으로해 지역사회와의 상생협력을 강화하고 있다.

3) ESG MICE '수원컨벤션센터'

수원컨벤션센터는 MICE회의, 관광, 컨벤션, 전시 산업에서 ESG 경영 실천에 앞장서고 있다. 이를 위해 친환경 인프라 구축, 지역사회와의 상생협력,

다양한 이해관계자와의 긴밀한 협업에 중점을 두고 있다. 친환경 인프라로는 '스마트그리드스테이션' 설치하여 에너지 관리 및 절감을 실천하고 있으며, 건축 인증 최우수 등급을 받아 태양열, 지열을 활용하는 등 에너지 효율이 높은 설계로 건립되었다. 옥상 정원, 그린커튼 조성, 공기정화 식물 공간 등 청정 실내조경을 구성하고 있으며, 전기자동차 급속 충전시설을 비치하여 친환경 차량 이용을 장려하고 있다.

지역사회와의 상생협력을 위해 화훼 및 농산물 업체 지원을 위한 '광교마켓' 행사를 개최하여 지역경제 활성화에 기여하고 있다. '오이마켓'은 재단 임직원이 기부한 물품을 판매하고 수익금을 지역아동센터에 기부하는 사회공헌활동으로 지역 주민의 호응을 얻고 있다. ESG 실천 업체에게는 국제회의 지원금을 가산 지급하는 등의 행정적, 재정적 지원도 함께 제공하고 있다.

ESG 경영의 핵심으로, 이해관계자들과의 협력을 강조하며, MICE 산업 내에서 지속가능성 지표 준수, 환경 관련 포럼 개최하여 환경E 분야에 중점을 두고 실천을 이어가고 있다. 자체 ESG 팀 구성, 컨벤션센터 및 MICE 도시로서의 친환경 인증 획득, 신 유망 산업 육성 및 지원하여 지속적으로 ESG를 실행할 계획을 가지고 있다.

4) '우도'의 친환경 전환

우도는 2017년부터 외부 자동차의 진입을 금지하고 전기 버스와 전기자전거를 주요 교통 수단으로 채택하는 등 청정환경 유지에 노력하고 있다. 다회용컵 보증금제는 환경보호에 대한 우도 주민들의 강한 의지를 가장 잘 보여주는 사례다.

다회용컵 보증금제는 고객이 다회용컵을 1,000원에 구입하여 카페나 휴게 식당에서 사용한 후 반납하면 1,000원을 현금으로 돌려받는 제도다. 대부분의 지자체에서는 업소, 주민, 고객의 반대로 도입이 어려웠으나, 우도에서는 2년째 적극적으로 진행되고 있으며, 이는 환경에 대한 주민들의 문제의식과 의지 덕분이다.

보증금제를 도입한 카페 등에서는 발생하는 1회용품 쓰레기가 종전보다 20% 수준으로 줄었다. 1회용 플라스틱 쓰레기를 50% 줄이는 것을 목표로 하고 있으며, 우도 방문객이 증가함에 따라 자연스럽게 다회용컵 사용 인구도 증가하고 있다.

증가한 다회용컵의 세척을 위해 23억원의 예산을 투입하여 세척장을 건설 중이다. 우도 지역 주민들은 친환경 설비 도입으로 친환경 지역의 위상을 높이고, 주민들의 일자리 창출 효과를 기대하고 있다. 우도의 다회용컵 보증금제의 성공을 바탕으로 제주특별자치도의 가파도와 추자도 역시 이 제도를 도입할 계획을 세우고 있다.

5) 일본 '가미카츠 마을'

일본 시코쿠 섬의 가미카츠 마을은 2003년 일본 최초로 폐기물 제로를 선언한 지방자치 단체다. 2030년을 목표로 설정한 탄소 중립 및 폐기물 제로 목표는 2022년 기준으로 80%의 달성 실적을 올리고 있는 것으로 추정되고 있다.

이 마을의 제조업체들은 폐기물과 화석연료 연소를 줄이기 위해 재활용 가능한 재료만을 소비하려고 노력하고 있다. 마을에서 운영하는 제로 폐기물 센터는 주민들이 쓰레기를 소각로에 보내기 전에 45가지

종류로 분리할 수 있도록 하였다. 폐기물을 환경 친화적인 제품과 교환할 수 있는 '재활용 포인트제도'는 주민들의 적극적인 협조를 유도하고 있다.

별도로 운영되는 중고품 가게는 지역 주민이 쓰지 않는 물건을 가져다 놓고, 필요한 사람이 무료로 가져갈 수 있도록 하였다. 마을에서 생산되는 농작물들 중 상품 가치가 떨어지는 재료를 사용하여 맥주를 만든다. 맥주 제조 과정에서 나오는 찌꺼기 곡물은 액체 비료로 만들어 다시 맥주 생산에 사용되는 보리를 재배하는데 사용한다.

2020년에는 폐기물 없는 작은 호텔을 열어 관광 ESG도 실천하고 있다. 호텔에 머무는 손님은 여섯 개의 쓰레기통에 분리수거를 해야 하며, 개별적으로 사용할 비누를 필요한 만큼 잘라서 가져가야 한다. 약 40명의 주민이 주민들 또는 방문객의 이동을 돕기 위해 자동차를 공유하여 운송 시스템의 낭비도 줄이고 있다.

가미카츠 마을은 지역 자치단체, 주민, 기업, 업소 등 이해관계자들이 적극 참여하여 ESG를 실천하는 대표적인 사례다.

2

지역사회와의 지속 가능한 관계 구축

ESG 활동의 지역 맞춤형 구현

환경적 요소는 기후 변화의 영향, 오염 문제, 자원의 과도한 사용 등으로 인해 발생하는 지역의 문제점과 자연 자원, 생물 다양성, 생태계의 상태를 반영해야 한다. 지역 이해관계자들의 현실적인 요구사항을 반영하고, 지속 가능한 환경을 구축할 수 있는 방안을 마련하는 것이 필요하다.

사회적 요소는 지역사회의 교육과 보건에 대한 필요와 기대를 반영한다. 교육 수준, 보건 서비스 접근성, 공공 보건 문제 등을 조사하여 지역사회의 상황을 이해하는 것이 필수적이다. 또한, 지역경제의 현황, 고용 기회, 지역 내 기업과 산업의 발전 가능성 등을 분석함으로써 지역경제의 성장 잠재력을 파악하는 것도 필요하다. 이와 함께 지역사회의 문화적 가치, 전통, 지역 정체성을 이해하고, 이를 존중하고 보호하는 방안을 모색하는 것은 지역사회와의 조화로운 관계를 유지하기 위해 중요하다.

거버넌스 요소는 지역사회 내에서의 기업 행동에 대한 기대를 반영한다. 기업의 투명성과 책임 있는 경영에 대한 기대를 파악하고, 지역사회, 정부 기관, 비정부기구NGO 등 다양한 이해관계자와의 참여 및 협력 방안을 조사하는 것이 필수적이다. 특히 지역사회의 윤리적 기준과 법적 요구사항을 이해하고, 이를 기업의 정책과 프로세스에 통합하는 것은 기업의 사회적 책임을 이행하는 데 있어 핵심적인 부분이다.

마지막으로 지리적 요소의 중요성은 강조될 수 밖에 없다. 지역의 지형, 기후 조건, 자연 자원의 분포 등의 지리적 특성을 파악하고, 교통, 통신, 공공 서비스의 인프라와 접근성을 조사하여 개선이 필요한 부분을 확인하는 것은 지역사회의 발전에 있어 필수적인 과정이다.

이러한 다양한 요소들을 종합적으로 분석함으로써, 기업은 지역사회의 구체적인 요구와 기대를 정확히 이해하고, 이에 부합하는 ESG 활동 계획을 수립할 수 있다. 이 과정에서는 주민 설문조사, 공개 토론회, 이해관계자 면담 등 다양한 방법을 활용하여 지역사회의 목소리를 직접 듣고 반영하는 것이 중요하다.

지역사회 참여와 협력 강화

기업과 지역사회 간의 상생협력은 ESG 목표 달성에 있어 핵심적인 역할을 한다. 이 과정에서 기업은 지역사회 단체, 비영리 조직, 지방 정부와의 협력하여 지역 발전 프로젝트를 진행하고, 사회공헌 활동을 추진하며, 경제 활성화를 지원함으로써 지역사회에 새로운 자원과 기회를 제공한다. 이러한 활동은 상호 이익을 창출하는 공동의 목표 추구를 가능하게 한다.

기업들은 지역사회와 함께 지역경제의 발전과 지속 가능한 성장을 지원한다. 지역 공급망의 활용, 지역 노동력의 고용, 지역 중소기업 및 스타트업에 대한 투자와 멘토링을 통해 지역 내에 선순환 구조를 구축하고, 교육 및 기술 개발 프로그램을 지원함으로써 지역사회의 인적 자원 발전과 지역경제의 장기적인 발전에 기여한다.

특히, 기업의 지원은 지역기반 ESG 스타트업이 자신들이 초기에 도입한 ESG 경영 철학과 비즈니스 모델을 지속적으로 이끌어갈 수 있는 중요한 동력이 되어준다. 자본, 경험, 기회가 부족한 스타트업에게 ESG를 단독으로 실천하는 것은 쉽지 않은 일이므로, 기업의 지원은 이러한 어려움을 해결하는 데 큰 역할을 할 것이다. 이는 스타트업이 추후 ESG 혁신을 위해 투입하는 비용을 절약하게 하며, 사업적으로 더 많은 기회를 얻을 수 있게 한다.

지역사회와의 협력 전략

ESG 우수 실천기업은 이해관계자와 정기적으로 소통하고, 기업의 추진 활동을 수시로 공유하며, 윤리적 기준에 맞는 경영 활동을 제시한다. 적극적인 소통은 기업 활동이 지역사회에 미치는 영향에 대한 투명한 정보를 제공하는데 중요한 역할을 하며, 지역사회의 피드백을 정확하게 수집하는데 도움을 준다.

지역사회와의 정기적인 소통을 위해서는 지역 협력 계획, 활동, 성과를 지속가능성 보고서에 담아야 한다. 보고서를 통해 지역사회의 이해관계자들에게 기업 활동이 지역사회에 미치는 영향에 대한 정보를 제공하고, 지역사회로부터의 피드백을 수집 및 반영하는 과정을 공유함으로써, 신뢰감을 높일 수 있다.

지역사회 주민들을 대상으로 하는 설명회나 공청회의 개최는 기업의 새로운 프로젝트나 변화에 대해 소통하고, 지역사회의 우려사항을 듣고 이를 기업 운영에 반영하는 데 중요한 접점이 될 수 있는 좋은 방법이다.

3

지역사회와 기업의 성장 상생 전략

지역사회와의 협력 전략

지역사회 발전에 앞장서는 기업의 노력은 고객의 신뢰도와 브랜드 충성도를 높이게 된다. 지역사회 교육 프로그램이나 환경 보호 활동을 적극적으로 추진하고 지원함으로써 기업은 긍정적인 사회적 가치를 창출하게 되며, 이는 브랜드 가치를 높이는 데 중요한 요소로 작용한다.

지역사회와의 긍정적인 관계는 새로운 비즈니스 기회를 창출한다. 지역사회의 지원과 신뢰를 바탕으로 기업은 새로운 시장에 더 쉽게 접근할 수 있고, 지역 기반의 마케팅 전략은 고객 기반을 확장할 수 있게 한다.

사회적 책임을 중시하는 기업 문화는 특히 가치를 중시하는 젊은 인재에게 매력적인 요소로 작용한다. 지역사회 발전에 공헌도가 높은 기업은 우수한 인재를 유치하고, 직원들의 만족도와 충성도를 높여 장기 근속하는 긍정적인 효과를 기대할 수 있다.

지역 전문가의 양성과 활용은 지역 맞춤형 ESG 전략을 개발하고 실행할 수 있도록 돕는다. 전문 지식을 제공하고, 장기적 비즈니스 성장에 긍정적인 영향을 미치게 될 것이다. 사회적, 경제적, 환경적 특성을 깊이 이해하고 있는 지역 전문가를 통해 지역사회와의 소통을 원활하게 하고, 지역의 요구와 기대를 정확히 파악하는 교두보 역할을 기대할 수 있다.

지역사회와의 긴밀한 관계는 사회적, 환경적 위험을 예방하고 관리하는 데 도움을 준다. 예를 들어, 환경 보호에 대한 기업의 활동은 잠재적인 환경 규제 위반 위험을 감소시킬 수 있으며, 지역사회와의 소통을 통해 사회적 갈등을 예방하고 해결할 수 있게 될 것이다.

지역 공급망과의 협력은 공급망의 안정성과 지속 가능성을 보장하게 될 것이다. 지역 공급업체와의 파트너쉽은 기업은 더 투명하고 책임감 있는 공급망을 구축하고, 장기적으로 운영 비용 절감과 공급망의 효율성 향상 효과를 거둘 수 있을 것이다.

지역 기반 상생협력 사례

1) 이해관계자 협업 모델 '코끼리 공장'

코끼리 공장은 폐장난감을 수거하여 수리한 후 소외계층 아동과 해외 난민에게 나눠주며, 재사용이 어려운 장난감은 분해하여 재생소재로 만드는 사회적 기업이다. 부산 우리동네 ESG 센터와 협력하여 다양한 이해관계자들과 함께 ESG 경영을 실천하고 있다.

주요 ESG 실천 내용으로는 폐장난감의 수거와 수리, 재사용과 재생소재로의 변환을 통한 자원 순환, 어린이 환경 교육 및 체험 프로그램을 제공하는 것이다. 이 과정에서 100평의 공실 상가 활용, 390여 명의 노인 일자리 창출, 플라스틱 자원의 재순환 등의 성과를 거두고 있으며, 상생 협력으로 자원순환을 위한 기술력, 운영자금 확보, 장난감 업사이클링 제품화 등 공동의 목표와 방향을 설정하고 각자의 역할을 수행하고 있다.

지역상생과 선순환 구조를 만들기 위해 코끼리공장은 지자체, 대기업, 공기업, 민간기업 등과 협력하여 장난감의 수거, 수리, 재사용 및 재생소재로의 변환하여 환경문제 해결과 사회적 가치 창출에 힘쓰고 있다. 특히, 장난감 소재와 디자인의 통일화 전략으로 재활용 용이성과 고품질 재생 원료의 재생산을 목표로 하고 있다. 뿐만 아니라 아동의 교육과 복지에 앞장서는 동시에 환경적, 경제적 선순환 구조를 만들어 지역 일자리 창출에도 집중하고 있다.

코끼리공장이 협력하고 있는 '우리동네ESG센터' 프로젝트에는 부산광역시를 비롯해 여러 기관이 포함되어 있으며, 한국노인인력개발원, 이마트, 주택도시보증공사, 한국주택금융공사 , 한국남부발전, 부산도시공사, 롯데케미칼, 코끼리공장 등이 포함되어 있다. 각각 공간, 인력, 콘텐츠, 자금, 기술, 교육, 운영 지원 등의 역할을 수행하고 있다. 코끼리 공장은 유기적인 협력으로 지역사회 발전에 기여하고, 지속 가능한 ESG 경영 방식을 만들어 가고 있다.

2) 지역자원 활용 모델 '119REO레오'

119REO는 폐방화복을 업사이클링하여 패션 제품을 제작하는 회사로서, 'Rescue Each Other서로가 서로를 구한다'이라는 슬로건으로 암 투병 중인 소방관을 후원하고, 소방관의 처우 개선 및 화상을 입은 아동을 지

원하고 있다. 2016년에 설립된 이 회사는 소방관들이 겪는 고충을 세상에 알리고자 하는 목적으로 출발하였다.

119REO의 환경 제품은 각 지역 소방관의 폐방화복으로 만들어진다. 소각 후 매립되는 폐방화복의 처리 과정에서 발생되는 다량의 이산화탄소에 집중했고, 환경에 미치는 영향을 최소화하기 위해 소재로 활용하게 되었다. 업사이클링 된 제품은 '소방관' 노고와 헌신의 의미도 함께 담겨 가치 소비자들의 관심을 받고 있다.

폐방화복이 제품으로 변환되는 과정에서 지역 상생과 선순환 구조를 만들어가고 있다. 각 지역에서 수거된 폐방화복은 지역자활센터와 협력하여 세탁과 분해 작업을 진행하고, 정리된 소재는 디자인 센터로 옮겨져 완제품으로 생산된다. 상품의 가치와 판매 촉진을 위해 제품 디자인에도 특별히 신경쓰고 있으며, 자체 채널 또는 ESG 경영을 실천하는 기업과 협업하여 프로모션 판매를 진행하고 있다.

판매 수익금의 절반은 소방 관련 단체에 기부되어 암 투병 중인 소방관을 후원하게 되며, 소방관 PTSD, 소방관 권리 보장, 화재 피해 아동 후원 등과 관련된 다양한 전시, 팝업스토어, 캠페인을 진행한다. 이와 더불어 지자체, 공공기관, 롯데호텔 서울, 미즈노 등과 같은 브랜드와 협업하여 판매 수익금 기부 활동을 확장하고 있다.

119REO는 지역주민에게 새로운 일자리를 제공하고, 지역의 자원을 활용하여 환경 친화적인 제품을 생산함으로써 지역경제 발전에 기여한다. 또한, 기부와 캠페인을 통해 사회적 인식의 변화와 실질적인 지원까지 진행하는 모범적인 사례로 손꼽히고 있다.

3) 발달장애인 고용 모델 '동구밭'

2015년에 설립된 이후로, 동구밭은 사회적 기업으로서의 정체성을 확고히 하며, 천연 성분과 유기농 인증 재료를 활용한 고체비누, 고체샴푸, 고체세제 등의 생활용품을 제조하고 있다. 이 기업은 제로웨이스트를 실천하며, 발달장애인의 고용을 통해 비장애인과 함께 일하는 지속 가능한 일상을 목표로 하고 있다. 동구밭은 환경보호를 위해 제품 생산 시 플라스틱 사용을 최소화 하고, 발달장애인과 비장애인 사원의 고용 비율을 50%로 유지하는 것을 목표로 하고 있다. 매달 고정매출이 발생할 때마다 발달장애인을 추가로 채용하는 정책을 추진하여 장애인 복지에 적극이다.

이 기업은 발달장애인이 비장애인과 함께 농사를 짓는 활동에서 출발해, 고체 천연비누 제조 사업으로 발전하였다. 제품은 국제적인 인증을 획득하며, OEM 및 ODM으로 거래처를 확대하고 자체 브랜드 판매에 성공하였다. 특히, 2023년에는 미국, 중국, 일본, 인도, 태국 등 5개국과의 20만 달러 규모의 수출계약을 체결하는 등 큰 성과를 얻었다.

동구밭은 발달장애인 사원들이 도심에서 대중교통을 이용하여 편리하게 출퇴근할 수 있도록 배려하여 새로운 공장을 설립하였다. 또한, 분기별 영업이익의 10%를 성과급으로 지급하고, 발달장애인 사원의 부모에게 감사의 편지를 보내는 등 기업 문화와 복지에도 큰 노력을 기울이고 있다. 이러한 노력은 직원의 이직률을 낮추고, 장애인 근속 연수 문제 해결에 도움이 되고 있다.

동구밭은 사회적 기업으로서 다양한 이해관계자와의 상생 협력으로 지속 가능한 비즈니스 모델을 구축하고 있다. 투자자, 지역사회, 대기업과 협업하여 사회적 가치와 경제적 가치를 창출하는 동시에 발달장애인 고용 증대와 환경 보호라는 미션을 효과적으로 수행하고 있다.

지역 내 사회적 기업, 비영리 단체와의 파트너십을 맺어 발달장애인의 사회성 향상 프로그램을 운영하거나, 지역 행사에 참여하여 발달장애인이 생산한 제품을 홍보하고 판매함으로써, 기업의 사회적 가치를 인식시키고, 발달장애인에 대한 긍정적인 인식을 증진시키는 효과를 준다.

대기업과의 협업으로 제품 유통 채널을 확대하고, 제품 인지도를 높이는 전략을 실행하고 있다. 올리브영과의 협력으로 전국 매장에 동구밭의 고체비누 및 친환경 제품을 입점시켜, LG생활건강, SKT, 이니스프리 등과의 협력은 시장 접근성을 높이고, 소비자 기반을 확대하는 중요한 역할을 하고 있다.

동구밭은 다양한 상생 협력을 통해 사회적 기업으로서의 지속 가능성을 강화하고, 발달장애인의 고용 기회를 증대시키며, 환경 보호에 기여하고 있는 것으로 평가받고 있다.

상호 이익 실현을 위한 방안

1) 로컬 푸드로 지역경제 활성화

'오설록'은 제주 녹차 농가와 직접 거래하여 고품질의 녹차를 소비자에게 제공하고 있다. 이 과정에서 지역 농가의 경제적 이익과 기업의 제품 품질 모두를 고려하게 된다. 지역 농가의 지속 가능한 발전을 지원하며, 소비자에게는 신선하고 고품질의 제품을 제공하는 이점을 가지게 된다.

지역 공급망의 활용은 지역경제를 지원하고, 기업의 지속 가능한 성장을 촉진하는 핵심 요소가 된다. 지역에서 생산된 농산물, 제품, 서비스, 공간 자원을 구매하고 활용하여 지역경제를 지원하게 된다. 로컬 푸드를 활용한 식품제조업, 레스토랑, 소매업체는 지역 농가와 직접 거래함으로써 신선하고 다양한 식품을 소비자에게 제공하게 된다.

이러한 지역 공급망의 활용은 지역경제의 활성화와 지역 자원의 생산성 향상을 가져오게 되며, 소비자에게 고품질의 지역 제품을 제공함으로써 기업의 브랜드 가치와 소비자 만족도를 증가시키는 긍정적인 효과도 가지게 된다.

지역사회 단체, 비영리 조직, 지방 정부와 파트너십을 구축하고 공동의 목표를 가진 프로젝트를 기획, 실행하게 된다. 이는 환경 보호, 교육 증진, 지역 인프라 개선 등 다양한 분야에서 지역사회의 발전을 촉진하게 된다. 지역 소상공인, 스타트업과 협업하여 제품과 서비스의 기획, 생산, 브랜딩, 판매까지 공동으로 추진하고, 지자체, 공공기관 등의 자원을 확보하여 안정적인 모델링과 상호 이익을 창출하는 성과를 기대할 수 있게 된다.

2) 삼성과 현대의 교육 지원 프로그램

삼성전자는 중고등학생들에게 무료로 고품질의 교육 기회를 제공하는 '삼성 드림클래스'라는 교육 지원 프로그램을 운영하고 있다. 이 프로그램은 지역사회 내에서 발생하는 교육 격차를 해소하고, 청소년들의 학업 성취도를 향상시키는 데 목적을 두고 있다.

현대자동차그룹은 '현대 드림센터' 프로그램을 통해 지역사회의 인재 육성을 지원하고 있다. 자동차 정비, 디자인, 제조 등 다양한 분야에서 청소년과 젊은 성인들에게 직업 교육과 훈련 기회를 제공하는 이 프로그램은 전 세계 여러 나라에 설립되어 있으며, 한국 내에서도 지역사회의 인재 발굴 및 전문가 육성을 목적으로 운영되고 있다.

이 프로그램은 지역 인재를 발굴하고 지역 전문가로 육성함으로써, 인적자원을 확보하고 지역에서 활동할 수 있는 기회를 제공하게 된다. 이러한 노력은 젊은 인재가 타 지역으로 이탈하는 것을 방지하고 지속적으로 체류하도록 유도한다. 이는 기업의 사회적 책임을 실천하고 지역사회와의 신뢰를 구축하는 데 중요한 역할을 한다.

지역 인재의 채용과 직업 교육 프로그램의 지원은 지역경제의 자립성을 높이고 지역사회의 발전을 촉진하게 된다. 교육 프로그램, 워크숍, 멘토링 세션을 제공함으로써 지역사회 구성원들의 역량을 강화하고, 이는 장기적인 발전을 지원하게 된다.

3) 지역사회와 기업의 ESG 가치 공유

지역사회와의 상호 협력 및 ESG의 실천은 단순한 사회적 책임을 넘어서 기업과 지역사회 모두에게 지속 가능한 성장과 발전의 기회를 제공한다. 이는 지역사회와 기업이 서로의 필요와 장점을 깊이 이해하고, 협업하여 지속 가능한 발전을 추구하는 것이 시대의 요구이자, 미래를 향한 중요한 투자로 자리잡고 있다. 지역 공급망의 활용, 지역 인재 및 인프라 발전 지원 등을 통해 구축된 상호 이익의 실현은 기업의 사회적 가치와 경제적 성공을 동시에 달성하는 데 있어 강력한 전략이 될 것이다.

ESG 실천은 기업에게는 브랜드 가치와 시장 경쟁력을 향상시키는 동시에, 지역사회에게는 경제적 활력과 사회적 포용성을 강화하는 기회를 제공한다. 더불어, 환경 보호와 사회적 책임의 실천은 미래 세대를 위한 지속 가능한 환경을 조성하는 데에도 큰 역할을 하게 될 것이다. 따라서, 기업과 지역사회는 ESG 가치를 공유하며, 지속적인 대화와 협력으로 상호 발전을 모색해야 한다는 점이 강조된다.

결국, '지역사회와 ESG'의 상호 작용은 지역사회의 지속 가능한 발전뿐만 아니라, 기업의 장기적 성공과 사회적 책임 이행에 있어 필수적인 요소다. 이를 위해 기업, 지역사회, 정부가 함께 협력하여 지속 가능한 발전을 위한 다양한 전략과 정책을 마련하고 실행하는 것이 중요하다. 이를 통해 우리는 지역사회와 함께 성장하며, 더 나은 미래를 위한 지속 가능한 발전을 기대할 수 있게 될 것이다.

11장

기후 위기와 ESG

전하진

SDX재단 이사장

1
기후위기 대응을 위한 ESG 전략

기후변화 보고서의 중요성

기후변화에 관한 정부 간 협의체IPCC는 1988년에 세계기상기구WMO 와 유엔환경계획UNEP에 의해 설립되었다. 이 국제기구는 스위스 제네바에 본부를 두며, 195개 회원국이 참여하는 총회, 의장단, 집행위원회, 사무국으로 구성되어 있다. 기후변화의 과학적 근거, 영향, 적응, 완화에 대해 다루는 실무그룹별 평가보고서를 발간하는 역할을 수행하고 있다. 1990년 첫 평가보고서 발간 이후, 약 5~7년 간격으로 총 6차례의 평가 보고서가 발간되었으며, 이 보고서들은 기후변화에 대한 깊이 있는 분석과 국제적인 대응 방안을 제시해왔다.

제1차 평가보고서는 1990년에 발간되었으며, 인간 활동, 특히 화석연료의 연소와 삼림 벌채가 기후변화의 주요 원인임을 강조했다. 이후의 보고서들은 지구 온난화와 그 영향에 대한 과학적 증거를 점점 더확실하게 제시해왔으며, 인간 활동이 기후변화에 미치는 영향을 명확히 하였다. 제5차 평가보고서는 인간 활동이 기후변화의 주요 원인임을 더욱 확실히 밝혔으며, 이는 2015년 파리기후협약 채택으로 이어졌다. 제6차 평가보고서는 기후변화의 과학적 근거, 영향 및 적응, 완화에 대한 종합적인 정보를 제공하며, 통합적인 단기 기후 행동의 시급성을 강조하고 있다.

IPCC 보고서는 기후변화에 대한 다양한 오해와 루머에 대응하기 위한 과학적 근거를 제공하고 있다. 예를 들어, 기후변화가 자연적인 현상이라는 주장이나 과학자들 사이에 기후변화에 대한 합의가 없다는 등의 주장은 IPCC의 연구 등을 통해 반박 되고 있다. IPCC는 인간 활동이 현재의 기후변화를 주도하고 있다는 점에 대해 국제적인 합의를 이끌어냈으며, 온실가스 배출의 지속적인 증가가 추가적인 온난화를 일으키고 다양한 변화를 초래할 것임을 경고해 왔다.

IPCC의 평가보고서는 기후변화의 직접적인 관측 결과와 미래 전망을 제시하고 있으며, 지구의 이산화탄소 농도 증가의 원인이 주로 화석연료 사용과 토지 이용의 변화에 의한 것임을 밝혔다. 앞으로 20년 동안 0.2℃/10년의 상승률로 온난화가 진행될 것으로 전망하며, 현재 수준 이상으로 온실가스 배출이 지속되면 21세기 동안 관측된 변화보다 더 큰 변화를 초래할 가능성이 매우 높다고 경고하고 있다. 이러한 전망은 기후위기로 인한 심각한 상황을 예상하며, 이에 적극적인 대응이 필요하다는 점을 강조하고 있다. 이와 같은 IPCC의 노력으로 기후변화에 관한 광범위한 과학적 근거가 제시되었으며, 기후위기는 전문가들의 경고처럼 무시할 수 없는 시점에 도달했다는 것을 알 수 있다.

국제사회의 기후변화 대응

2015년에 '제21차 기후변화협약 당사국 총회'COP21에서 체결된 파리기후 협약은 기후 변화에 대응하는 국제적인 계약이 되었다. 이 협약은 세계의 국가들이 기후 변화를 제한하고 그 영향을 완화하는 데 필요한 조치를 취하는 것을 목표로 하였다. 이를 위해 모든 참가 국가들은 자국의 이산화탄소 배출량을 감소시키는 목표를 설정하고, 이를 달성하기 위한 계획을 제출하도록 하였다. 국가 온실가스 감축목표인 국가 NDCNationally Determined Contributions를 제출하도록 한 것이다. 각 국가가 기후변화 협약에 따라 자신들의 감축 목표를 세우고, 각 국가가 자발적으로 설정한 목표치를 제출하도록 한 것이다. 이렇게 각 국가별 온실가스 감축 목표NDC를 취합한 결과, 2030년까지 전 세계 탄소 배출량은 2010년 대비 오히려 16.3% 증가하는 것으로 전망되었다. 현재 각국의 NDC는 산업화 이전 수준 대비 2.1도 내지는 2.9도의 지구 온난화를 초래할 것으로 예상된다. 이는 현 상태대로 추가적인 노력과 조치가 없다면 인류가 기후위기를 해결하는 것은 거의 불가능한 일이 될 것이다.

리월드포럼의 상임대표를 맡고 있는 최정규 BCG Managing Director는 이미 1.5도 상승을 저지하는 것은 물 건너간 일이라는 주장이 국제사회에서 광범위하게 인정받고 있으며, 따라서 적응Mitigation이나 회복력Resilience에 더 신경 써야 한다고 말했다. 보스톤컨설팅그룹BCG에 따르면, 2027년 이전에 지구 온도는 1.5도 상승할 것으로 전망된다.

만약 이대로 온실가스 배출이 지속된다면, 2100년에는 2도 내지 3도 상승이 예상되며, 이렇게 되었을 때 해수면 상승은 2~3미터 내지 6미터까지도 예상되고, 이러한 현상이 수백 년 간 지속될 것이라는 예상이다. 도저히 믿기지 않는 예측이지만, 지난 해 개최된 제28차 유엔기후변화협약 당사국총회COP28에서 기후변화를 연구하는 비영리단체 클라이밋트 센트럴Climate Central은 전 세계 196개 도시가 해수면 상승에 따라 어떻게 변할지를 애니메이션 모델로 구현해 발표했다. 지구온도가 3도 오르게 되면, 두바이는 도시 대부분이 물에 잠기는 것으로 예상되었다. 후쿠오카의 경우도 일반 주택은 지붕만 보이는 수준이 될 것이라고 한다. 3도가 오른다면 전 세계 인구 8억 명 정도가 침수될 수 있다고 예상했다.

국제사회의 대응이 매우 미흡한 현 상황은 놀라운 일이 아닐 수 없다. 기후위기가 음모론이 아님에도 불구하고, 이러한 상황이 벌어질 수 있나라는 의구심이 들게 된다. IPCC의 시나리오를 신뢰하게 되면, 목표를 달성하지 못했을 때 인류가 겪어야 할 문제가 매우 심각하다는 사실을 알게 되는데, 이에 따라 우리는 만사를 제쳐두고 기후 문제에 매달려야 할 것 같은 데 현실은 여전히 국가 이기주의에 함몰되어 지구적 문제 해결에 나서지 못하고 있는 상황이다.

영화 'Don't Look Up'은 진실이 세상에서 받아들여지지 않는 현실을 그리고 있다. 레오나르도 디카프리오와 제니퍼 로렌스가 연기한 이 영화에서 두 명의 천문학자가 지구에 충돌할 혜성을 발견하고 이 사실을 세계에 알리려고 노력하는 과정이 국제사회와 미디어에 의해 무시당하고, 정신병자 취급을 받으며, 결국 모두 파멸에 이르게 된다는 이야기를 담고 있다. 몇 개월 뒤 닥칠 위기를 앞두고 자신들의 사리사욕을 위해 이를 이용하려고만 하는 정치인들의 행태를 비판하며 국제사회의 기후위기 대응에 대한 경각심을 높이고 인류의 무관심을 비판한 수작이라 할 수 있다. 이 영화는 지금의 현실과 많이 비슷해 보이며, 영화가 현실이 되지 않으려면 보다 적극적인 방법으로 도전해야만 할 것이다.

안타깝게도 현실은 영화처럼 문제 해결에 가까이 접근하지 못하고 있다. 여전히 정부는 국제사회를 따라가기에 급급한 상황이며, 일반 국민 중에는 관심조차 없어 보이는 이들이 많다. 설사 관심이 있는 자들조차 어떻게 해야 할지 그 방법을 모르며, 걱정만 하고 있는 상황이다. 기후 위기를 인류 전체, 즉 지구공동체의 위기로 인식한다면, 전 세계가 함께 그린 전환GX에 임하도록 해야 하며, 선진국들은 과거 자신들이 배출한 온실가스에 대해 책임지는 모습을 보여야 하며, 너나 할 것 없이 모두 한마음으로 이 문제 해결에 동참해야 할 것이다.

ESG의 환경적 측면과 기후 행동의 중요성

ESG의 발전은 기업들에게 다양한 분야에서 수행해야 할 일들을 요구하고 있으며, 특히 환경 부문에서 급진적이고 과감한 행동을 요구하고 있다. 이는 기후 문제가 현재 인류가 직면한 가장 큰 도전 중 하나이기 때문이며, 따라서 기후 위기에 대한 인식을 높이고 지속 가능한 행동을 취하는 것이 무엇보다 중요하다. 우리에게 남은 시간이 많지 않기 때문에 더욱 급진적인 조치가 필요한 것이다.

사회적 안정을 위해서도 기후 행동은 우선적으로 강조되어야 한다. ESG의 'S'가 중요하다는 것은 기업이 사회에 미치는 영향을 고려하는 것이 장기적 성장과 지속 가능한 발전에 필수적이라는 사실 때문이다. 기업이 사회적 책임을 이행 함으로써 사회와의 상생, 직원 복지 향상, 고객 만족도 증가 등을 통해 기업 가치를 높일 수 있다면, 이는 기업 이미지 개선 및 투자자와 고객의 신뢰 증가에 기여할 것이다. 그러나 환경 문제가 해결되지 않으면 S와 G를 위한 노력이 무의미해질 수 있다.

따라서 ESG의 'E' 부분에 집중하는 것은 매우 중요하며, 이를 통해 'S'와 'G' 부분도 자연스럽게 개선될 수 있을 것으로 기대한다. 현재 많은 기업들, 특히 중소 및 중견 기업들은 기후 위기 대응에 있어 미흡한 상황에 있으며, 자신들의 탄소 배출량조차도 정확히 알지 못하는 경우가 많다. 따라서 탄소 감축에 대한 구체적인 계획을 수립하는 것이 어렵다. ESG 활동이 단기적인 비용으로 인식되며 득보다 실이 많다는 관점이 강하지만, 이러한 관점을 바꾸고 ESG 활동을 장기적인 투자로 인식하는 것이 중요하다.

다시 한번 강조하지만, E에 대한 노력이 확대되면 S와 G도 자연스럽게 영향을 받을 수 있다. 기업이 환경을 보호하는 활동은 지역 사회와 더욱 깊은 관계를 형성하는 계기가 될 것이며, 환경 보호를 위한 노력은 사회적 책임을 다하는 기업으로 인식되어 브랜드 가치를 높이는 결과를 가져올 것이다. 이는 지역 사회와의 관계를 깊이 있게 만들어 사회와의 연결을 강화하는 효과를 가지며, 환경 친화적인 제품과 서비스의 제공이나 지속 가능한 비즈니스 모델의 채택은 기업의 이미지를 향상시킬 것이다. 이러한 활동은 고객들과의 신뢰를 증진시키며, 결국 기업의 성장과 성공에 기여할 것이다. 고객들은 지속 가능한 제품과 서비스를 선호하며, 환경 보호에 대한 기업의 노력은 기업의 경쟁력을 향상시키는 중요한 요소가 될 것이다.

환경 보호 활동이 기업의 지배 구조에 미치는 영향은 점점 더 명확해지고 있다. 이러한 활동을 지속 가능한 경영의 핵심 전략으로 삼고 이를 실행하기 위해서는 투명성과 책임감 있는 지배 구조의 필요성이 강조되고 있다. 환경에 대한 적극적인 대응을 투명하게 공개함으로써, 더 많은 이해 관계자들의 참여를 유도하는 것이 기업에 긍정적인 영향을 미친다. 이는 결국 기업의 장기적인 성장과 성공을 지원하는 중요한 기반이 될 것이다.

따라서, 기업들은 기후 위기 대응을 최우선 과제로 설정하고, 이를 바탕으로 환경 부문에서 더욱 적극적인 경영 활동을 전개해야 한다는 점이 중요하다. 이를 통해 사회적 관계를 개선하고, 더 많은 이해 관계자들과의 소통과 참여를 유도하여 적극적인 ESG 경영을 실현하는 것이 바람직하다고 볼 수 있다. 이 과정에서 기업들이 보다 투명하고 책임 있는 지배 구조를 구축함으로써 지속 가능한 성장을 추구하고, 이해 관계자들과의 긍정적인 관계를 형성하는 것은 기업의 장기적 성공을 위해 필수적인 조건이 될 것이다.

기업의 사회적 책임과 지배 구조 개선

기업들이 환경 보호에 대한 노력을 확대할 때, 이러한 활동이 사회적 책임과 지배 구조의 개선에도 중요한 영향을 미친다는 사실을 파타고니아라는 아웃도어 의류 회사의 사례를 통해 명확하게 확인할 수 있다. 파타고니아는 '파타고니아의 유일한 주주는 지구입니다'라는 슬로건 아래, 제품 생산 과정에서 환경에 미치는 영향을 최소화하기 위한 다양한 노력을 지속적으로 하고 있다. 이러한 노력은 원재료의 선택부터 생산, 제품의 재활용에 이르기까지 모든 과정에 걸쳐 이루어지며, 특히 재활용 가능한 소재의 사용과 제품이 더 이상 사용되지 않을 때 소비자로부터 제품을 회수하여 재사용하거나 재활용하는 프로그램을 운영하고 있다. 이와 같은 환경 보호 활동은 파타고니아가 지속 가능한 비즈니스 모델을 구축하고 기후 변화와 같은 환경 문제에 적극적으로 대응하고 있다는 것을 보여주며, 자사의 탄소 발자국을 크게 줄이는 데에도 기여하고 있다.

파타고니아의 이러한 접근 방식은 제품의 생산, 사용, 폐기 과정에서 발생하는 탄소 배출량을 크게 줄이는 효과를 가져오며, 따라서 환경 보호 활동을 통한 탄소 감축에 상당한 영향을 미치고 있다고 볼 수 있다. 이처럼 환경에 대한 적극적인 노력은 단순히 환경적 측면에서만이 아니라, 기업의 사회적 책임과 지배 구조의 개선으로도 이어지며, 이는 결국 기업의 장기적인 지속 가능성과 성공에 기여하게 된다. 파타고니아의 사례는 기업이 환경 보호를 중심으로 한 경영 전략을 어떻게 성공적으로 통합하고 실행할 수 있는지에 대한 모범 사례로 평가받고 있으며, 이러한 접근은 다른 기업들에게도 중요한 영감을 제공한다.

전기자동차 분야에서 선두적인 역할을 하고 있는 테슬라는 그들의 기가 팩토리를 재생 가능한 에너지를 활용하여 운영함으로써, 기업의 탄소 발자국을 현저히 감소시키는 데 일조하고 있다는 점에서 주목받고 있다. 이러한 접근 방식은 단순히 환경을 보호하는 것을 넘어, 기업의 사회적 책임을 실천하는 모범 사례로 자리매김하고 있으며, 이는 고객들 에게도 긍정적으로 인식되어 테슬라의 이미지를 사회적 책임을 다하는 기업으로 각인시키는 데 크게 기여하고 있다. 이런 인식은 테슬라에 대한 고객들의 충성도를 높이는 결과를 가져오게 되었을 것이다. 즉, 테슬라의 지속 가능한 운영 방침과 환경 보호 노력은 고객들과의 긍정적인 관계를 구축하고, 이를 통해 기업의 사회적 입지를 강화하는 효과를 가져오게 되었다는 것이다.

뿐만 아니라, 테슬라의 환경 보호 활동은 지역 사회와의 상호 작용을 촉진하는 중요한 역할을 하게 되며, 이러한 상호 작용은 기업의 사회적 입지를 더욱 견고히 하는 결과를 초래하게 된다. 더 나아가, 이런 활동은 투명한 기업 운영을 촉진하는 역할을 하게 되고, 이는 기업의 지배구조가 좋은 방향으로 발전하는 데 긍정적인 영향을 미치게 된다. 결과적으로, 이러한 노력은 테슬라가 장기적으로 지속 가능한 성장과 발전을 이루는 데 중요한 기여를 하게 될 것이다.

2
자발적 탄소시장VCM을 통한
ESG 활성화 방안

우리나라의 중소기업 및 자영업자의 수가 약 700만 개에 달하며, 이들이 배출하는 온실가스는 전체 배출량의 약 15%인 105백만 톤에 이른다고 한다. 만약 이 700만 개의 중소기업이 각각 연간 5톤씩의 온실가스를 줄인다면, 이는 총 35백만 톤의 온실가스를 줄이는 효과를 가져올 것이다. 이러한 계산은 단순한 산술적 접근일지도 모르지만, 그 중요성은 매우 크다. 중소기업이나 개인의 소비 수요가 지속되는 한, 공급 측면에서의 감축이 어려운 것이 현실이다. 따라서 탄소 배출 감축의 핵심은 바로 수요 감소에 있다.

이를 위해서는 개인과 중소기업이 탄소 감축 활동에 앞장서는 것이 필수적이다. 이런 노력이 집적되면, 대규모 배출 기업이나 발전소 역시 자연스럽게 탄소 배출을 줄이는 방향으로 움직일 수 있게 된다. 즉, 탄소 배출 감축을 위한 활동은 국가적 차원 뿐만 아니라, 모든 개인과 기업의 참여가 절실하게 필요한 것이다. 각자의 위치에서 조금씩이라도 탄소 감축을 위한 노력을 함으로써, 보다 지속 가능한 환경을 만들어 가는 데 기여할 수 있을 것이다. 이러한 접근 방식은 단순히 탄소 배출량을 줄이는 데 그치지 않고, 궁극적으로는 에너지 사용의 효율성을 높이고, 지속 가능한 생활 방식을 추구하는 방향으로 이어질 수 있게 될 것이다.

많은 이들이 경기 악화의 징후로 소비 감소를 거론할 가능성이 높다. 그러나 현재의 경제 성장 방식이 기후 위기를 야기했다는 점을 고려할 때, 경기 활성화를 위해 소비진작이 과연 바람직한지에 대해 심도 깊은 고민이 요구된다. 기후 위기의 극복과 인류의 지속 가능한 미래를 위해 서는 경제 발전의 패러다임을 전환할 필요가 있는 것이다. 마치 알코올 중독 환자에게 술을 권하는 것이 아니듯, 기후 위기를 초래한 경제 방식 을 계속 유지한다는 것은 문제의 해결보다는 오히려 악화시킬 가능성 이 높다. 이에 따라, 경제 발전의 기준부터 기업의 경영 성과를 평가하 는 지표까지, 근본적인 변화가 필요하다는 목소리가 커지고 있다. ESG 경영이 그 변화의 일환으로 제시되고 있지만, 이를 넘어서 더욱 급진적 인 새로운 지표의 개발이 시급하다고 볼 수 있다. 결국, 우리 사회와 경 제 시스템 전반에 걸친 근본적인 변화를 통해 기후 위기에 대응하고 지 속 가능한 미래를 구축해 나가는 것이 필요하게 될 것이다.

양적 성장의 한계에 이르렀음이 명확해지면서, 이제 우리 앞에 놓인 과제는 질적 성장을 통해 지속가능한 미래를 구축해 나아가는 것이다. 이러한 전환은 디지털 기술의 비약적인 발전 덕분에 가능해지고 있다. 인공지능, 로봇기술, 빅데이터 등의 최첨단 기술들이 생산성을 대폭 향 상시키는 한편, 자원의 효율적인 사용을 가능하게 하고 있다. 이런 기술 혁신이 기후 위기에 대응하는 데 있어 중요한 역할을 하게 될 것이라는 기대가 크다.

과학계에서는 지나친 소비 문화가 인류를 멸망의 길로 이끌 수 있다고 경고하고 있다. 이에 ESG는 저탄소 경제 시스템으로의 전환과 질적인 소비, 디지털 전환에 중점을 두어야 한다는 목소리가 높다. 이러한 전환을 통해서만 인류의 미래 가능성을 보다 명확히 할 수 있다고 본다. 그러나 아직까지 많은 이들이 기존의 사고방식에서 벗어나지 못하고 기후 위기에 적극적으로 대응하는 데 한계를 보이고 있다. 따라서 양적 성장에서 벗어나 질적 성장으로의 전환을 적극적으로 모색해야 하며, ESG 경영의 새로운 모델로서 질적 성장이 중요하다는 인식을 더욱 확산시켜야 한다.

ESG 경영에서 환경 부문의 강조를 위해서는 이를 지원할 수 있는 생태계의 조성이 필수적이며, E 관련 지표들을 포함하여 이러한 활동을 정확하게 평가할 수 있는 체계가 마련되어야 할 것이다. 뿐만 아니라, 적절한 보상과 규제를 통해 다수의 기업들이 탄소 감축 활동에 참여하도록 유도함으로써, 기업은 물론 인류 전체의 위기 대응 능력을 강화해 나가야 할 것이다. 온실가스 감축을 직접적으로 촉진하는 다양한 방안을 모색하는 것과 함께 자발적 탄소 시장의 활성화는 중요한 인프라가 될 것이며, 이러한 노력을 통해 우리는 지속 가능한 미래로 나아갈 수 있게 될 것이다.

자발적탄소시장 VCM; Voluntary Carbon Market

자발적탄소시장은 기업이나 개인이 온실가스 배출량을 줄이기 위해 탄소감축크레딧을 자발적으로 거래하는 시장으로, 정부의 강제가 아닌 시장 참여자들의 자율적인 선택에 의해 운영된다. 이 시장의 활성화는 기업들 사이의 참여와 협력을 촉진하여 탄소 감축 목표 달성을 위한 보다 효율적이고 유연한 방법을 제공한다. 이는 국가나 지역 차원에서 운영되는 규제 탄소 시장CCM; Compliance Carbon Market과 대비되며, CCM을 보완하는 역할을 수행할 수 있다.

VCM은 규제의 부담을 줄이면서 혁신과 투자를 촉진하는 중요한 역할을 한다. 이 시장에서는 기업이나 개인이 자유롭게 탄소 크레딧을 거래할 수 있으며, 이는 기업들이 온실가스 배출을 줄이기 위한 다양한 방법을 모색하고 실천하게 하는 동기를 부여한다.

2005년에 시작된 유럽연합의 탄소배출권거래제도ETS; Emission Trading System는 국가 및 지역 규모의 배출권 거래 제도의 시초로, 이후 여러 나라에서 비슷한 국가 주도의 규제 탄소 시장을 도입하였다. 이러한 국가 주도의 시장과 별개로, Verra나 Gold Standard와 같은 VCM은 기업 간의 자율적인 탄소 크레딧 거래를 촉진함으로써 온실가스 감축을 위한 추가적인 노력을 가능하게 한다. 이런 VCM의 발전은 국가의 감축 목표 달성뿐만 아니라, 개별 기업이나 개인의 탄소 감축 노력에도 중요한 기여를 하고 있으며, 이는 결국 지구 온난화와 같은 글로벌 환경 문제에 대응하는 데에 중요한 역할을 하게 된다.

VCM자발적 탄소 시장의 거래 규모는 점차 증가하는 추세에 있지만, 전 세계 탄소 배출량과 비교했을 때 여전히 그 규모는 상대적으로 작다고 볼 수 있다. 2021년 기준으로 VCM을 통한 온실가스 소각량은 전체 온실가스 배출량의 0.3%에 불과한 것으로 나타났다. 이러한 상황에서, 디지털 기술을 기반으로 한 글로벌 중소기업 및 개인들까지 VCM에 참여하게 함으로써, 소규모의 기여도가 큰 결과로 이어질 수 있다는 기대감이 제기되고 있다. '티끌 모아 태산'이라는 속담처럼, 작은 참여가 모여 큰 변화를 이끌어낼 수 있다는 믿음 하에, 디지털 전환DX을 기반으로 한 기후 플랫폼의 개발이 필요하다는 주장이 힘을 얻고 있다.

현재 전 세계적으로 디지털 플랫폼을 기반으로 한 VCM이 개발되고 있으며, 이중 일부는 블록체인 기술을 도입하여 탄소 크레딧 시장의 투명성과 신뢰성을 높이는 데 기여하고 있다. 블록체인 기술은 중앙 관리 기관 없이도 거래의 안전성을 보장할 수 있어 탄소 시장에 효과적으로 적용될 수 있는 기술로 주목받고 있다.

한국의 경우, 환경부가 2011년 '온실가스 자발적 감축 및 거래 제도' 가이드라인을 발표했음에도 불구하고, VCM은 아직 활성화되지 않은 상태다. 현재는 정부 주도로 규제와 감독을 통해 기업의 탄소 배출을 줄이고 탄소 중립을 목표로 하는 탄소배출권 거래 시스템이 운영되고 있다.

VCM은 ESG 경영과도 밀접한 관련이 있다. 탄소 감축 활동은 ESG 경영의 환경 부문에 크게 기여하며, 이를 통해 기업은 자신들의 경쟁력을 향상시키고, 투자자 및 고객으로부터 더 높은 신뢰를 얻을 수 있다. 따라서 VCM은 기업의 지속 가능한 성장, 기후 위기에 대한 적극적인 대응, 그리고 ESG 경영 실천을 위해 필수적인 요소로 인식되어야 할 것이다.

VCM 핵심 구성 요소

자발적 탄소 시장의 구축을 위해서는 여러 중요한 구성 요소들이 필수적이다. 이러한 구성 요소들은 탄소감축인증Carbon Reduction Certification, CRC, 거래소, 기후행동 기업 뿐만 아니라 기후성과인증GCR: Green Class Rating과 탄소상쇄권Carbon Offset을 포함한다.

첫째, 탄소감축인증은 기업이나 개인이 기존 기술이나 서비스 대신 새로운 기술이나 서비스로 전환함으로써 달성한 탄소 감축량을 공식적으로 인증받는 것을 말한다. 이러한 인증은 SDX탄소감축인증센터 CRCC, 대한상공회의소, 그리너리 등에서 제공되며, 전과정평가LCA를 포함한 평가 및 컨설팅을 수행하는 컨설팅 기업에 의해 사전에 평가된다. 이러한 탄소감축인증서가 VCM에서 활발히 거래되며, 그 누적 감축량이 유의미한 수치에 도달하면 국가 NDC에 반영될 수 있으며, 규제 시장에서의 거래 가능성도 열릴 것으로 기대된다.

둘째, 거래소는 탄소감축인증을 거래할 수 있는 시장으로, 기업이나 개인이 자신의 탄소 배출량을 줄이는 데 필요한 탄소감축인증을 거래할 수 있는 장소를 제공한다.

셋째, 기후행동 기업들은 자신들의 탄소 감축을 직접 실행하거나 다른 기업의 탄소감축인증을 구매하여 이를 상쇄하는 두 가지 방법을 통해 기후위기 극복에 기여할 수 있다. 이러한 활동은 탄소 감축 노력을 촉진하고, 탄소 감축 활동을 인정받는 데 중요한 역할을 한다.

넷째, 기후성과인증은 기업이 자신들의 현재 상황을 파악하고, 높은 등급을 받기 위한 다양한 노력을 통해 실질적인 탄소 감축 활동을 확산하도록 돕는 인증제도이다. 높은 등급을 받은 기업에게 제공되는 다양한 인센티브는 탄소 감축에 대한 동기부여를 강화하고, 기후 기술의 도입을 촉진하여 기후 산업 발전에 기여할 수 있게 된다.

마지막으로, 탄소상쇄권은 특정 프로젝트를 통해 온실가스를 줄이거나 흡수하는 데 기여함으로써 획득하는 권리로, 주로 규제 시장에서 사용되는 용어이다. 이 권리는 현재 국내에서 환경부와 국립산림원 등에 의해 인증되며, VCM에서 발행한 탄소감축인증이 탄소상쇄권으로 인정받을 경우, VCM의 활성화에 큰 계기가 될 수 있다.

이러한 구성 요소들을 통해, 자발적 탄소 시장은 탄소 감축을 목표로 하는 다양한 이해관계자들에게 효과적인 플랫폼을 제공하게 되며, 이는 지속 가능한 환경 관리와 기후 위기 대응에 중요한 역할을 하게 될 것이다.

자발적탄소시장에서 중요한 두 가지 요소인 기후성과인증과 탄소감축인증에 대해 상세히 설명하고자 한다.

기후성과인증GCR, Green Class Rating

1) 기후성과인증의 도입 및 목적

SDX탄소감축인증센터CRCC에서 개발하고 시행 중인 기후성과인증은 세계적으로 독특한 인증 체계를 제공하고 있다. 이는 기존에 탄소 배출량을 계산하는 데 널리 사용되는 전과정평가Life Cycle Assessment, LCA의 한계를 극복하기 위해 고안된 것이다. LCA는 제품의 생산부터 폐기에 이르기까지의 전 과정에서 발생하는 탄소 배출량을 정밀하게 측정하는 데 중점을 두고 있으나, 이 과정은 많은 자원을 요구한다.

반면, 기후성과인증은 탄소 배출과 관련한 기초적인 정보를 빠르고 간단하게 파악하는 데 초점을 맞추고 있다. 이 방식은 기업이 발행한 성과보고서를 통해 해당 기업의 탄소 배출량이 동종 업계 평균에 비해 많은지 또는 적은지를 식별하는 것을 주요 내용으로 한다. 이는 병원에서 환자의 체온이나 혈압을 측정하듯이, 탄소 배출과 관련한 기업의 기본 상태를 파악하려는 시도로 볼 수 있다.

기후성과인증의 접근 방식은 원천 데이터를 정성적이 아닌, 기업성과보고서라는 정량적 데이터에 기반하여 분석함으로써 논란의 여지를 줄이고 있다. 이러한 접근 방식은 인증 과정에서 발생할 수 있는 비용을 최소화하며, 처리 과정 또한 짧은 시간 내에 완료될 수 있도록 설계되어 있다. 이를 통해 더 많은 기업들이 자신들의 탄소 배출 상황을 파악하고 이를 개선할 수 있는 기회를 제공하는 것이 주된 목적이 되고 있다. 따라서 기후성과인증은 탄소 배출 감축을 향한 기업들의 노력을 지원하고, 지속 가능한 발전을 위한 중요한 단계가 될 것으로 기대된다.

기후성과인증은 기본적으로 건강검진제도와 유사한 탄소검진 제도라고 볼 수 있다. 현재 우리나라 중견 및 중소기업 대부분이 자신들의 온실가스 배출량을 정확히 알지 못하는 실정이다. 이는 온실가스 배출량을 평가하는 데 필요한 비용과 시간, 그리고 충분한 데이터의 부재가 큰 장벽으로 작용하고 있기 때문이다. 이렇게 자신들의 탄소 배출량을 파악조차 하지 못한 상태에서 탄소 감축을 한다는 것은 자신의 병명도 모르고 치료에 나서는 것과 같다. 치료에 적극적일 수 없으며 진척도도 파악하기 힘들 것이다.

SDX재단은 이러한 문제의 해결을 위해 2년 전 탄소감축인증센터를 설립하고, 디지털 기반의 탄소감축인증 활성화 방안에 대해 깊이 있는 고민과 토론을 진행했다. 그 결과, 기후성과인증 시스템을 도입하여 대기업은 물론 중견, 중소기업, 심지어 개인까지도 기후 위기 대응에 참여할 수 있는 방안을 마련하게 된 것이다.

2023년 4월 리워드포럼에서는 첫 기후성과인증을 받은 4개 기업이 공개되었고, 이는 탄소 감축 활동에 대한 새로운 이정표를 제시했다. 더 나아가 2024년 2월 초, 전자신문과의 협력을 통해 KOSPI 100 기업의 기후성과인증 및 탄소 집약도 조사 결과가 발표되었다. SDX탄소감축인증센터는 이를 통해 대학별, 지자체별 기후성과인증 결과를 비롯하여 다양한 평가 결과를 공개함으로써 탄소 감축 활동을 더욱 촉진할 계획이다.

2) 기후성과인증의 실제 적용 및 영향

기후성과인증 프로세스는 기업이 해당 년도의 기업 성과 보고서를 제출하면, 이를 바탕으로 탄소배출량을 계산하고 동종 업계 평균 배출량과 비교하여 평가하는 방식으로 이루어진다. 동종 업계 평균보다 80% 이상 적게 배출하는 기업에게는 1등급, 즉 별 다섯 개가 부여되며, 반대로 평균보다 많이 배출하는 기업은 인증이 보류된다. 이러한 시스템을 통해 기업들은 자신들의 탄소 배출 상태를 정확히 인식하고, 이를 개선하기 위한 동기를 부여받게 되며, 결과적으로 탄소 감축을 위한 구체적인 행동으로 이어질 수 있게 된다.

작년에 진행된 첫 평가에서, 울산에 위치한 현대자동차의 1차 벤더인

인성기공이 1등급을 획득하게 되었다는 사실은 매우 의미 있는 일이다. 이는 해당 기업이 동종 업계 평균 배출량 대비 80% 이하의 온실가스를 배출함으로써 이루어진 성과이다. 이와 더불어, 동성케미컬, 성창주식회사, 앤케이 등 3개의 기업이 2등급 인증을 받았으며, 이들 기업은 동종 업계 평균 대비 60% 이상 80% 미만의 배출을 기록함으로써 이러한 인증을 획득하게 되었다. 총 10개의 회사가 평가를 받았으며, 그 중 4개 회사만이 기후성과인증을 받았고, 나머지 회사들은 인증 보류 결정을 받게 되었다. 특히, 2등급 기후성과인증을 받은 성창주식회사는 자사의 주차장에 태양광 패널을 설치하여 에너지 비용을 절감함으로써 별 4개를 받을 수 있었다. 이는 기업이 직접적으로 기후 기술을 적용하여 탄소 배출을 줄일 수 있다는 것을 보여준다.

1등급을 받는 기업들에게 지자체나 금융기관, 또는 대기업으로부터 적절한 보상을 제공받게 될 경우, 더 많은 기업들이 기후성과인증의 높은 등급을 획득하기 위해 노력하게 될 것이며, 이는 기후위기 극복에 적극적으로 기여하는 것으로도 이어질 것이다. 더욱이, 우수한 기업에게 더 많은 혜택을 제공한다면 탄소감축 활동이 더욱 강화될 것으로 기대된다.

기후성과인증은 기업의 탄소 배출량 100% 파악하는 것은 아니지만 80% 정도를 정확히 산출함으로써, 기업들이 자신들의 현재 위치를 파악하게 하여 탄소 중립을 향한 동기를 부여할 수 있는 중요한 장점을 가지고 있다. 또한, 전과정평가와 같은 복잡한 방법을 사용하지 않고도 공급망 내의 기업들이 자신들의 탄소 배출 상황을 대략적으로 파악할 수 있도록 하는 데에도 큰 역할을 한다. 특히, 공급망 내에 1등급 기업이 많다는 것은 해당 공급망이 탄소 배출을 적게 하는 기업들과 협력하고 있음을 의미한다. 기후성과인증이 보류된 기업의 경우, 막대한 예산과 시간을 들여 전과정평가를 받기보다는 기후성과인증 1등급에 도전하는 것이 시간과 비용을 절약하는 더 현명한 방법이 될 것이다.

결국, 기후성과인증 실적을 ESG의 환경E 부분의 지표로 활용하게 되면, 기존의 ESG 평가보다 더욱 정교하고 신뢰할 수 있는 평가가 가능해질 것이다. 기후성과인증은 기업성과보고서에 기반한 정량적 평가로, 평가의 신뢰성을 높이고 논란의 여지를 줄이는 데 크게 기여할 것이다.

탄소감축인증CRC; Carbon Reduction Certification

1) 기후성과인증과 탄소감축인증 프로세스의 중요성

기후성과인증과 탄소감축인증 프로세스는 기업이나 개인이 자신들의 환경적 발자국을 파악하고, 그에 따른 적절한 조치를 취하는 데 있어 중요한 단계를 나타낸다. 이러한 절차는 환경 보호 노력의 '진단과 치료'와 유사하게, 우선 기후성과인증을 통해 현재의 환경적 성과를 평가받은 후, 실질적인 개선을 위해 탄소감축 활동에 나서게 된다.

탄소감축인증은 이러한 노력의 결과를 공식적으로 인증하는 과정이다. SDX탄소감축인증센터와 같은 기관들은 특정 단위에서 기존 기술이나 서비스를 친환경적인 옵션으로 대체함으로써 얻어진 실제 탄소감축량을 평가하고 인증한다. 이 과정은 새로운 기후 기술이나 서비스의 적용 전후로 온실가스 배출량의 변화를 정량적으로 측정하고, 감축된 배출량을 명확히 보여주는 것을 목표로 한다.

한국수력원자력한수원의 사례는 이러한 접근 방식의 실질적인 예를 보여준다. 한수원은 신재생에너지를 사용하는 독립형 가로등으로 기존 가로등을 교체함으로써, 에너지 전환을 통한 탄소감축 실적을 평가받고자 했다. 이 과정에서는 기존 가로등과 새로운 가로등의 탄소 배출량을 전 과정 평가로 계산하고, 그 차이를 통해 실제 탄소감축량을 산출했다. 이 때 산출된 탄소감축지수Carbon Reduction Factor는 향후 유사한 기술 적용 사례에 대한 탄소감축인증을 용이하게 하며, 이는 기업이나 개인이 환경 보호 노력의 효과를 쉽게 인증 받을 수 있도록 한다.

탄소감축인증 프로세스는 기업이나 개인이 취한 환경 보호 조치의 효과를 명확히 하고, 이를 통해 얻은 성과를 다른 이해관계자와 공유할 수 있게 한다. 또한, 이 인증서는 블록체인 기술을 활용하여 그 무결성을 검증할 수 있으며, 인증 받은 기업은 탄소 상쇄 활동을 필요로 하는 다른 기업들에게 이를 양도할 수 있다. 이는 전체 산업 생태계 내에서의 탄소 감축 노력을 촉진하고, 지속 가능한 발전을 향한 전반적인 기여를 할 수 있게 한다.

탄소감축인증의 개발과 적용은 기후 변화 대응과 지속 가능한 개발을 향한 중요한 발걸음이다. 이 과정에서 블록체인 기술이 중심 역할을 하게 되며, 이는 탄소감축 인증서의 무결성과 투명성을 보장한다. 기업들이 이러한 인증을 통해 달성한 탄소 감축 성과는 명확하게 기록되고 검증될 수 있으며, 이를 다른 기업에 양도함으로써 탄소 상쇄 활동을 지원할 수 있다는 점에서 그 가치는 매우 크다.

디지털 기술의 발전은 탄소감축인증 과정을 훨씬 더 신속하고 효율적으로 만들어주고 있다. 미라콤, 누빅스, S&I와 같은 국내 기업들이 개발한 시스템을 통해, 탄소감축량을 바로 계산하고 인증까지 이르는 과정이 간소화되었다. 이러한 혁신은 제품을 생산하는 공장뿐만 아니라, 탄소감축인증을 함께 생산하는 공장, 에너지 소비 대신 탄소감축 인증을 생산하는 건물로의 차별화를 가능하게 만들었다. 탄소감축인증이 금전적 가치를 지니게 되면서, 이는 새로운 경제 모델을 창출하는 중요한 동력이 될 것이다.

이러한 변화는 자발적 탄소 시장의 확대와 활성화에 기여하며, 국가 NDC 달성에도 중요한 역할을 할 것으로 기대된다. 탄소감축인증 시스템의 발전과 활용은 탄소 감축 노력을 강화하고, 기후 위기 대응에 있어 혁신적인 방법을 제공할 것이다. 이는 또한 기업들이 환경적 책임을 다하고, 지속 가능한 발전을 추구하는 데 있어 중요한 역할을 할 것으로 보인다.

탄소감축인증이 자발적 탄소 시장에서 거래될 수 있다는 사실은 탄소감축 활동을 촉진하고, 이를 통해 실질적인 환경 변화를 이끌어내는 데 중요한 역할을 한다. 이러한 거래는 탄소 감축을 위한 다양한 프로젝트와 기술에 대한 투자를 유도하며, 이는 최종적으로 금전적 보상을 넘어 지구 환경 보호에 기여한다. 자발적 탄소 시장의 활성화는 기업과 개인이 탄소 배출을 줄이는 데 필요한 자금을 확보할 수 있게 하며, 이는 지속 가능한 미래를 향한 구체적인 행동으로 이어진다.

이 시장을 활성화하기 위해서는 탄소감축인증 거래의 접근성을 높이고, 신뢰성 있는 거래 시스템을 구축하는 것이 필요하다. 또한, 탄소 감축에 대한 명확한 평가와 인증 과정을 통해 발행된 인증서의 질을 보장하는 것이 중요하다. 이러한 노력을 통해 자발적 탄소 시장에서의 거래가 활성화되면, 탄소 감축 프로젝트에 대한 투자가 증가하고, 이는 실질적인 탄소 감축으로 이어져 기후 위기 대응과 지구 환경 보호에 기여할 수 있다.

탄소감축인증 거래의 활성화는 또한 탄소 감축에 대한 공공의 인식을 높이고, 기후 변화에 대한 대응을 사회 전반에 걸쳐 촉진하는 효과가 있다. 이러한 과정에서 기업과 개인은 자신들의 환경적 책임을 인식하고, 지속 가능한 발전을 위해 적극적으로 참여하게 된다. 결국, 이러한 활동은 모든 이해관계자가 참여하는 포괄적인 탄소 감축 노력으로 발전할 수 있으며, 이는 글로벌 기후 위기에 대응하는 데 있어 핵심적인 역할을 할 것이다. 지속 가능한 미래를 위한 이러한 노력은 단순히 환경적 측면을 넘어 경제적, 사회적 이익을 가져오며, 우리 사회 전체의 지속 가능한 발전을 촉진할 것이다.

2) 기후성과인증의 실제 적용 및 경제적 파급 효과

기후성과인증은 기업이나 제품의 환경적 성과, 특히 탄소 배출과 관련된 성과를 평가하고 인증하는 제도이다. 이 인증은 기존의 전과정평가와 같이 탄소 배출량을 계산하는 방법에서 한 걸음 더 나아가, 비교적 간단하고 비용 효율적인 방법으로 기업의 탄소 배출 상태를 평가한다는 점에서 차별화된다. GCR은 기업이 발행한 성과보고서를 바탕으로, 해당 기업의 탄소 배출량이 동종 업계 평균에 비해 어떠한지를 식별함으로써, 기업들이 자신들의 환경적 발자국을 명확하게 이해하고 개선할 수 있도록 돕는다.

GCR 시스템은 기업이 자발적으로 참여하는 탄소 시장에서 중요한 역할을 할 수 있다. 탄소 감축 목표 달성을 위해 자발적으로 노력하는 기업에게 GCR 인증은 그들의 노력을 공식적으로 인정하고, 투자자 및 소비자에게 이를 투명하게 공개함으로써 기업의 환경적 책임과 지속 가능성에 대한 노력을 보여주는 중요한 수단이 된다. 이 인증을 통해 기업은 자신들의 탄소 배출 감축 성과를 정량적으로 증명할 수 있으며, 이는 ESG 경영의 환경 부문에서의 성과를 입증하는 데 큰 도움이 될 것이다.

또한, GCR은 기업이 환경적 지속 가능성을 향한 자신들의 노력을 시장에 효과적으로 소통할 수 있도록 지원함으로써, 기업의 브랜드 가치와 경쟁력을 높이는 데 기여할 수 있다. 이를 통해 기업은 더 많은 투자자의 관심을 끌고, 환경을 중시하는 소비자들의 신뢰를 얻을 수 있다. 결국, GCR 인증은 기업이 지속 가능한 성장을 추구하고 기후 위기에 적극적으로 대응하는 과정에서 중요한 역할을 하게 될 것이며, 탄소 감축을 통한 기후 변화 대응에 있어서도 실질적인 기여를 할 것으로 기대된다.

3

새로운 시대를 향한 ESGG 제안

ESGG 전략의 필요성

기후위기 극복을 위한 ESG 전략의 실천적 대안이 제시되었음에도 불구하고, 이가 제대로 실행될 수 있을지 여전히 의문으로 남는다. 그 주된 이유는 우리의 인식이 개선되지 않는 한 실질적인 행동으로 이어지지 않을 가능성이 크기 때문이다. 지구상에는 뛰어난 지능을 가진 많은 사람들이 있음에도 불구하고, 가장 기본적인 문제들조차 해결하지 못하는 경우가 허다하다는 사실은 주목할 만하다. 예를 들어, 한 지역에서는 심각한 기아 문제에 직면해 있는 반면, 다른 지역에서는 음식물 쓰레기가 넘쳐나는 상황은 심각한 문제점을 드러낸다. 이는 본질적으로 해결 가능한 문제임에도 불구하고, 우리의 의식 수준이 해결을 위한 충분한 준비가 되어 있지 않기 때문에 문제의 해결이 이루어지지 않는다는 것을 보여준다. 마찬가지로, 온실가스 배출 문제와 같이 인류 전체의 생존을 위협하는 문제에 대해서도, 모두가 힘을 합쳐 해결책을 모색하기보다는 서로 협업하지 못하고 문제를 방치하는 경향이 있다. 이러한 상황은 우리가 서로 협력하고 힘을 합쳐 문제를 해결할 수 있는 무수한 기회를 간과하고 있음을 시사한다. 협업을 통해 싸움 없이, 피해 없이, 모두가 혜택을 공유할 수 있는 방법이 많음에도 불구하고 우리가 이를 실천하지 못하는 것은 큰 아쉬움으로 남는다.

'에고'와 '셀프' 이론을 통한 개인과 사회의 변혁

칼 융은 인간의 복잡하고 다양한 정신 세계를 분석하며 '에고Ego'와 '셀프Self'라는 두 개의 주요 구분으로 나누어 설명했다. '에고'는 개인이 사회적 환경과 상호 작용하며 스스로를 인식하고 이해하는 사회적 자아를 의미한다. 이는 일상 생활에서의 인식과 경험, 생각, 감정, 행동을 직접 제어하는 의식의 영역으로, 사회에의 적응과 행동에 중요한 역할을 한다. 반면, '셀프'는 에고를 넘어선 개념으로, 내면의 본성과 무의식을 포함하여 인간의 본질적인 참된 자기를 나타낸다. 셀프는 우리 내면의 깊은 부분에 숨어 있는 본성을 의미하며, 개인의 정신적 성장과 이해에 중요한 의미를 가진다.

셀프가 강한 개인은 내면의 균형과 통합을 이루며, 이는 개인의 발전뿐만 아니라 사회 전체의 질적 변화를 이끌 수 있는 잠재력을 내포하고 있다. 이러한 개인은 자신의 의식과 무의식을 포괄하는 전체적인 성격을 발달시켜, 높은 자기 인식을 갖게 된다. 그들은 자신의 강점과 약점을 명확히 인식하고, 삶에 대한 분명한 목적과 방향성을 설정한다. 또한 타인의 감정과 상황에 깊이 공감하는 능력이 뛰어나고, 일상생활 속에서 높은 윤리적 가치를 실천한다.

융의 이론에 따르면, 셀프가 강한 사람은 자아실현을 향해 나아가며,

이 과정에서 자신뿐만 아니라 타인과 사회에 긍정적인 영향을 미치는 삶을 살아간다. 이는 우리 모두가 지향해야 할 이상적인 성장 과정으로, 자신만의 본질을 발견하고 이를 통해 자신과 사회의 질을 향상시키는 데 중요한 역할을 한다.

사회적 차원에서 자아가 강한 개인들의 존재는 사회 전체에 긍정적인 영향을 미치는 중요한 요소가 된다. 이러한 개인들은 협력적 관계를 선호하며, 상호 이해와 존중을 바탕으로 강력한 사회적 네트워크를 구축하게 된다. 환경 보호와 사회 정의를 중시하는 태도는 지속 가능성과 사회적 책임에 대한 인식을 강화시키며, 이는 사회 전반에 긍정적인 변화를 가져온다. 창의력과 자신의 잠재력을 실현하려는 욕구는 사회적 변화와 혁신을 주도하며, 갈등 상황에서 해결책을 모색하는 중재자 역할을 수행할 수 있다.

사회에 이러한 자아가 강한 개인이 많아질수록, 우리는 더 지속 가능하고, 윤리적이며, 포용적인 방향으로 나아갈 수 있다는 것이다. 개인의 내면적 성장과 자아 실현이 바로 사회적 변화의 동력이 되며, 이는 단순히 이상향을 넘어서 우리 모두가 추구해야 할 실질적인 목표가 된다.

셀프가 강한 사회로의 전환은 각자가 자신의 내면을 깊이 탐색하고 균형과 통합을 이루는 여정에서 시작된다. 이 여정을 통해 우리는 자신뿐만 아니라 타인과의 관계, 그리고 우리가 살고 있는 환경에 대해 깊이 이해하고, 책임감을 갖게 된다. 결국 이러한 개인적 성장과 사회적 책임감은 우리 사회를 더 나은 미래로 이끄는 원동력이 되며, 이는 모든 이의 노력으로부터 비롯된다.

산업화 이후 우리 사회는 에고 중심으로 발전해왔으며, 이는 사회적 틀에 맞춰진 인재 육성에 주력하면서 대다수 사람들이 셀프에 대한 이해나 관심을 소홀히 해왔다는 점을 시사한다. 셀프는 그동안 예술, 철학, 종교와 같은 영역에만 국한된 것처럼 여겨졌다. 사회적 교감을 강조하고 타인의 인정을 필요로 하는 동시에 물질적 풍요만이 만족의 척도로 여겨졌다.

하지만 기후 위기와 인공지능의 등장은 에고 중심의 삶의 방식이 지속 가능하지 않음을 경고한다. 기후 위기는 산업화 이후 인류가 만들어낸 문명의 어두운 측면을 드러내는 사례로, 해결책은 명확하다: 온실가스 배출을 줄이는 것이다. 그러나 우리는 이 명백한 해결책을 실행에 옮기지 못하고 있다. 이는 에고 중심의 사고방식에 갇혀 셀프를 등한시한 결과로, 우리가 공유하는 지구라는 유일한 생명체를 제대로 인식하지 못하고, 눈앞의 이익만을 추구하는 저급한 의식 수준에서 비롯된 문제이다.

또한, 이러한 의식 수준에서 인공지능과 같이 엄청난 파워를 가진 기술을 발전시키면서, 우리는 인류 자체의 종말에 대해 걱정해야 하는 상황에 이르렀다. 이는 우리가 에고를 넘어서 셀프의 중요성을 깨닫고, 개인적이며 집단적인 차원에서 의식의 전환을 이루어내야 함을 시사한다. 인류가 직면한 위기를 극복하기 위해서는, 자신과 타인, 그리고 지구 전체와의 깊은 연결감을 이해하고 존중하는 셀프의 관점을 확립하는 것이 필수적이다. 이는 지속 가능한 미래를 위한 핵심적인 전환점이 될 것이다.

인공지능과의 효과적인 소통의 중요성

인공지능이 인간의 지시에 따라 움직이는 상황에서, 인간의 의식 수준이 기술 발전의 속도를 따라가지 못한다면, 기술 발전이 가져올 잠재적 위험에 대해 심도 깊게 고민해야 한다는 주장이 제기된다. 특히, 전쟁과 같이 고도로 정밀한 무기 시스템에 사용될 때 인공지능 기술이 미래에 발휘할 수 있는 파괴력은 인간의 상상을 초월할 수 있는 수준이 된다. 인공지능의 능력이 잘못된 지시를 받았을 때 인류 사회에 가할 수 있는 위협은 심각한 수준이 될 수 있다. 이러한 맥락에서, 인간의 의식 수준이 기술의 발전을 따라잡지 못하게 된다면, 우리가 만든 기계들이 우리의 존재 자체를 위협할 가능성에 대해 경계해야 한다는 의견이 제시된다. 인간의 의식이 책임감 있는 방향으로 발전하지 않는 한, 인류가 만든 기술이 인류를 해칠 가능성이 있음을 의미한다.

이러한 상황을 극복하기 위해 필요한 것은 인공지능과의 효과적인 소통 능력이라고 한다. 예를 들어, 곧 등장할 것으로 예상되는 ChatGPT 5는 IQ가 1600에 달할 것이라는 예측이 있으며, 이는 현재 사용되고 있는 ChatGPT 4가 보여주고 있는 엄청난 능력을 더욱 초월하는 것이 될 것이다. ChatGPT 4조차도 인간의 능력을 뛰어넘는 성능을 보이고 있지만, 여전히 부족한 점이 없는 것은 아니다. 이처럼 인공지능의 능력을 효과적으로 활용하기 위해서는 정교한 소통 능력을 갖추어 정확한 업무 지시를 통해 만족스러운 결과를 얻을 수 있어야 한다. 잘못된 질문을 하게 되면 인공지능 역시 그에 상응하는 잘못된 답변을 할 수밖에 없음을 강조한다.

인공지능을 이해하는 것이 중요하다는 사실은 지식의 범위에 속한다는 점에서 현재의 교육 시스템으로도 충분히 소화할 수 있는 부분이다. 그러나 무엇을 추구해야 할지에 대한 문제 인식과 사고의 전환이 필요하다는 것은 또 다른 차원의 문제이다. 인공지능의 폭발적인 확장과 인간의 능력을 어디에 사용할지에 대한 판단은 의식 수준의 전환을 요구한다는 것이다.

이에 따라, 기후 위기를 극복하기 위해서는 인류의 의식 수준이 변화해야 한다는 점이 강조된다. '셀프'의 강화와 확장, 지구 공동체에 대한 인식, 지구적 윤리관 및 선을 아직까지 우리의 의식 속에서 충분히 자리 잡지 못했다는 사실이 인류의 미래에 대한 불투명성을 가중시킨다. 종교와 철학자들이 제시한 가르침이 바로 강화된 '셀프'를 통한 인간의 발전이었다는 점에서, 이제는 셀프를 통해 한 단계 더 도약할 수 있는 특이점의 시대를 맞이해야 한다는 생각이 제기된다.

지속 가능한 미래를 향한 ESGG 프레임워크

지구적 윤리관에 따른 지속가능한 방식으로 세계의 선을 추구하자는 ESGG 프레임워크의 제안이 이루어진다. 애국을 넘어서는 지구적 윤리관이 없다면, 전쟁이나 기후 위기의 극복은 불가능하게 될 것이다. 이러한 상황은 인공지능의 윤리적 규범에도 제한을 가하게 되며, 지구시민으로서의 의식 부재는 큰 문제로 지적된다. 지구시민으로서의 의식을 조속히 갖추어야만 새로운 미래로의 진입이 가능해질 것이다.

'지속 가능한' 방법은 환경적, 사회적, 경제적 지속 가능성을 고려하는 우리의 행동과 결정을 의미한다. 이는 장기적인 생존 가능성과 미래 세대의 삶의 질을 보호하는 것을 목표로 한다. ESGG 프레임워크는 지속가능한 발전을 위해 세 가지 주요 요소를 갖추는 것을 권장한다. 첫 번째로 자급자족 기반이 중요하다. 모든 구성체는 자연으로부터 에너지를 얻고, 쓰레기를 배출하지 않는 순환적 구조를 고려해야 한다. 두 번째로 지속가능한 문명의 내재화가 필요하다. 이는 인류가 만든 것들 중 지속 가능한 것만을 선택하여 내재화하는 것을 의미하며, 선형적 경제발전에서 순환적 경제발전으로의 전환을 요구한다. 마지막으로 자아실현 공동체의 구성이 강조된다. 미래 사회에서 인간은 지구 공동체의 뇌와 같은 역할을 할 수 있는데, 이는 인간의 언어 능력과 창조 능력 덕분이다. 자아실현을 통한 가치의 발현과 이를 위한 공동체의 필요성이 강조되며, 셀프가 강화된 개인들이 모여 새로운 가치를 추구하는 세상으로의 전환을 가능하게 할 것이다.

개인, 조직, 기업, 국가, 그리고 국제사회는 모두 일관되게 추구해야 할 궁극적 지향점을 가질 필요가 있다. 조직 구성원들이 같은 목표를 향해 정렬될 때 효과적인 조직으로 평가받는 것이 경영학에서는 기본적인 이치로 여겨진다. 지금은 지구 공동체의 일원으로서 모든 지구시민이 하나의 방향성을 가지고 협력하는 것이 중요하다고 본다. 이러한 협력의 궁극적인 목표는 '지구적 선', 즉 Global Good이 되어야 한다.

국제사회의 연대

국제사회의 연대와 ESGG를 통한 지구적 문제 해결 전략은 오늘날 인류가 직면한 여러 도전에 대응하는 핵심 원칙으로 자리 잡고 있다. 이러한 전략은 글로벌 커뮤니티의 일원으로서 각 개인, 기업, 국가들이 지속 가능한 발전을 위해 협력해야 한다는 필요성을 강조한다. 특히 Global Good의 개념은 지구적 차원에서의 공동 번영을 추구하는 동시에, 사회적, 환경적, 거버넌스 측면에서의 지속 가능성을 내포한다는 점에서 중요성을 더하게 된다.

첫째, 지구적 문제 해결을 위한 국제사회의 연대는 기후 변화, 물 부족, 사회적 불평등과 같은 글로벌 이슈에 대응하기 위해 필수 불가결한 요소이다. 이러한 문제들은 국경을 초월한 협력 없이는 해결이 불가능하며, 국가들 간의 연대를 통해 지구 공동체로서의 정체성을 구축하고 지속 가능한 발전을 도모해야 한다는 점에서 그 중요성이 부각된다.

둘째, Global Good을 통한 전략이 모든 생명체와의 조화로운 공생을 목표로 한다는 것이다. 지구상의 생물 다양성은 인간을 포함한 모든 생명체의 존속에 필수적이며, 이를 보호하고 증진시키기 위한 노력은 생태계의 건강과 직결된다. 인류가 다른 생명체와 조화롭게 공존하고 순환적 사고를 적용함으로써, 지구 생태계의 균형을 유지하고 풍요로운 공존을 실현할 수 있게 된다.

셋째, Global Good의 추구는 인류가 새로운 가치를 창출하고, 지구 공동체의 미래를 긍정적으로 형성하는 데 기여한다. 인간의 창의력과 혁신은 지구적 차원에서의 공동 가치와 목표를 설정하는 데 있어 중요한 역할을 하며, 이는 곧 글로벌 커뮤니티의 지속 가능한 미래를 위한 기반이 된다.

이와 같은 배경을 바탕으로, 국제사회는 Global Good에 대한 인식을 높이고, 국제적 연대와 협력을 강화해야 할 필요성이 있다. 대한민국의 교육기본법 제2조에서도 이러한 이념이 반영되어 있듯, Global Good은 개인의 일상, 기업의 사업 전략, 그리고 국가 정책에 구체적으로 반영되어야 한다. 이를 통해 세계 각국이 운명 공동체로서 함께 발전해 나갈 수 있는 기반을 마련하게 된다.

끝으로, ESGG를 통한 지구적 문제 해결은 지구적 윤리를 바탕으로 한 지속 가능한 발전 전략이며, 이는 개인과 조직, 국가 전반에 걸쳐 중추적인 역할을 하게 한다. 인공지능과 같은 첨단 기술과의 협력을 통해 기후 위기, 자원 고갈 등 글로벌 이슈에 대응하고, 이를 통해 새로운 문명의 장을 열어갈 것으로 기대된다.

12장

ESG 레볼루션을 통한 변화와 혁신

김기진

KHR Group, 한국HR포럼 대표

1
지속 가능 미래를 위한
ESG 전략의 중요성

　현대 사회는 기후 변화, 사회적 불평등, 거버넌스 실패 등의 글로벌 챌린지에 직면하고 있다. 이러한 문제들은 단독 국가나 조직의 노력으로는 해결하기 힘들며, 전 세계 기업들의 적극적인 참여와 책임감이 요구된다. 이런 맥락에서 환경, 사회, 지배구조를 아우르는 ESG 전략의 중요성은 점점 더 부각되고 있는 것이다.

　기후 변화는 가장 시급한 글로벌 챌린지 중 하나로, 지속 가능한 미래를 위해 즉시 및 효과적인 대응이 필요하다. ESG 전략을 통해 기업은 온실가스 배출 감소, 재생 가능 에너지 사용 증대, 자원 효율성 향상 등의 환경적 목표를 달성할 수 있다. 사회적 불평등 문제에 대해서는, ESG 전략을 통해 다양성과 포용성 증진, 일자리 창출, 교육 및 기술 개발 지원 등으로 사회적 가치를 높일 수 있다. 또한, 투명하고 책임있는 지배구조는 기업의 신뢰성을 높이고, 지속 가능한 성장의 기반을 마련할 수 있다.

　ESG 전략은 단기적 이익을 넘어서 기업의 장기적 가치 창출에 기여하고 있다. 지속 가능한 비즈니스 모델은 리스크 관리를 개선하고, 혁신을 촉진하며, 기업의 브랜드 가치와 명성을 높일 수 있는 기회이다. 지속 가능한 제품 개발과 공급망 관리는 소비자의 신뢰를 얻고, 새로운 시장 기회를 창출할 수 있기 때문이다. 장기적인 관점에서 보면, ESG 전략은 기업이 변화하는 시장과 법규 환경에 효과적으로 대응하고, 지속 가능한 성장을 추구하는 데 필수적이다.

ESG 요소를 비즈니스 전략에 통합하면 경제적, 사회적 이익을 얻을 수 있습니다. 경제적 측면에서, ESG를 중점으로 하는 기업은 투자자들로부터 더 많은 관심을 받으며, 자본 비용을 줄일 수 있다. 사회적 측면에서는, 기업의 ESG 노력이 지역 사회와 환경에 긍정적인 영향을 미친다. 이는 기업의 사회적 책임을 충족시키고, 이해관계자와의 관계를 강화시켜준다. 또한, ESG 통합은 기업이 법적, 규제적 요구사항을 충족하고, 잠재적인 리스크를 예방하는 데 도움을 주고 있음은 분명하다.

지속 가능한 미래를 위한 ESG 전략의 중요성은 기업이 글로벌 챌린지에 대응하고, 장기적 가치를 창출하는 데 있어 핵심적이다. ESG 전략의 효과적인 수립과 실행은 기업이 경제적, 사회적 이익을 실현하고, 지속 가능한 발전을 촉진하는 데 필수적인 요소이기 때문이다. 따라서, 기업은 ESG를 비즈니스 모델의 중심 요소로 적극적으로 통합하고, 지속 가능한 미래를 위한 변화와 혁신을 추구해야 합니다. ESG 레볼루션은 단순한 트렌드가 아니라, 지속 가능한 성공을 위한 필수적인 전략으로 자리잡아 가고 있는 것이다.

2

ESG 레볼루션을 통한 변화와 혁신

ESG 레볼루션은 기업이 환경, 사회, 지배구조의 중요성을 인식하고 이를 바탕으로 지속 가능한 전략을 채택, 혁신과 변화를 촉진하는 과정이다. 이는 위험 관리의 차원을 넘어서, 기업이 새로운 기회를 발굴하고 장기적 가치를 창출하는데 중요한 역할을 하고 있다.

ESG 이니셔티브는 기업이 내외부에서 혁신을 촉진하는 중요한 수단되고 있다. 재생 가능 에너지 프로젝트에 투자하면 에너지 효율을 개선하고 운영 비용을 절감하며 기업의 탄소 발자국을 줄이는 동시에, 에너지 부문에서 새로운 비즈니스 모델을 탐색할 기회를 제공하고 있다.

조직 내에서 ESG 관련 변화와 혁신을 성공적으로 주도하기 위해서는 강력한 리더십과 지속 가능성에 초점을 맞춘 조직 문화가 필수적이다. 리더들은 ESG 가치를 명확히 정의하고, 이를 조직 전반에 내재화시킬 책임이 있다. 리더가 직접 환경 보호 활동에 참여하고, 직원들이 지속 가능한 실천에 기여할 수 있도록 격려하는 문화를 조성함으로써, 조직 내에서 ESG 관련 변화와 혁신을 촉진할 수 있기 때문이다.

ESG 레볼루션은 현재뿐만 아니라 미래 세대를 위한 지속 가능한 발전을 보장하는데 중요한 역할을 하게 될 것이다. 이는 기업이 장기적인 관점에서 운영되어야 함을 의미하며, 지속 가능한 성장, 사회적 책임, 환경 보호에 대한 명확한 약속이 필요함을 시사한다. 교육 및 기술 개발 프로그램에 투자하여 미래 세대의 역량을 강화하고, 지속 가능한 미래를 위한 인재를 양성하는 것은 ESG 레볼루션의 핵심 요소이다.

혁신을 촉진하는 ESG 이니셔티브, 변화를 주도하는 강력한 리더십과 지속 가능성 중심의 조직 문화, 그리고 미래 세대를 위한 지속 가능한 발전의 보장은 모두 ESG 전략의 핵심 요소이다. 따라서, 기업은 ESG를 중심으로 한 전략적 접근을 채택하고, 지속 가능한 발전을 위한 혁신과 변화를 적극적으로 추구해야 한다. ESG 혁명은 단순한 선택이 아닌, 지속 가능한 성공을 위한 필수적인 전략으로 자리매김하고 있다.

3

세상을 바꾸기 위한 집단적 노력

지속 가능한 미래를 구축하는 여정은 다양한 이해관계자의 결합된 노력이 필요하다는 것은 분명하다. 이 여정은 각기 다른 분야에서 활동하는 기업들이 지속 가능한 비즈니스 모델을 채택하며, 환경, 사회 및 지배구조 목표를 중심으로 전략을 수립하는 것에서 시작된다. 이러한 기업들은 자원 사용을 최적화하고, 탄소 배출을 줄이는 전략을 마련하며, 사회적 책임 프로그램을 개발하여 지속 가능한 미래를 위한 실질적인 기여를 해야 할 것이다.

또한, 정부 역시 중요한 역할을 필요한다. 정부는 지속 가능한 개발을 촉진하는 정책과 규제를 마련하고, ESG 관련 법률 및 표준을 설정하여 지속 가능한 기술과 혁신을 지원해야 한다. 이를 통해, 정부는 기업들이 환경 친화적인 방식으로 사업을 운영할 수 있도록 돕는 동시에, 지속 가능한 미래를 위한 기반을 마련할 수 있다.

시민 사회, 비정부기구, 학계, 미디어 등의 다양한 조직들도 이 중요한 이슈에 대한 대중의 인식을 높이는 역할을 담당한다. 이들 조직은 지속 가능한 변화를 위해 노력하며, 사회 전반에 걸쳐 지속 가능한 생활 방식과 가치를 확산하는데 기여하게 된다.

우리 개인들도 소비자 및 투자자로서 지속 가능한 제품과 서비스를 선택하고, 지속 가능한 투자 옵션을 우선으로 하여 시장에서 변화를 촉진할 수 있다. 개인적인 선택과 행동을 통해 우리 모두는 지속 가능한 미래를 위한 변화를 촉진하는데 기여할 수 있다.

이렇게 다양한 이해관계자들의 결합된 노력을 통해, 지속 가능한 세계로의 전환을 위한 실천적 단계를 함께 추진할 수 있다. 이를 통해 우리는 지속 가능한 미래를 위한 길을 함께 걸어나갈 수 있게 된다.

지속 가능한 미래를 위한 변화와 혁신은 우리 모두의 약속과 실천 계획을 필요한다. 모든 이해관계자, 개인, 기업, 정부, 비영리 단체 등은 지속 가능한 발전 목표에 부합하는 명확한 목표를 설정하고, 그를 위한 구체적인 행동 계획을 세워야 한다.

목표 달성을 위해서는 이해관계자 간 협력과 파트너십이 필수적이다. 이것은 자원과 지식을 공유하고, 공동의 목표를 달성하는 데 중요한 단계이다.

지속 가능한 세계로의 전환을 위한 실천 6단계를 통해 긍정적인 결과를 만들어 내는데 모두의 노력이 절실하다. 첫째, 교육과 인식 제고이다. ESG의 중요성에 대한 교육과 캠페인을 통해 대중의 인식을 높이는 것이 중요하다. 이를 통해 개인과 조직이 지속 가능한 실천을 채택하도록 장려할 수 있다.

둘째, 혁신적인 기술의 채택이다. 클라우드 컴퓨팅, 빅 데이터, AI 등의 기술을 이용해 ESG 목표를 달성하기 위한 혁신적인 솔루션을 개발하고 적용해야 한다. 셋째, 투명성과 책임감 강화이다. ESG 성과에 대한 정기적인 보고와 평가를 통해 투명성을 높이고, 이해관계자와의 신뢰를 구축해야 한다.

넷째, 지속 가능한 소비와 투자를 촉진해야 한다. 개인과 기업은 지속 가능한 제품과 서비스를 선택하고, 지속 가능한 투자 옵션을 우선으로 해야 한다. 이런 행동을 통해 지속 가능한 미래를 위한 기반을 마련할 수 있다.

지속 가능한 미래로의 전환은 집단적 노력과 지속적인 혁신이 핵심이다. 모든 이해관계자가 ESG 전략에 적극 참여하고, 공동의 약속을 실천함으로써, 우리는 더욱 지속 가능하고 공정한 세계를 만들어 갈 수 있다. 이는 선택의 문제가 아니라, 우리 모두의 책임이며, 미래 세대를 위한 필수적인 행동이다. 따라서, 우리 모두는 ESG를 통해 지속 가능한 미래를 만들기 위해 적극적인 행동을 취해야 한다. 반드시 그렇게 해야만 할 것이다.